国家出版基金项目
NATIONAL PUBLICATION FOUNDATION

中国的民主治理
理论与实践

Democratic Governance in China
Theory and Practice

主编　俞可平
副主编　何增科

社会管理创新

SOCIAL MANAGEMENT INNOVATION

周红云 主编

中央编译出版社
CCTP Central Compilation & Translation Press

目录
Contents

· 插图图次 ·

· 插表表次 ·

总　序

尽管与社会经济迅速发展的进程和人们日益增长的需求相比，我国的政治体制还存在许多严峻的挑战，深化政治体制改革依然是一项极为紧迫的任务，但不能否认，改革开放30多年来中国的政治发展取得了重大的进步。30多年的改革开放进程，是一个包括政治生活、经济生活和文化生活在内的全方位的社会进步过程。然而，坦率地说，与人们对经济改革成就的评价不同，对政治改革的成就充满着争议。典型的争论呈两个极端：一种观点认为，中国的政治改革与经济改革一样，进步迅速，成就巨大；另一种观点则认为，与中国的经济发展不同，中国的政治发展几乎停滞不前，没有多少重大成就。海外一些专家甚至认为，不改革政治只改革经济，正是中国创造经济发展奇迹的原因所在。

其实，上述争论在相当程度上是因为观察问题的立场和视角不同，如果从宏观政治框架上看，那么中国的政治变迁确实很少。中共一党执政的政党体制没有变，人民代表大会和人民政协的基本制度没有变，党领导行政、立法、司法的政治格局没有变，马克思主义主导的一元化政治意识形态也没有变。然而，如果换一种视角和立场，从国家治理的角度来观察中国的政治变迁，就会发现截然不同的另一幅景象：中国的政治生活在过去30多年中也同样发生了巨大的变化。例如，从人治开始逐渐走向法治，首次确立了建设法治国家的根本目标，着手建构较为完备的法律体制，政府行为更多地受到法律的约束；从封闭政治逐渐走向透明政治，首次颁布了政务公开的法规，各级党政权力部门逐渐推行政务公开；从管制政府走向服务政府，出台一系列的措施，大幅度减少行政审批事项，同时为公民提供更多的公共服务；从高度集权走向适度分权，中央政府从财政、税收、审批等多个方面向地方政府分权，同时将更多原先政府管制的事务转交给民间组织，开始向社会分权。

毋庸讳言，国家治理更多属于工具理性的范畴。换言之，无论哪一种社会政治体制中，统治者都希望有更高的行政效率、更加稳定的社会环境、更加完善的公共服务，从而有广泛的民意基础。但是，工具理性与价值理性之间并非存在不可跨越的鸿沟，工具理性的改革通常需要价值理性的指导，而且也或迟或早会催生新的价值理性。更进一步说，国家治理的改革虽然是达到既定政治和经济目标的手段，是一种工具理性的改革，但治理改革本身必然体现着某种政治价值，而且势必导致新的政治需求。因此，我一直坚持认为，治理改革是政治改革的重要内容，甚至也是政治体制改革的组成部分。改革开放以来，中国政治生活的进步与变革，主要体现在国家治理领域和社会治理领域的改革和进步。

迄今为止，我一直是增量改革的倡导者和践行者。我在 20 世纪末提出了“增量民主”理论，并且在 21 世纪初主持发起了“中国地方政府改革创新研究与奖励计划”。在社会各界已有广泛影响力的“中国地方政府创新奖”，便是该计划的重要内容，也是以“增量民主”推动社会政治进步的一个重要尝试。从 2000 年开始，我与中共中央编译局比较政治与经济研究中心的同事们一道，利用“中国地方政府创新奖”这个重要平台，对过去十多年中各级政府的改革创新案例进行了搜集、整理、分析和研究，对其中的先进案例进行了奖励、宣传和推广。可以自豪地说，关于中国的民主治理改革和政府创新，我们中央编译局比较政治与经济研究中心拥有最齐全的案例数据库。我们一直希望能够通过某种方式，使我们的案例数据和研究成果能够为更多的学术同行和党政官员分享，这套丛书便是这种努力的一个重要结果。展示在读者面前的这套《中国的民主治理：理论与实践》，按主题共分十卷，分别由“中国地方政府改革创新研究与奖励计划”的骨干成员主持编选。这十卷的目录和主编依次是：《民主选举》（闫健）、《民主决策》（陈家刚）、《民主管理》（龙宁丽）、《民主监督》（何增科）、《党内民主》（靳呈伟）、《法治政府》

（李月军）、《透明政府》（刘承礼）、《效率政府》（陈雪莲）、《服务政府》（徐焕）和《社会管理创新》（周红云）。

丛书各卷的选材主要依据“中国地方政府改革创新研究与奖励计划”的案例和成果，但并非局限于此。除此之外，我们还广泛选取了在相关主题方面的经典案例和代表性研究成果。从这个意义上说，这套丛书是我国在民主治理的实践探索和理论研究方面较为重要的一个成果汇编，读者从中可以大体了解21世纪以来我国治理改革的现实进展和研究现状。所以，作为丛书的主编，我特别希望这套丛书对于党政部门的实践者来说，具有一定的借鉴意义；对于学术部门的研究者来说，则具有一定的史料价值。

俞可平

2013年端午节于京郊方圆阁

导　论

社会管理体制改革：现状、创新与展望

周红云
（中央编译局世界发展战略研究部）

本文试图描述我国社会管理体制改革的总体状况，介绍近年来政府在社会管理体制改革与创新方面的进展，并在此基础上分析面临的挑战与问题，最后，提出解决的思路或措施。

一、我国社会管理体制改革的政策脉络

2002 年，党的十六大报告把“社会更加和谐”列为全面小康社会的目标体系中的一个重要指标，这是党的历届代表大会首次提出“社会建设”的目标；与此相适应，报告又提出了“完善政府的经济调节、市场监管、社会管理和公共服务的职能”。[1]这就使政府职能定位中，“社会管理”成为政府自身

1. 江泽民：《全面建设小康社会，开创中国特色社会主义事业新局面》，北京：人民出版社 2002 年版，第 27 页。

建设的重要内容。

2003 年 10 月，党的十六届三中全会《中共中央关于完善社会主义市场经济体制若干问题的决定》特别强调了“完善基层群众性自治组织，发挥城乡社区自我管理、自我服务的功能”。对完善政府社会管理和公共服务职能，强调了六个方面的内容，即完善流动人口管理、深化户籍制度改革，完善就业服务体系，加大收入分配调节力度，加快城乡社会保障体系改革，深化教育体制改革，健全公共卫生体制。[1]

2004 年 10 月，党的十六届四中全会《中共中央关于加强党的执政能力建设的决定》又提出“党构建社会主义和谐社会的能力”，明确提出“加强社会建设和管理，推进社会管理体制的创新”的四个方面内容：一是要建立健全党委领导、政府负责、社会协同、公众参与的社会管理格局；二是要充分发挥基层党组织的作用；三是要充分发挥城乡基层自治组织的作用；四是要充分发挥社团、行业组织和社会中介组织的作用。[2]通过这“一个格局、三个方面作用”，以期形成社会管理和社会服务的合力，来创新社会管理的体制机制。

2005 年 2 月 19 日，胡锦涛总书记在省部级“构建社会主义和谐社会”专题研讨班上发表了重要讲话，提出了“民主法治、公平正义、诚信友爱、充满活力、安定有序、人与自然和谐相处”的社会建设总体要求，从而为社会管理体制创新指明了方向。[3]

2005 年 10 月，党的十六届五中全会《中共中央关于制定国民经济和社会发展第十一个五年规划的建议》专门列了一章讲“推进社会主义和谐社会建设”，其中，特别强调“要坚持以人为本，从解决关系人民群众切身利益的现实问题入手”，注重解决社会问题。同时提出要“完善社会利益协调和社会纠

1.《〈中共中央关于完善社会主义市场经济体制若干问题的决定〉辅导读本》，北京：人民出版社 2003 年版，第 21 页。
2.《〈中共中央关于加强党的执政能力建设的决定〉辅导读本》，北京：人民出版社 2004 年版，第 25 页。
3.《提高构建社会主义和谐社会能力》，北京：中共中央党校出版社 2005 年版，第 2 页。

纷调处机制”、“建立健全社会预警体系和应急救援、社会动员机制”、“社会治安防控体系建设”等。2006 年 3 月，全国人大审议讨论的《“十一五”规划纲要》第四十二章就社会管理问题进行了专章表述，进一步明确了“十一五”时期社会管理的目标任务。

2006 年 10 月，党的十六届六中全会专门研究了社会建设问题，把“社会建设”与“经济建设、政治建设、文化建设”相提并论，完成了中国特色社会主义伟大事业的完整布局。全会审议通过的《中共中央关于构建社会主义和谐社会若干重大问题的决定》，就“完善社会管理”提出总的要求是：“加强社会管理，维护社会稳定，是构建社会主义和谐社会的必然要求。必须创新社会管理体制，整合社会管理资源，提高社会管理水平，健全党委领导、政府负责、社会协同、公众参与的社会管理格局，在服务中实施管理，在管理中体现服务”。[1]《决定》又从“强化社会管理和公共服务职能”、“推进社区建设”、“健全社会组织”、“妥善处理社会矛盾”、“完善应急管理体制机制”、“加强社会治安综合治理”等方面提出了一系列重要的战略举措，是当前和今后一个时期进行社会管理和社会管理体制改革的行动纲领。

2007 年党的十七大报告强调要“更加注重社会建设”，在宏观层面上为社会管理体制创新确定了原则。再次强调：“要健全党委领导、政府负责、社会协同、公众参与的社会管理格局，健全基层社会管理体制。最大限度激发社会创造活力，最大限度增加和谐因素，最大限度减少不和谐因素”。[2]党的十七大报告还对完善社会管理体制进行了具体的部署。

2008 年 10 月，党的十七届三中全会审议通过的《中共中央关于推进农村改革发展若干重大问题的决定 》，从“坚持服务农民、依靠农民，完善农村社

1.《深入学习实践科学发展观活动领导干部学习文件选编》，北京：中央文献出版社、党建读物出版社 2008 年版，第 245 页。

2.《十七大报告辅导读本》，北京：人民出版社 2007 年版，第 39 页。

会管理体制机制，加强农村社区建设，保持农村社会和谐稳定”等，[1] 对“强化农村社会管理”作出了全面部署，并从健全党和政府主导的维护农民权益机制、加强农村社区建设、深入开展平安创建活动、搞好社会治安综合治理、加强民族团结、依法管理宗教等方面，为农村社会管理和体制创新明确了目标。

2010 年，党的十七届五中全会就“加强和创新社会管理”进行了重点阐述和部署。本次全会通过的决议强调指出：要“按照健全党委领导、政府负责、社会协同、公众参与的社会管理格局的要求，加强社会管理法律、体制、能力建设。完善法律法规和政策，健全基层管理和服务体系，加强和改进基层党组织工作，发挥群众组织和社会组织作用，提高城乡社区自治和服务功能，形成社会管理和服务合力”。

2011 年，中央举办了以“加强社会管理创新”为主题的省部级主要领导专题研讨班，稍后中共中央政治局对加强和改善社会管理创新又进行了专门研究部署，胡锦涛总书记先后就社会管理创新发表了重要讲话。十一届全国人大四次会议批准的《中华人民共和国国民经济和社会发展第十二个五年规划纲要》，正式将“加强和创新社会管理”纳入下一个五年规划，并且用一个整篇的篇幅对此进行论述和部署。

2012 年 11 月，党的十八大报告强调社会建设必须以保障和改善民生为重点；必须加快推进社会体制改革，并提出要围绕构建中国特色社会主义社会管理体系，推进社会体制改革。报告指出了社会体制改革的“四个加快”：加快形成党委领导、政府负责、社会协同、公众参与、法治保障的社会管理体制；加快形成政府主导、覆盖城乡、可持续的基本公共服务体系；加快形成政社分开、权责明确、依法自治的现代社会组织体制；加快形成源头治理、动态管理、应急处置相结合的社会管理机制。

1.《中共中央关于推进农村改革发展若干重大问题的决定》，北京：人民出版社 2008 年版，第 35 页。

表 1　近年关于社会管理的会议及文件汇总表

时间	会议	文件	内容
1998 年	九届全国人大一次会议	《关于国务院机构改革方案的决定》	首次明确提出“社会管理”的概念，将政府的基本职能定位为“宏观调控、社会管理和公共服务”。
2002 年	党的十六大	《全面建设小康社会，开创中国特色社会主义事业新局面》	首次提出“和谐社会”的要求，突出强调“在服务中实施管理，在管理中体现服务”，并且再次重申了“经济调节、市场监管、社会管理和公共服务”的基本政府职能。
2004 年	党的十六届四中全会	《中共中央关于加强党的执政能力建设的决定》	提出“加强社会建设和管理，推进社会管理体制创新”，并且提出“建立健全党委领导、政府负责、社会协同、公众参与的社会管理格局”。
2006 年	党的十六届六中全会	《中共中央关于构建社会主义和谐社会若干重大问题的决定》	明确提出了加强和改进社会建设和社会管理的历史任务，并将社会主义现代化建设目标发展为“四位一体”的经济建设、政治建设、文化建设和社会建设。
2007 年	党的十七大	《高举中国特色社会主义伟大旗帜　为夺取全面建设小康社会新胜利而奋斗》	强调要更加注重社会建设，并将社会管理作为社会建设的六大任务之一进行了具体阐述。
2010 年	党的十七届五中全会	《中共中央关于制定国民经济和社会发展第十二个五年规划的建议》	就“加强和创新社会管理”进行了重点阐述和部署。本次全会通过的决议强调指出：要“按照健全党委领导、政府负责、社会协同、公众参与的社会管理格局的要求，加强社会管理法律、体制、能力建设。完善法律法规和政策，健全基层管理和服务体系，加强和改进基层党组织工作，发挥群众组织和社会组织作用，提高城乡社区自治和服务功能，形成社会管理和服务合力”。
2011 年 2 月 19 日	以“加强社会管理创新”为主题的省部级主要领导专题研讨班	《胡锦涛在省部级主要领导干部社会管理及其创新专题研讨班开班式上的讲话》	扎扎实实提高社会管理科学化水平，建设中国特色社会主义社会管理体系。

续表

时间	会议	文件	内容
2011年3月	十一届全国人大四次会议	《国民经济和社会发展第十二个五年规划纲要》	正式将“加强和创新社会管理”纳入下一个五年规划，并且用一个整篇的篇幅对此进行论述和部署。
2011年5月30日	中共中央政治局会议	《中共中央国务院关于加强社会创新管理的意见》	要坚持以人为本、服务为先，多方参与、共同治理，关口前移、源头治理，统筹兼顾、协商协调，依法管理、综合施策，科学管理、提高效能的原则，立足基本国情，坚持正确方向，推进改革创新。要加强和完善社会管理格局，加强社会管理制度建设，加强基层社会管理和服务，完善党和政府主导的维护群众权益机制，加强流动人口和特殊人群服务管理，加强非公有制经济组织、社会组织服务管理，加强公共安全体系建设，完善信息网络服务管理，营造良好社会环境。
2012年11月	党的十八大	《坚定不移走中国特色社会主义道路　夺取中国特色社会主义新胜利》	报告提出要围绕构建中国特色社会主义社会管理体系，推进社会体制改革，并指出社会体制改革的“四个加快”：加快形成党委领导、政府负责、社会协同、公众参与、法治保障的社会管理体制；加快形成政府主导、覆盖城乡、可持续的基本公共服务体系；加快形成政社分开、权责明确、依法自治的现代社会组织体制；加快形成源头治理、动态管理、应急处置相结合的社会管理机制。

二、现行社会管理体制：现状、问题与原因

在我国，当行政管理和工商管理已经成为一门独立学科时，社会管理却只是最近几年才受到重视。从理论层面来说，对于什么是社会管理尚未形成一致看法，而关于社会管理理论和社会管理体制的系统研究几近空白；从实践层面来说，虽然社会管理和社会管理体制问题受到党和政府的高度重视，

但是，关于社会管理和社会管理体制改革的实践探索也只是刚刚起步。

（一）现行社会管理体制的现状

从总体上看，我国对社会管理和社会管理体制的认识和研究还很不充分，现行社会管理体制还很不科学、很不健全，“党委领导、政府负责、社会协同、公众参与”的社会管理格局[1]还远未形成。具体来说，主要表现在以下三个方面：

（1）作为社会管理主体和基础的公民社会很不发达，公民社会对社会管理的参与程度很低，这极大地限制了更多的社会公共事务管理在公民社会自我组织和自我管理的自我治理中实现。

虽然“中国公民社会正随着市场经济和民主政治的发展而迅速崛起，并且对中国的政治生活、经济生活和社会生活产生日益重大的影响”[2]，但是，公民社会的发展还存在许多问题，公民社会赖以发展的组织基础非常薄弱，公民社会组织的发展面临许多制度性困境，公民社会组织很不发达，公民的社会参与意识和程度还很低，公民社会领域自我管理所需要的组织载体和公民的志愿精神、公共精神都不同程度地不成熟或缺乏。正如前面提到的，社会的自我管理和自治是社会管理的基本机制，成熟发达的公民社会是社会管理所需要的社会基础，而我国公民社会的现状不能为社会管理提供必要的社会基础，大大限制了在社会的自主、自治和自理的过程中实现社会的基本

1. 1998 年的《国务院机构改革方案》就明确提出政府的基本职能是：宏观调控、社会管理和公共服务。党的十六大再次重申了“经济调节、市场监管、社会管理和公共服务”是政府的基本职能。党的十六届四中全会的决定和六中全会的决定，都对改革和完善社会管理体制做出了专门的论述，一致强调要不断加强社会建设和社会管理，努力推进社会管理体制的改革创新。十六届四中全会和六中全会分别从提高党的执政能力和构建社会主义和谐社会的高度，向各级党和政府明确提出了“深入研究社会管理规律，完善社会管理体系和政策法规，整合社会管理资源，建立健全党委领导、政府负责、社会协同、公众参与的社会管理格局”的要求。
2. 见俞可平：《中国公民社会的制度环境》，北京：北京大学出版社 2006 年版。

管理。

《中共中央关于加强党的执政能力建设的决定》从加强党的执政能力建设和提高构建社会主义和谐社会的高度肯定了公民社会和公民社会组织的作用，突出了公民社会在社会管理中的协同和参与的定位，同时强调“发挥城乡基层自治组织协调利益、化解矛盾、排忧解难的作用，发挥社团、行业组织和社会中介组织提供服务、反映诉求、规范行为的作用，形成社会管理和社会服务的合力”[1]。但是，由于没有强大的公民社会和公民社会组织的存在，所谓公民社会在社会管理中的协同和参与作用无法得到应有的体现和发挥，社会协同、公众参与的社会管理格局远没有形成。

（2）有限政府的理念尚未确立，市场经济制度有待健全，这些相配套的制度条件已成为政府充分履行社会管理职责的瓶颈和制约因素。

公民社会的自我管理和自治是社会管理的基础，但是，社会管理离不开国家和政府对公民社会和社会公共事务的能动治理。政府在社会管理中应扮演什么样的角色、起什么样的作用、管理哪些社会事务、怎样管理、如何与公民社会组织共同进行社会管理等是政府进行有效社会管理必须厘清的前提性问题。但是，在我国，受长期高度一元化传统社会体制的路径依赖，在旧的社会体制解构向新的体制转轨的同时，处于“传统依赖—解构—体制转轨”三重张力中的政府对自身的管理职能定位不清，有限政府的理念没有确立，对行政管理、市场管理和社会管理职能划分不清，常常造成政府社会管理职能的越位、缺位和错位等现象；再加上我国社会主义市场经济体制建立时间不长，市场经济制度仍有待健全，市场机制的作用得不到应有的发挥、公共产品和公共管理的泛市场化等都是市场机制不健全的表现。政府管理和社会管理职能定位错位、缺位和越位以及市场经济体制的不健全构成了我国社会管理和社会管理体制改革的重要制度环境，并成为制约政府充分履行社会管

1.《中共中央关于加强党的执政能力建设的决定》，北京：人民出版社 2004 年版，第 25 页。

理职能的制度因素，成为我国社会管理和社会管理体制进一步完善的瓶颈所在。

(3) 现行社会管理体制很不科学和很不健全。

从公民社会的本质要求和社会本位与共同治理理念的角度看，中国应当建立以社会自我管理和公民广泛参与为前提的政府主导的社会管理体制。现行社会管理体制的不科学与不健全是相伴共生的，没有科学的社会管理体制，就不可能有健全的社会管理体制。现行社会管理体制的不科学和不健全主要表现在如下方面：

从社会管理的制度和规则层面来说，我国对管理职权划分和职能配置的规定、管理对象和领域的设定，以及作为管理基本依据的法律法规及政策的制定等方面都没有科学的认识和研究，例如，我国对社会管理的认识还不清晰，社会管理理念还远没有形成，政府对自身的社会管理职能认识不清，对社会管理应该管什么、怎么管和管到什么程度等这些前提性问题缺乏科学和成熟的理解；国家和政府在对社会管理的过程中，没有设立统筹社会领域管理工作的专门的统一组织，政府对社会的管理都是各自为政、互不相干，缺乏社会管理所需要的全面的社会政策等；政府对经济建设和社会发展的关系认识不足，对社会发展的公共财政投入不足、投入结构不合理等。

从社会管理的组织层面上来说，政府在社会管理体制中的一元主体地位使得政府长期垄断了所有社会公共事务，同时发挥着“掌舵”和“划桨”的双重功能，没有形成社会公共事务多元主体共同治理的网络。“强政府，弱社会”的大环境造就了传统的社会管理体制，作为社会管理唯一主体的全能政府，既是社会管理的第一负责人，又是社会风险的最后承担者，公民社会组织和公民参与社会管理的空间很小，自治能力差，社会力量和市场力量对政府的依赖性极强，这些都极大地限制了社会力量和市场力量在社会管理中发挥相应的作用，必然带来不健全的政府单边管控社会的管理体制。要想实现对社会的有效管理，就需要努力健全现行社会管理体制，充分发挥公民社会领域和市场机制的作用，形成政府、公民社会和市场力量等多元主体共同治理的局面。

从社会管理的机制层面上来说，没有形成社会管理的决策机制和政策影响评估机制，没有建构出顺畅的利益表达和沟通机制、多赢互利的利益综合机制、人民内部矛盾的化解机制和健全的社会稳定维护机制等。从根本上讲，社会管理的目标就是要调节利益关系，解决社会生活的利益矛盾和冲突，维护社会公正原则，维持社会公共秩序和稳定，然而，现行社会管理体制很难发挥相应的作用，各类社会主体的利益表达和诉求没有得到应有的满足，利益矛盾和冲突问题突出，社会公正原则没有得到应有的维护，社会出现一定程度的不稳定和失序状态。

（二）现行社会管理体制面临的问题

现行社会管理体制的现状必然带来一系列问题。下面，从社会管理体制的基本内容即管理主体和客体、管理制度和机制、管理方式和手段以及管理理念等几个方面加以叙述。具体来说，主要表现在以下方面：

（1）管理主体混乱和管理人才缺乏。

在我国，社会管理主体包括两大类，一类是党政机关，一类是公民社会组织。如果我们对这两类管理主体进行细分，则大致可以包括这样几类：执政党即中国共产党的各级组织和领导机关；政府（狭义）即立法、司法和行政机关；公民社会组织即各类民间组织、非政府组织、中介组织和社区组织等；公民个体。

从社会管理的合法性角度来看，在这几类管理主体中，党和政府机关对社会的管理具有当然的法律意义上的合法性和一定程度的政治学意义上的合法性，但是，有些管理主体虽然在实践上参与社会管理，但是它们可能并不同时具有这两种合法性，例如，公民社会领域的一些民间组织由于这样那样的原因不能进行注册而无法得到法律认可和合法身份；又如，虽然有些组织得到法律意义上的合法性，但是，社会上对一些民间组织不认可、不支持，许多人习惯性地认为民间就是非政府，就是非组织、无政府状态，就是政府的对立面等，党政官员和普通公民普遍对民间组织抱有不信任、怀疑、防范和抵制的态度，[1] 民间组织所处的这种外在环境非常不利于民间组织获得政治学意义上的合法性，极大地影响了民间组织的发展和它们在社会管理中作用的发挥；还有，民间组织既是社会管理的主体也是社会管理的客体，由于民间组织难以获得法律身份，国家和政府对这些组织的管理和监管也就无从谈起，一些没有法律身份但仍在活动的民间组织处于法律和政府部门的监管视线之外，部分民间组织的管理失范，管理成本增大，管理效率降低，没有法律法规制约的民间组织常常出现内部管理混乱，甚至从事非法活动等。

另外，作为在社会管理中占主导地位的党政机关在进行社会管理的过程中出现党政职能划分不清、政出多门等问题而造成社会管理的乱象，这样的例子在现实生活中不胜枚举，例如，对于基层农村社区的管理，由于对农村社区都具有管理权限的农村党支部和村民自治组织村委会之间在法律上职权划分不清造成两委关系矛盾和紧张，这在很大程度上造成了农村社区管理的混乱，有些农村社区由于两委冲突而处于瘫痪状态，极大地影响了农村村民自治的健康发展；又如，有些政府管理部门为了自己的部门利益，不顾管理权限和管理效果而进行一些不应该的社会管理，造成同一社会事务的多头管理。

因此，如何整合各种社会管理主体的力量，将公民社会领域组织和公民个人真正纳入社会管理主体的范畴，促进公民社会组织和公民个人参与社会管理，合理区分和设置党政机关的社会管理职权，营造“党委领导、政府负

1. 相关讨论见何增科：《中国公民社会的制度环境要素分析》，见俞可平等：《中国公民社会的制度环境》，北京：北京大学出版社2006年版，第125—126页。

责、社会协同和公民参与”的多元多中心主体的治理格局，避免各管理主体在社会管理中的混乱现象发生，仍然任重道远。

除了社会管理主体混乱以外，社会管理人才缺乏也是非常突出的问题。社会管理主体是一个笼统而庞杂的概念，有效和高效的社会管理必然落实到并依赖于管理人才。如何提高社会管理主体中各类管理人才的素质、结构和专业水平，是决定社会管理效率和效果的重要因素。尤其是随着社会转型，许多新的社会事务产生，但是对这些新的社会事务的管理缺乏相应的专业化人才，许多社会领域的社会工作专业化、职业化以及制度化建设任务仍然非常艰巨。

（2）管理制度和机制不健全。

健全的社会管理制度和机制是进行有效社会管理的基础。前面提到，我国社会管理制度不健全首先表现为社会管理职权划分和职能配置、管理对象和领域设定以及作为管理基本依据的法律法规及政策制定等方面都没有科学认识和研究，对于这些前提性问题不解决，社会管理很难走向完善。其次，社会管理机制也不完善。有学者提出，社会管理体制创新需要建设四个机制，即社会发展综合决策和执行机制、社会影响评估机制、社会安全网机制和社会风险管理机制[1]。这些机制的健全将有利于促进社会管理决策的科学化、减少社会问题的发生、促进社会公平和保障社会安全运行等。

（3）管理理念落后、传统。

从政府、市场和社会三者关系来看，中国处于全能主义政府的转型过程中，有限政府的理念尚未确立，市场经济制度也很不健全，公民社会也只是刚刚起步，一直处在全能主义时代的政府要真正定位好政府所处的位置，处理好与市场和公民社会之间的关系，并非易事。因此，政府、市场和公民社会你中有我、我中有你的交集状态必然带来社会管理理念的落后、传统。

1. 丁元竹：《社会管理体制创新需建设四个机制》，载《文汇报》，2005 年 11 月 10 日。

处于全能主义转型过程中的政府总是习惯于凌驾于全社会之上，很难形成治理理念，与市场和公民社会分享管理权限，并很好地整合市场和公民社会的力量共同完成社会的管理，维持社会秩序；总是习惯于对各种社会组织和社会成员进行全面而严格的控制和管制，很难形成公民社会理念，最大限度地满足公民的自由发展等权利，建立权利型社会，促进社会向自主、自立和自治的方向发展；总是习惯于从满足政府自身管理的便利和自上而下的内部控制需求出发，常常采用行政强制力，造成管制有余而服务不足，很难形成服务理念，从社会本位出发来满足社会和公民的多样需求；习惯于包揽一切社会事务的理念和做法，过多地承担社会管理的生产者角色，而弱化作为安排者和监管者的角色，很难形成有限政府的理念，定位好“掌舵”与“划桨”的职能，为社会提供最优质和最有效的公共物品和服务等。

（4）管理手段单一和管理方式传统。

传统社会体制是以“单位制”为主要特征的高度一元化的集中体制。在这种传统社会体制下，以自我管理、自我服务和自我发展为特征的社会空间非常狭小，政府对社会管理以“单位”为依托，并以条块结合的方式对单位进行管理，主要依靠管制化的行政手段和简单地惩治处罚手段对全体社会成员进行全面的管理和控制。

随着社会主义市场经济体制的确立，市场领域首先从原来以计划经济为特征的总体性社会中分离出来，而逐渐向以市场经济为特征的多元化社会转变。在这种社会转型的过程中，公民社会领域也逐渐兴起和形成，并成为在国家（政府）和市场以外的独立领域。面对分化了的多元社会，以前以“单位社会”为依托的传统的行政管制手段便不再适用，而需要依赖市场的机制和手段，依靠完善社会管理的法律法规和社会政策等法治手段，促进公民社会的自我管理和自治，并在此基础上，联合市场和公民社会的力量共同完成社会的管理和治理。

（三）现行社会管理体制出现问题的主要原因

现行社会管理体制出现上述问题，主要原因可以归纳如下：

第一，单位制和一元化传统社会体制的解体，重新进行社会整合难度很大。

市场化导向的经济改革和社会主义市场经济体制的确立导致了传统单位制的解体，长期高度集中的一元化传统社会体制也随之解体。单位制的解体导致社会成员对原有单位的依附性减弱，从而转变成“社会人”，“社会人”的工作与生活分离开来，其职业和工作单位可能经常发生变化，工作单位与居住地分离开来；市场经济还将一部分人完全推向社会，他们要么下岗，要么游离于传统单位体制之外成为非公有经济从业人员；市场经济带来人员流动的加快，流动人口迅速增加，这些人既没有单位依靠也没有固定的居住地等。这样，原来单位制社会逐渐转向“非单位型”社会，这一转变彻底改变了国家管理的微观基础。“非单位型”社会中的社会成员有一个共同特点就是，他们不一定附着于某个单位，但都归属于所生活和居住的社区。这样，社区便取代原来的单位而成为国家与社会的连接点。

在这样的情况下，人们认识到，社会管理的载体和方式也需要从“单位”到“社区”的转变，但是，如何建设一种新的社会管理网络和社会生活的支持网络，并对社会力量进行重新整合仍有待探索。

第二，政府角色转换和职能转变不到位，政府在社会管理中越位和错位，同时，政府在某些社会领域的进程过程中出现管理的真空地带，形成缺位状态。

政府社会管理越位和错位主要表现为政府运用不恰当的手段管理了不该管和管不了的社会事务。例如，在全能型政府管理模式下，政府的社会管理部门权力高度集中，许多应由市场和社会承担的、应采用市场手段和机制运行的社会事务却由政府部门依靠行政权力来管理，这就是政府管了管不了也管不好的社会事务；又如，社会管理中的部门分割和多头管理则是由于传统的社会管理机构设置无法满足社会事务多元细分的趋势，而使多个部门管理同一社会事务或者本该由一个部门统一管理的社会事务却分管于不同部门之下，造成不同管理部门之间跨越管理权限而很难进行协调并造成管理的混乱，或者因为条块结合的传统管理体制造成对同一社会事务的低水平重复管理，并带来条块之间和矛盾冲突等管理问题。

政府社会管理缺位主要表现为政府该管却没有管而造成社会管理的真空。例如，对于那些市场可以发挥作用的领域，政府要少干预或者不干预，而在那些不能仅靠市场发挥作用的领域，或者在那些即使完善的市场制度下仍然会出现失灵问题的领域，则政府应该强化社会管理的职能以弥补其不足和失灵；但是，在我国，市场机制一度成为政府所崇拜和迷信的管理模式，认为经济的增长可以自然而然地解决一切问题，并且把市场化简单地引入社会管理和公共服务领域，造成泛市场化，结果应该由政府承担的责任政府没有承担起来，政府简单地将许多社会事务交给市场，这是政府在社会管理方面的失职，带来了许多严重的社会问题；又如，随着社会主义市场经济的建立和改革的深入，一些新的社会问题和社会事务不断产生，传统政府社会管理体制和管理方式越来越不能适应新情况，许多本应由政府重点管理的领域却因管理不力而导致问题重重。农村环境保护、收入差距扩大、社会公平问题和公共安全问题等，包括一些地方黑社会的存在、许多行业无自律、农村村委会贿选等现象都是政府社会管理缺位的表现。

第三，社会结构的转型与变迁带来一系列社会管理问题。

我国社会结构的最明显特点就是由于身份制和户籍管理制度形成的城乡二元结构。随着市场经济改革的深入，基于身份制的二元社会结构逐渐解体，原有的户籍管理制度很难满足人户分离和流动人口不断增加的社会现实。与此同时，我国又没有合适的新制度对这些不断增加的流动人口进行规范和管理，尤其是随着城市化进程的加速，大批农民摆脱户籍和身份的束缚涌入城市，他们因无法纳入现有城市管理体制的范畴而造成一系列管理问题，如进城农民工问题、农民工子女教育问题和农民工权益保障问题等。

第四，刚刚兴起的公民社会还无法面对和克服政府失灵和市场失灵的双重困境。

公民社会的形成和崛起对我国经济、社会和政治生活带来了深刻的影响。但是，刚刚兴起的公民社会仍然无法克服政府失灵和市场失灵的双重困境。公民社会的自治能力差，参与社会管理的空间和作用都不大，本来应该在公民社会自治过程中通过自治得以解决和完成的社会管理仍然由政府在承担，政府过多承担了不应该承担的对社会事务的直接管理任务，不但效果和效率不好，政府管理成本也提高，而且对于公民社会朝向自主、独立和自治的进一步发展也是百害而无一利的。

一方面，政府角色定位不清、职能转换不到位而造成公民社会的壮大困难重重；另一方面，公民社会的壮大又给政府的社会管理带来新的任务，在政府职能转换不到位的情况下，必然出现社会管理体制的多重问题。

三、近年来我国社会管理体制改革与创新：进展、趋势与特点

正如前文提到，社会管理和社会管理体制改革的实践探索在我国刚刚起步。然而，近些年来，随着社会管理变得越来越重要，社会管理也越来越受到重视，从中央到地方，社会管理和社会管理体制改革迈出了坚实的步伐。无论是社会管理的外围环境还是社会管理的具体领域[1]都取得了重要进展，现

1. 社会管理体制的制度要素至少包括八个方面：社团管理体制、社区管理体制、社会保障体制、社会治安体制、社会应急体制、社会服务体制、社会工作体制和社会政策决策体制。本文并不想对社会管理体制的每个具体内容都进行介绍，只试图将社会管理方面在近些年发生的重大变化进行概括。

将与社会管理相关的重要变化和发展趋势概述如下：

首先，政府治理理念观念开始转变，政府行政体制改革取得一定进展。社会管理的变化不是孤立存在的，它与政府治理理念的转变紧密联系在一起。政府治理理念的转变与行政体制改革是社会管理体制改革的前提条件（参见表2）。随着公民社会逐渐成长壮大、社会多元结构的形成和相对独立的公共领域的兴起，政府不能像以前那样对社会生活进行事无巨细的管理和控制。在这种背景下，政府在社会管理观念上从控制本位向服务本位转变，为多元社会的不同利益主体的崛起和博弈提供良好的发展环境、平等的竞争规则、基本的公共设施以及完善的社会保障。重要的是，对于这种变化，政府必须在行政体制上作出积极的回应。

1998年的《国务院机构改革方案》明确提出政府的基本职能是：宏观调控、社会管理和公共服务。党的十六大再次重申了“经济调节、市场监管、社会管理和公共服务”是政府的基本职能。党的十七大明确提出，“要着力转变职能、理顺关系、优化结构、提高效能，形成权责一致、分工合理、决策科学、执行顺畅、监督有力的行政管理体制”。2008年2月，党的十七届二中全会通过了《关于深化行政管理体制改革的意见》。在这些方针政策的指引下，近些年来，我国基本建立了以经济手段和法律手段为主的宏观调控体系，市场在资源配置上的基础作用日益明显；政府不再直接管理企业，实行政企分开，企业自主经营、自负盈亏，政府对微观经济的干预大大减少；加强了对市场的规范和监管，努力完善市场准入和退出机制；加快了行政审批制度和垄断领域的改革，推进公共服务创新；稳步推进社会保障体系的建设，更加关注社会的公平与公民权利，政府越来越重视社会管理和公共服务职能。

表2 “十一五”以来的政府改革

政府改革的主要内容	政府职能的准确定位	减少对经济活动的过多干预，真正把工作重点放在公共管理和服务上。
	上下级政府的事权划分	厘清哪些事情是中央政府管，哪些则由地方政府管。
	进行相应的财税体制改革	中央与地方有相应的权利职责，税权以及相应的财权的划分。
亟须改革的领域	医疗卫生体制改革	自1996年起，国家发改委已经连续进行了17次药品降价，但是百姓看病难、看病贵的问题依然十分突出，农村和社区卫生发展更是严重滞后，难以满足群众的医疗服务需求。
	教育改革	当前，教育乱收费现象十分突出，教育投入不足更是不争的事实。2005年底国务院出台义务教育经费中央与地方分担的办法，意味着突破了过去中央与地方的事权划分。
	国企改革	当前，国企改革已经到了自身难以突破的地步，国有资产流失现象依然十分严重，国有企业的监管体系还没有完全建立。
	社会保障制度改革	目前，我国社会保障覆盖面偏窄、覆盖率偏低，相当部分职工缺乏社会保障，农村的社会保障覆盖率更低。
	金融体制改革	这是又一个亟待解决的难点问题，国有商业银行股份制改革、发展资本市场、深化农村金融改革等都急需取得突破。
	围绕利益关系进行体制协调和政策疏导	要围绕推动科学发展，着力推进财税、金融、投资、价格等改革，形成完善的经济调节体系。
政府职能转变要着力处理好的五对关系	经济发展与社会事业发展的关系	必须高度关注社会事业发展，尤其是要重点关注并优先发展那些促进经济运行质量提高的社会事业和解决民生问题的公共事业，努力增加公共产品数量，不断提高公共服务水平，并形成全方位公共服务体系。
	“管理”和“服务”的关系	服务型政府不是不要加强管理，而是要使政府的管理职能更多地实现向服务的方向转变。
	改革体制与创新机制的关系	规范行政审批制度，创新管理制度和方式，提升政府引领经济和社会协调发展的能力和水平。
	政府职能与其他社会主体职能之间的关系	在社会管理和公共服务中，发挥政府主导作用，引导市场主体、事业单位、社会组织各自的职能履行到位，避免政府角色从有关领域退出后，出现职能缺位，以确保政府职能转变取得成效。
	职能改革与依法行政的关系	依法界定和科学规范政府职能，防止政府职能改革中的随意性。

资料来源根据以下内容整理：

高小平：《行政体制改革关键是转变政府职能》，载《人民日报》，http://news.xinhuanet.com/politics/2008－02/27/content_7674769.htm；新华网特别策划：《中国改革继续攻坚　行政管理体制改革成关键》，http://news.xinhuanet.com/politics/2006－04/05/content_4380467.htm。

第二，在政府职能转变的基础上，逐步建立起新型公共服务体制。深化行政管理体制改革的核心在于政府职能转变，而政府职能转变的核心在于加快推进政企分开、政资分开、政事分开、政府与市场中介组织分开，把不该由政府管理的事项转移出去，把该由政府管理的事项切实管好，从制度上更好地发挥市场在资源配置中的基础性作用，更好地发挥公民和社会组织在社会公共事务管理中的作用，更加有效地提供公共产品，并建立起新型公共服务体制。

近些年来，从建立公共服务体制的要求出发，我国在公共财政结构转变、公共服务提供方式、公共服务提供领域、公共决策体制等方面都取得了重要进展。

公共财政结构发生重大转变，公共投入方向已经开始做重大调整，加大社会发展投入在政府整个预算中的比重，社会事业投入严重不足的局面开始转变，并加快建立公共财政体制，主要变化有：一是明显提高公共服务支出的比重；二是建立规范的转移支付制度促进地区间公共支出的基本均等化；三是逐步实现财政预算和管理的透明化、制度化。具体来说，为改变当前基本公共服务差距较大的状况，我国大力调整财政支出结构，更加关注民生，着力解决广大社会成员最基本的公共需求：为统筹经济社会发展，财政投入更多地投向长期“短腿”的社会事业，投向义务教育、基础医疗和公共卫生、基本社会保障、公共就业服务、廉租房建设、环境保护等方面；政府的公共政策和财政投入向农村特别是西部农村倾斜，除免除农业税和农村义务教育免费外，正在尽快构建全覆盖的新型农村合作医疗体系并逐步提高水平，建立农村最低生活保障制度；更多帮助欠发达地区解决基本公共服务均等化问题，加大中央财政向中西部地区转移支付力度，提高具有扶贫济困性质的一般转移支付的规模和比例；除建立最低生活保障、基本医疗卫生服务等制度外，基本公共服务更加注重面向困难群众。

政府公共服务的提供方式发生转变，逐步建立起政府主导、社会参与、适度竞争、监管有力的公共服务体制，主要表现在：既发挥政府的主导作用，又适当引入市场机制；更加注重发挥民间组织在公共服务中的作用，形成政府与民间组织在公共服务提供上的合作伙伴关系；鼓励和吸引民间资本或其他社会力量提供公共服务，把一部分竞争性、经营性强的准公共产品交给企业或非营利性组织，而政府将更多的财力集中到提供基础教育、基本医疗、卫生、文化等公共服务及健全社会保障体系上；政府作为公共服务的供给者和监管者的职能逐步分开，以实现对公共服务的有效监管；在保证实现公共目标的前提下，以效率和效益最优为原则，采取直接生产、购买服务、民间采购和市场监管等多种方式；对必须直接由政府承担的公共服务和产品的生产，也逐步引入市场竞争机制。

政府公共决策体制发生重大转变。近些年来，在推进政府社会管理科学化问题上，逐步建立健全重大决策听证、质询、公示、论证以及责任追究等制度，减少公共决策的随意性。

第三，与前述两点相联系，在行政体制改革和建立公共服务体制的过程中，社会保障体制改革、事业单位体制改革以及公共应急体制改革都取得重要进展。

在社会保障体制改革方面，逐步建立起完善的社会保障体系。党的十七大报告中指出：要以社会保险、社会救助、社会福利为基础，以基本养老、基本医疗、最低生活保障制度为重点，以慈善事业、商业保险为补充，加快完善社会保障体系。完善的社会保障体系是社会主义市场经济体制的重要支柱，关系改革、发展、稳定的全局。我国的社会保障体系，包括社会保险、社会救助、社会福利、优抚安置和社会互助、个人储蓄积累保障。这几项社会保障相互联系、相辅相成。社会保障体系是社会的“安全网”，它对社会稳定、社会发展有着重要的意义。

近些年来，我国社会保障发展迅速，在制度建设上坚持“广覆盖、保基本、多层次、可持续”的方针，一个覆盖城乡居民的社会保障体系框架已经基本形成。根据国家人力资源和劳动保障部公布的数据，截至 2008 年年底，全国参加城镇基本养老保险、基本医疗保险和失业保险的人数，分别达到 2.19 亿人、3.17 亿人和 1.24 亿人。目前，一个以养老、医疗、失业和最低生活保障等制度为核心的社会保障体系，正在快速发展和推进，成为实现“学有所教、劳有所得、病有所医、老有所养、住有所居”目标的重要保证，初步建立了适应社会主义市场经济的社会保障网。2009 年，保险法草案、新医改方案、事业单位养老保障改革、农村新型养老保险试点酝酿出台；同时，2009 年政府工作报告进一步明确加快完善社会保障体系，推进制度建设，扩大社会保障覆盖范围，提高社会保障待遇，同时多渠道增加全国社会保障基金，中央财政拟投入社会保障资金 2930 亿元，要求地方财政也要加大投入，这些都表明我国社会保障体系建设进入了关键时期。当然，养老保险尤其是农村养老保险覆盖率亟待提高；解决医疗问题依然是改善民生的重点之一；失业保险的覆盖面需要进一步扩大；要完善非公有制企业和非正规就业者的社会保险制度；扩大参保覆盖面，改善参保人群的年龄结构等。[1]

事业单位体制改革不断推进。事业单位是我国社会管理体制中的特殊组成部分，许多由社会组织承担的社会功能实际上很多是由中国特有的“事业单位”来承担的，而“事业单位”又是作为附属于政府的管理部门而存在的，因此，职能和地位上的不对称带来了政府社会管理中的诸多问题。实行政事分开，推动事业单位体制改革成为社会管理体制创新的重要环节。

在我国，事业单位体制改革实行“先分类，后改革”。早在 2004 年以前，中央就已经释放对全国事业单位进行分类改革的信号，当时就有浙江、江苏、辽宁、山东先后积极行动制定了本地实施方案；2005 年年底国家相关部门曾一度拟定了一个全国性的事业单位改革总体方案和四个配套性方案（分涉分

1. 见《我国城乡居民社会保障状况调查 社保体系框架基本形成》，载《光明日报》，http://news.xinhuanet.com/politics/2009-03/26/content_11074194.htm，2009 年 03 月 26 日。

类标准、人事制度、财政供给、养老保险等改革内容），准备全面实施事业单位改革；2006年《关于事业单位分类及相关改革的试点方案》出台；2008年11月，由中央编办印发并内部传达的《关于事业单位分类试点的意见》（以下简称《意见》）为事业单位目录编制和分类改革步骤提供了原则指导，同时，上海、重庆、浙江、广东、山西5省市于2009年率先在全国进入分类改革试点，分类改革试点于2009年1月起实施，省直事业单位改革于2009年底完成，市、县、乡镇事业单位改革将于2010年底完成。

《意见》将现有的事业单位划分为三个大类：承担行政职能的、从事公益服务的和从事生产经营活动的，然后再细分。

对完全或基本承担行政职能的事业单位，如金融监管机构、执法监督机构等，《意见》提出，抓住2009年各地展开行政管理体制改革的时机，逐步将之转为行政机构；今后，除法律法规授权外，不再批准设立承担行政职能的事业单位。目前，劳动部门中的劳动监察机构、建设系统的稽查部门、银监会（局）、电监会（局）、保监会（局）、证监会都是事业单位编制。

对从事生产经营活动，已经实现或经过相应调整可以实现由市场配置资源的事业单位，如开发应用型科研机构、招待所等，《意见》提出这类单位应当逐步转为企业，并注销事业单位，核销事业编制。今后，不再批准设立从事生产经管活动的事业单位。

除去第一类和第二类，剩下约80%属于为社会提供公益服务或者为政府行使职能提供支持保障的真正事业单位，《意见》确定原则上只有这类单位继续保留在事业单位序列。这些单位也要具体划分为三类，并各自按照新的管理体制运行。公益一类，即从事关系国家安全、公共安全、公共教育、公共文化、公共卫生、经济社会秩序和公民基本社会权利的公益服务，不能或不宜由市场配置资源的事业单位。如义务教育机构、公共卫生机构等。这类单位所需经费由财政予以保证，不开展经营活动，不收取服务费用；履行职能依法取得的行政事业性收费或基金，实行“收支两条线”管理，收入上缴国库或财政专户，不能自主支配。公益二类，即提供公益服务并可部分实现由市场配置资源的事业单位，如普通高等教育机构、非营利医疗机构等。这类单位所需经费由财政给予不同程度投入，同时鼓励社会力量投入；提供公益服务取得的服务性收入，符合条件的实行“收支两条线”管理；依法取得的经营性收入，纳入单位预算管理，主要用于公益事业发展，并依法纳税。公益三类，即提供的服务具有一定公益属性，可基本实现由市场配置资源的事业单位。这类单位实行经费自理，自主开展公益服务活动和相关经营活动。根据需要，政府购买其有关服务。[1]

然而，目前事业单位社会保障政策尤其是养老保险制度改革的滞后，已经成为事业单位改革的巨大障碍。为推进事业单位体制改革，早在2008年初国务院就讨论并原则通过了《事业单位工作人员养老保险制度改革试点方案》，确定在山西、上海、浙江、广东、重庆5省市先期开展试点，逐步建立全国统一的事业单位养老保险制度。

在公共应急体制方面，政府更加注重维护国家安全和危机管理，逐步建立健全应急体制、预警体制、协调机制和应急保障机制为一体的公共应急体制，政府应急管理能力逐步加强。有效应对各类突发公共事件，维护社会稳定与和谐，是各级政府一项重要的社会管理职能。一方面，近几年，中央政府及地方政府制定了一些预防风险和危机的应急机制，把风险和危机管理上升到国家战略来认识，这对强化政府对国家经济安全和危机的管理起到一定的作用。例如，初步建立了国家宏观经济和各个行业、产业经济监控预警系统，这其中，把金融、财政、就业作为重中之重，并建立了快速反应机制和人财物保障系统，政府把危机管理经费纳入预算并建立国家反危机基金。另一方面，我国逐步建立健全分类管理、分级负责、条块结合、属地为主的应

1. 罗科：《中国事业单位改革路径框定》，载《凤凰周刊》，2009年02月25日，http: //news. ifeng. com/opinion/meiti/ph/200902/0225_1901_1033035. shtml。

急管理体制，形成统一指挥、反应灵敏、协调有序、运转高效的应急管理机制，有效应对自然灾害、事故灾难、公共卫生事件、社会安全事件，提高危机管理和抗风险能力。目前，国务院已经制定了包括总预案、专门预案、部门预案在内的整个应急预案体系，这一体系的建立，对实现社会预警、社会动员、快速反应、应急处置的整体联动，具有积极的保证作用。

第四，在社会组织管理体制方面，逐步从管控型向“培育发展与监督管理并重”转变，支持社会组织参与社会管理和公共服务，注重发挥社会组织在扩大群众参与、反映群众诉求方面的积极作用。近些年来，从中央到地方，在实践中大胆探索，不断创新社会组织管理体制机制，主要表现在[1]：

（1）双重管理体制的改革。长期以来，我国社会组织管理实行的是双重负责管理体制，双重管理体制成为目前制约社会组织发展的最基本障碍。双重管理体制的最大特征在于登记机关和业务主管单位的审批登记制度，这带来两个最直接的后果就是大量的社会组织因找不到合适的业务主管部门或达不到登记的其他条件而无法依法登记，并因此成为非法社会组织，以及业务部门对所管理的社会组织的行政干预。针对双重管理体制的这些弊端，许多地方开始试点民间组织的备案制，而有些地方在行业协会的管理体制改革方面走在了前面。例如，南京市改进社会组织登记制度，全面推进社区社会组织备案制度。广东省深圳市也印发了《关于进一步发展和规范我市社会组织的意见》，创新社会组织登记管理体制，对工商经济类、社会福利类、公益慈善类社会组织可直接向登记管理机关申请登记；对在社区范围开展活动的社区社会组织，实行登记备案双轨制等。又如，为了破解民间组织发展的问题，广东省选择行业协会作为突破口，通过地方性立法对行业协会管理体制进行改革。2005 年 12 月，广东省人大通过《广东省行业协会条例》，该条例对双重负责的管理体制进行了改革，规定行业协会设立，可直接向登记管理机关

1. 参见周红云：《治理视角下的社会组织管理体制改革研究》，未刊稿，2009 年。

申请登记，将业务主管单位改为业务指导单位，改成一个部门管理并多个部门共同指导。同时，在全省推进“五自四无”，即行业协会“自愿发起、自选会长、自筹经费、自聘人员、自主会务”和“无行政级别、无行政事业编制、无行政业务主管单位、无现职国家机关工作人员兼职”。海口市也进一步改革行业协会商会登记管理，除法律法规授权履行特殊职能的注册会计师、律师等外，其他的行业协会商会成立，可直接向登记管理机关申请登记，政府部门不再担任行业协会的业务主管部门，取得改革经验后，将逐步扩大到公益慈善类组织、自然科学类学术团体和主要从事公益服务的民办非企业单位。

（2）民间组织的去行政化改革。在我国，许多民间组织都由政府发起成立，因此，有人把这样的组织称为政府的非政府组织，有的甚至被指责为“二政府”，而从实际情况来看，由于许多民间组织都是政府发起成立的，而且组织领导人由政府公务员担任，组织资金也由政府财政提供，有些政府部门也是这些组织的业务主管单位，组织与政府之间的这种紧密关联导致了民间组织的行政化倾向，甚至在实践中，有些民间组织还挖空心思向政府机关争取行政管理职能，试图成为“二政府”。面对民间组织的行政化倾向，中央有关部门非常重视，尤其是对党政领导干部兼任民间组织领导职务的问题非常重视，出台了一系列限制性规定。例如，针对现职公务员主要集中在行业协会兼职的情况，2007 年，国务院办公厅《关于加快推进行业协会商会改革和发展的若干意见》中规定，现职公务员不得在行业协会兼任领导职务，确需兼任的要严格按有关规定审批；2007 年，国家民政部再出政策，下发了《关于社会团体登记管理有关问题的通知》（民函〔2007〕263 号），要求全国性社会团体认真审核社会团体负责人任职资格和条件。

（3）社会组织的扶持与培育改革。各地出台了各种扶持和培育社会组织的改革措施，主要表现在两个方面：一是政府出台规定明确政府职能转移事项，发挥社会组织的作用；二是出台对社会组织的财政扶持政策，财政扶持政策通常包括税收优惠、政府向社会组织购买服务、政府直接财政支持社会组织、设立社会组织发展专项基金等方式。例如，海口市通过了《关于进一步转变政府职能促进社会组织发展的决定》，决定突出了转移职能、让渡空间，解决政府、市场、社会相互越位、错位、缺位的问题；明确政府职能转移事项的基本原则，规定“除法律法规另有规定外，政府各职能部门要将公民、法人和其他组织能够自主解决，市场机制能够自行调节，社会组织能够通过自律管理的事项转移出去”；海口市还建立政府购买服务机制，建立社会组织发展专项资金，对重点培育和扶持的社会组织给予支持；制定了包括税收优惠政策、建设孵化基地和信息平台、社会组织人才政治参与等扶持政策等。

（4）社会组织的税收制度改革。中国没有对民间组织设立专门的税收法律制度，与各种民间组织相关的税收政策规定，散见于各税种的税法规定之中。然而，随着《企业所得税法》、《企业所得税法实施条例》的颁布实施，民间组织税收制度进入一个新阶段，新的法律制度大幅度提高了民间组织税收减免的优惠程度。《企业所得税法》第九条规定，企业发生的公益性捐赠支出，在年度利润总额 12% 以内的部分，准予在计算应纳税所得额时扣除。2008 年年底，民政部、财政部、国家税务总局联合下发了《关于公益性捐赠税前扣除有关问题的通知》（财税〔2008〕160 号），《通知》建立了公益组织捐赠税前扣除资格的认定和监管机制，使得慈善机构捐赠免税这一问题得到有效解决。同时，《企业所得税法》第二十六条第四项规定，符合条件的非营利组织的收入为免税收入，《企业所得税法实施条例》中对符合条件的非营利组织进行了规定。这些税收制度的出台，将大大促进我国社会组织的发展。

（5）社会组织的公开透明的改革。我国有关法规缺乏对民间组织内部管理的详细规定，同时民间组织的内部治理结构和自律机制也很不完善，导致民间组织内部管理混乱，有些民间组织声称不以营利为目的，但实际上却像企业一样想方设法获取利润，并且以此逃避国家税收，这些都不利于民间组织的健康发展。2005 年起，我国开始建立民间组织信息披露制度的改革。另外，为了提高民间组织的公信力，促进民间组织自身能力建设，2007 年起逐步建立起社会组织的评估制度改革。

第五，在社会工作体制与人才队伍建设方面，逐步树立了社会工作的新理念，社会工作开始由过去封闭式、行政性、非专业化向开放式、社会化、专业化、职业化逐步过渡。社会工作及其人才队伍建设是经济社会发展到一定阶段的产物，它为解决社会问题、化解社会矛盾、恢复和发展社会功能，促进社会和谐与公正，发挥着重要作用，它是社会管理的重要载体。在我国，专业化、职业化的社会工作刚刚起步，初步形成了党政主导、部门协力、社会运作、各方参与的工作格局。

2006 年 10 月，党的十六届六中全会作出了建设宏大的社会工作人才队伍的重大战略部署，我国社会工作人才队伍建设进入了前所未有的快速推进期。在社会工作职业制度建设方面，2006 年，原人事部、民政部联合发布了《社会工作者职业水平评价暂行规定》和《助理社会工作师、社会工作师职业水平考试实施办法》，首次从国家制度层面将社会工作者纳入了专业技术人才范畴，标志着我国社会工作者职业水平评价制度初步建立。在我国，国务院已经在民政部设立了专门负责社工工作的行政机构，并酝酿就社工师进行专门的立法。在中央政府层面，已经开始组织进行专业社工师考试。专业社工在上海、深圳这些民间组织比较发达的城市发展迅速，而且这些地方也已经出台了一些相应的配套措施。2008 年 6 月我国举办首次全国助理社会工作师和社会工作师的职业资格考试，这标志着我国的社会工作正朝着职业化和规范化的方向积极迈进。

第六，在社区治理体制改革方面，逐步建立起城乡统筹的基层社会管理体制。长期以来，我国基层社会管理体制以城乡分治和体制分割为特点，即作为基层政府或派出机构的城市街道办事处和农村乡镇政权实施的是行政管理，而城市社区居委会和农村村委会实行的是社区自治；城市实行的是“街政居治”，而农村实行的是“乡镇村治”。然而，近些年来，城市社区治理体制和农村村民自治体制都得到不同程度的发展。

在城市，自从国家民政部颁布《关于在全国推进城市社区建设的意见》以来，城市社区体制在加强社区服务和增强社区自治等方面取得重要进步，具体来说表现在："议行合一"和"街聘民选"或"民选街聘"的"街居制"向"议行分设"和"选聘分离"的"社区制"转变；政府管理重心逐渐下沉社区的同时，推进政府职能转变并减轻政府带给社区的负担；社区居委会民主选举成为基层民主政治建设的亮点，社区居委会的自治能力大大提高；培养新的社区组织，社区多中心治理局面初步形成；在社区建设过程中，在理顺政府与社区关系的基础上，政府、市场和社会三者之间的关系得到进一步理顺。

在农村，农村社区建设也取得了重要进步：首先，乡镇机构改革和乡镇职能转变加速，着力增强乡镇政府社会管理和公共服务职能，乡镇政权的职能逐步转向促进经济发展、增加农民收入；强化公共服务、着力改善民生；加强社会管理、维护农村稳定；推进基层民主、促进农村和谐。其次，农村社区管理和服务的组织体系不断健全，政府与各种社会组织在农村社区建设中的互动合作不断加强；最后，进一步加强和改进农村基层党组织建设，充分发挥党组织的领导核心作用；进一步健全包括村民（代表）会议、村民委员会、村民小组、村民议事协商委员会等在内的村民自治组织体系；进一步有序发展农村各类社区民间组织如专业合作社、专业经济协会等经济合作组织和志愿者协会、老年人协会、文体协会等社会服务组织，不断促进其开展农村社区的自助、互助服务。

更为重要的是，近些年来，我国在加快城乡统筹，建立城乡一体化的基层管理体制方面迈出了重要步伐：推进城乡户籍制度改革，逐步完善和推广部分地区已经实现的城乡统一的户籍登记制度，在全国探索建立居住证制度，加快户籍迁移政策改革，实行更加灵活的户籍迁移政策，鼓励和支持在城镇有合法居所、有稳定收入以及其他生产生活条件的农民向城镇转移；推进城乡就业制度改革，逐步建立城乡一体的就业促进工作机制和协调机制，发展多层次的就业服务体系，建立城乡一体的劳动力市场，逐步取消针对农民工的就业限制，加强农民工权利的保障；推进城乡统一的社会保障制度，进一步完善符合农村生产生活实际、保障标准合理的农村养老保险，新型农村合作医疗，最低生活保障和社会救济制度；推进社会事业体制改革，实施城乡基础教育一体化改革、深化城乡医疗卫生体制改革、建立公共卫生和基本医疗保障机制、加强农村文化事业发展。

从上述社会管理体制改革与创新的进展可以看出，我国社会管理体制改革呈现以下突出特点：

第一，党和国家高度重视。上述我国社会管理体制改革所取的各个方面进展，是与我国宏观发展环境息息相关的，党和国家在深化经济体制改革、政治体制改革、行政体制改革以及政治经济社会的统筹改革等各方面高度重视，这为社会管理体制改革奠定了坚实的基础。从我国社会管理体制的政策脉络的梳理中看得出来，党和国家关于推进社会管理体制创新的一系列方针政策和战略举措，体现了党和国家在社会管理体制改革方面的思路逐渐清晰，明确了我国社会管理体制改革的基本走向，社会管理体制将逐渐走向成熟。

第二，社会管理体制改革刚刚起步，综合配套的整体改革推进不够，仍表现为局部和阶段性改革。社会管理体制改革与经济体制改革、行政体制改革和政治体制改革密切联系，一方面，经济体制改革、行政体制改革和政治体制改革是社会管理体制改革的先导；另一方面，社会管理体制改革的推进又要求经济体制改革、行政体制改革和政治体制改革的加速推进。社会管理体制改革是一项综合性工程，它牵涉到方方面面，具有“牵一发而动全身”的特点，另外，社会管理的内容也非常庞杂，分散在经济、社会、文化、政治等不同领域，这些特点决定了社会管理体制改革将是一个渐进和配套推进的过程。目前，我国经济体制、行政体制和政治体制改革还都处于不断深化完善阶段，有的还正处于攻坚阶段，社会管理体制改革更是刚刚起步，仍以阶段性和局部性改革为主，综合配套的改革措施有待发展完善。例如，我国社会管理体制改革还主要是分部门进行，没有统筹社会管理方面的专门机构，而分部门改革则不可避免地形成利益部门化趋势，这不利于从整体上完善社会管理体制，不利于社会管理改革的整体推进。

第三，政府、社会与公民的共同治理格局将成为我国社会管理的基本体制。"党委领导、政府负责、社会协同、公众参与"的社会管理格局将成为未来一段时间内我国社会管理的基本体制，不仅政府要在社会管理中发挥主导作用，同时也要强调发挥公民社会和公民在社会管理中的作用，逐步建立起政府与公民社会在社会管理中的合作伙伴机制。

第四，"在服务中实现管理"将成为社会管理体制改革的基本原则。在我国，社会管理的起步和社会管理体制改革是与政府职能转变、公共服务体制的建立相伴随的，在这个过程中，公共服务与社会管理成为一枚硬币的两面，相辅相成，互为条件。政府的社会管理职能主要体现在三个方面：一是规范社会组织本身的生活；二是与社会组织一起共同管理社会事务；三是为公民社会的自治提供制度环境。[1] 从总体上看，无论就社会管理职能的哪一方面而言，我国社会管理体制改革应本着"寓管理于服务"的原则，服务与监管并重，为公民社会的成长和自治提供应有的制度环境，从而在服务过程中实现社会监管和社会自治。

第五，发挥社会组织的作用、强化基层社会管理、加强城乡统筹将成为目前社会管理体制改革的重点领域。改革开放后，随着社会主义市场经济体制的建立与深入，一个相对独立的公民社会已经在中国迅速崛起，并且对完善市场经济体制、转变政府职能、扩大公民参与、推进基层民主、改善社会管理等发挥着日益重要的作用。政府职能转移和恰当退出、发挥社会组织在社会管理和公共服务中的作用、扶持和培育公民社会的成长已经成为政府面

1. 俞可平：《推进社会管理体制的改革创新》，载《学习时报》，2007年4月23日。

临的重大理论和实践问题。党的十七大提出重视社会组织建设和管理之后，中央对加强社会组织管理、发挥社会组织作用的工作日益重视，多次强调并支持社会组织参与公共管理和社会服务。重要的是，公民社会的成长和社会组织的发育，将成为完善我国政府治理结构的重要载体，对于我国社会走向成熟起着至关重要的作用。因此，培育社会组织并发挥社会组织的作用，将成为我国社会管理体制改革与创新的首要领域。

在我国，社区已经成为基层社会管理的基本单元，社区既是我国基层社会管理的出发点，也是我国基层社会管理的落脚点。政府、社会与公民的关系最终都将在社区层面得到落实。因此，积极探索社区发展和管理模式，健全社区管理组织体系，建立政府和社会组织在社区建设中的伙伴关系，发挥社区协调利益、化解矛盾、排忧解难的作用，至关重要。基层社会管理体制的改革与创新对于促进社会公平正义、维护社会稳定、促进社会和谐、推动基层民主和社会自治都将起着重要作用。

另外，随着城市化进程加速，传统的户籍制度已经很难适应城市化和现代化的需要，长期以来形成的城乡二元分割体制带来了社会管理的一系列问题，因此，改革二元分割体制和城乡分立状态，将会是目前我国社会管理体制改革与创新的又一大重要领域。

第六，社会管理领域的法规建设和立法工作将任重道远。社会管理体制改革与创新，就需要建立和健全新的社会管理体制。随着新的社会事务的大量产生和新的社会问题开始出现，一方面，原来的管理制度已经难以有效解决新问题，另一方面，新的社会事务需要新的管理办法，因此，不仅原来的管理制度需要调整，而且也需要建立新的社会管理制度和办法，这就迫切需要制定和修正相应的政策、法规和制度。从总体上看，我国社会管理领域的现行政策、法规和制度仍然不健全不科学，很难适应社会管理领域的发展，有的社会管理领域的政策、法规和制度甚至是空白，因此，法规建设和立法工作将会是许多社会管理领域面临的首要问题。

四、社会管理体制改革与创新：理念、原则与方向

（一）社会管理体制改革的基本理念

按照笔者的理解，“政府的社会管理”[1] 应具备如下基本理念：

第一，明确政府与公民社会的关系定位，“社会本位”和治理理念是社会管理中应坚持的根本理念。

“社会本位”是相对于“政府本位”而言的，是政府与（公民）社会关系定位和重构的未来方向。“社会本位”源于公民社会理念，公民社会理念要求从“政府本位”向“社会本位”的过渡和转变。公民社会理念是在应对政府失灵和市场失灵的双重困境中兴起和产生的，面对政府失灵，即使是一个完善的政府管理体系也难以充分满足社会特殊需求和过度需求；而面对市场失灵，即使是一个成熟的自由市场和完善的市场体制也难以解决一些外部性强的资源配置问题，更何况政府体制并不总是完善和有效的，市场体制也并不都是成熟的。这时，公民社会成为面对政府失灵和市场失灵的一种解决方式，因此，政府必须划定自己的作用边界，使自己成为有限政府，逐步将一些自己无法管理和管理不好的空间让渡给独立的公民社会进行自我管理，或者与公民社会进行共同治理。从某种意义上来说，治理理念是与公民社会理念相伴而生的，政府与公民社会作用边界的划分要求政府与公民社会对整体社会的共同治理和合作互动，公民社会也就成为与有限政府相适应的另一方公共治理主体。

在政府社会管理中，在政府与社会的力量对比中，重心必将向社会倾斜，

1. 在这里，“政府的社会管理”既包括“作为国家机构的政府”所进行的社会管理，也包括“作为非国家机构的政府”的社会管理。

政府与社会的关系也将由“政府本位”向“社会本位”转变，原来政府控制和管理社会的观念必须让位于调控、引导、服务和整合社会的观念，政府对社会的统治观念必须让位于政府与公民社会的合作治理。总之，以“社会本位”为原则，逐步培育社会的独立性、自主性和自治性，树立政府为社会服务、政府对社会进行适度干预的理念，实现政府与社会的合作治理，才是现代政府社会管理中应坚持的根本理念。

第二，树立政府在社会管理中占主导地位的思想，主动承担社会管理职责，强化政府的社会管理职能。

在社会管理中，“政府本位”让位于“社会本位”并不意味着政府无所作为或者政府完全退出社会管理，相反，要做到真正向“社会本位”转变和过渡，政府必须主动承担相应的社会管理职责，并且要强化政府的社会管理职能。强化政府的社会管理职能并不意味着加强政府对社会的控制和管制，而是要求政府主动承担为社会服务以及在公共服务基础上的社会管理职责，从原来的监督者、控制者的角色转变成具有公共服务精神的服务政府。同样，政府在社会管理中处于主导地位也不能表明，政府处于管理的主体地位而公民社会处于被管理的客体地位，因为在政府与公民社会的关系中，处于主体地位的应当是公民，而不是处于主导地位的政府。

政府在社会管理中处于主导地位主要表现在以下两方面：（1）政府在退出那些不该管理的领域的前提下，强化市场经济条件下政府社会管理的新职能，确立政府在推进社会事业发展中的主导地位；（2）在引导公民社会独立自治的过程中，政府应主动自觉地为公民社会的自治提供相应的制度环境，为公民参政和实现权利创造政治、经济和文化条件，积极引导、组织和支持公民参政和公民社会的自治，促进社会的公正和进步。

第三，政府的社会管理应以公共服务为基础和前提条件。在我国，政府的管理职能定位于经济调节、市场监管、社会管理和公共服务。虽然社会管理和公共服务是政府两个不同的职能，而且，政府的社会管理和公共服务职能之间也有着实质性区别，政府的公共服务职能强调政府的“产品输出”功能，强调的是对社会的给予方面；而政府的社会管理职能强调的是政府“产品输入”功能，强调的是对社会权利的收归方面；然而，事实上，政府的社会管理和公共服务职能正是一个事物的两个方面，只有社会管理而没有公共服务，那不符合现代社会的发展方向；只有公共服务而没有社会管理，政府也提供不了优质的公共服务。政府的社会管理职能的实现一定是建立在公共服务职能的前提下，政府只有将社会管理寓于社会公共服务中，首先实现了公共服务的职能，才谈得上在服务基础上的社会管理，没有社会公共服务，就没有社会管理。只有本着服务于社会，定位好政府的功能角色，建立起有限政府和服务型政府，才能建立起现代意义上的政府社会管理。

第四，政府的社会管理应以培养公民参与和志愿精神，保障和促进公民社会向独立、自主、自治的方向发展为落脚点。

社会管理的目标在于调节社会生活中的利益矛盾和冲突，促进社会公平和正义，维持社会秩序和稳定。随着社会的变迁，过去以单位制为依托的政府对社会的直接控制和管理的做法已经无法达到相应的目的，政府对社会的单向度管理需要逐渐向政府与公民社会的合作治理转变。只有合作治理，充分发挥公民社会自我管理和自我治理的功能，并使公民社会成为政府对社会管理的真正参与者和监督者，不断完善公民权利对公共权力的制约机制，才能在调动公民社会和社会组织参与积极性的前提下保证和增加政府社会管理的透明度；才能促进人民群众享有基本公共服务权利平等和机会均等，切实保护社会弱势群体的权益，保证人民共享社会发展的成果；才能及时反映群众意愿，引导全体社会以理性合理的形式表达利益要求、解决利益矛盾等。

政府与公民社会的合作治理需要强大独立的公民社会和有公共精神、参与精神的公民作为基础，因此，政府对社会的管理向共同治理的转变，决定了培养公民参与和志愿精神、保障公民基本权利的实现以及促进公民社会的自主自治将成为政府社会管理的基本方向和落脚点。

(二) 社会管理体制改革的原则

从社会管理的基本理念出发，根据现行社会管理体制的现状和面临的问题，我国社会管理体制改革应遵循以下原则：

第一，坚持公民社会理念，建设权利型社会。所谓权利型社会是指政府的根本责任在于保障公民权利，并使公民享有各种政治、经济、社会和文化权利，达到社群合作和社会互助的一种社会政治状态。在社会管理领域，公民社会理念和权利社会理念则主要表现为如下内容：(1) 坚持社会公平正义，促进人民群众享有基本公共服务权利平等和机会均等，维护公民各项基本权利，切实保护社会弱势群体的利益；(2) 培养公民的参与意识和参与能力，促进公共参与的发展，真正体现和维护公民参与国家各项管理的基本权利，促进社会的自我管理、自我服务和独立发展。

第二，坚持治理理念，促进政府主导与社会管理社会化相结合。社会管理体制改革要求强化市场经济条件下政府社会管理和公共服务的职能，要求确立政府在推进社会发展中的主导地位。同时，由于社会资源占有主体的多元化，社会管理和社会发展不再只是政府的事务，社会管理体制的改革也要求政府转变观念，坚持治理和善治理念，同时整合市场和社会组织的参与力量，发挥各种社会力量在社会管理中的主体地位，形成社会管理的社会化，而不再是过去政府对社会的单向度统治和管控。

第三，坚持有限政府和服务政府理念。政社分开是中国社会管理体制改革的方向之一，切实转变政府的社会职能，建立有限政府，进一步剥离政府包揽和直接从事的社会管理事务，同时又要积极培育和发展各类专业性的非政府组织和社会中介组织，以取代政府退出领域的管理。同时，政府必须坚持公共服务是社会管理的前提，没有社会服务，也就谈不上社会管理，建立服务政府的理念，改变原有的自上而下的控制式管理模式，而注重社会服务、社会发展和社会建设，建立公共性财政体系，从满足公民社会需求出发，大力进行社会发展和社会服务的投入。

第四，坚持市场手段与法治手段的结合。政府要把经济生活“总指挥”的角色让位给市场机制，通过市场机制的作用实现资源的最优配置，政府职能从以前重生产建设、重经济干预转变到社会发展和社会管理的职能上来，从全面控制经济领域的管理中腾出精力和空间来完成那些因市场失效而需要政府加强的社会管理职能，并且通过制定社会政策和法规，通过法治的手段管理和规范社会组织、社会事务，调节和平衡社会利益，化解社会矛盾和社会冲突，维护社会公平和正义，促进公民的基本权利，达成社会秩序和稳定。

具体来说：

第一，政府与社会共治原则。明确政府与公民社会的关系定位，由“政府本位”向“社会本位”转变，坚持政府与社会共同治理格局。

第二，政府主导原则。树立政府在社会管理中占主导地位的思想，主动承担社会管理职责，强化政府的社会管理职能。

第三，积极扶持原则。政府与公民社会共同治理要求政府重视社会力量在社会管理和公共服务中提供的作用，体现参与、平等、合作和民主的原则。无论在社会管理还是公共服务的提供方面，政府都应该重视社会组织和市场的力量，通过多种方式将部分相关职能转移给社会组织和市场，使得社会组织、市场和公民成为合作共治的多元主体，因此，政府必须坚持积极扶持原则，通过政府采购等多种方式，不仅要发挥他们在社会公共事务的管理和公共服务的提供中的主体作用，而且要发挥它们在相关决策和政策执行中的参与权和监督权，体现社会管理和公共服务的民主化原则。

第四，寓管理于服务原则。坚持政府的社会管理应以公共服务为基础和前提条件，逐步从管制走向服务。

第五，基层社会自治原则。社会管理首先应该强调公民社会的自我组织和自我管理，因为从根本上说，最广泛起作用的、维持社会稳定和社会秩序的自动调节机制必定是公民和社会组织的自我管理。社会中公民和社会组织的自我管理是维持社会秩序和社会稳定的根本条件，如果没有社会的自我组织和自我管理，公民和社会组织的一切活动都依靠国家和政府发出指令实施控制，那么，国家和政府将不堪重负，社会秩序和社会稳定也难于维持。从这个意义上来说，为了维护社会稳定和社会秩序，国家和政府首先应致力于促进公民社会的成长和发育，致力于提高公民社会自我管理的能力和水平。因此，国家和政府培育强大的自我组织和自我管理的公民社会，正是政府社会管理的首要职能。

第六，公共服务均等化原则。公共服务体制创新就是要建立以政府为主导、多元化的投资体制与管理体制，以打破政府垄断，激励市场、社会组织和个人作为公共服务的提供主体共同参与到社会服务过程中，形成公共服务多元供给体制；实现基本公共服务均等化，建立人人共享的基本公共服务体系；改善公共服务绩效，从而最大限度地满足人民群众不断增长的公共需求。

第七，公平正义原则。社会管理与公共服务创新的出发点和落脚点在于实现好、维护好和发展好最广大人民的根本利益，正确反映和协调各个方面、各个层次、各个阶段的利益诉求和社会矛盾，真正体现社会管理和公共服务的公平正义原则，从而把维系社会秩序和激发社会活力有机结合起来，既保证社会的安定有序和规范运行，又有利于激发全社会的创造活力，提高社会运行效率，并最终促进社会进步和社会和谐稳定的发展。

第八，动态稳定原则。当前和今后一个时期，加快社会管理和公共服务创新，需要着力从源头治理、动态协调和应急处置三个层面，构建相互联系、相互支持的一整套规范、机制和制度体系，尽可能减少社会问题，及时化解社会矛盾，果断处置社会冲突与社会对抗，最大限度地激发社会创造活力，最大限度地增加和谐因素和减少不和谐因素，最大限度地化消极因素为积极因素，保持社会的动态稳定和和谐发展。社会管理的过程不是堵，而是疏，建立在疏通基础上的动态稳定才能保持社会的持续稳定。

第九，增量改革原则。社会管理和公共服务创新是一项综合性工程，它牵涉到方方面面，具有“牵一发而动全身”的特点，另外，社会管理和公共服务的内容也非常庞杂，分散在经济、社会、文化、政治等不同领域，这些特点决定了社会管理和公共服务创新将是一个渐进和配套推进的过程。因此，社会管理和公共服务创新必须坚持立足实际、循序渐进、增量改革的原则。从实际出发，充分借鉴国外社会管理和公共服务创新的先进经验，以现有社会管理和公共服务体制为基础，立足于现有制度创新，进一步完善社会管理和公共服务创新实践的发展环境，并进行社会管理和公共服务创新的增量改革以便成为一种可行的选择。所谓增量改革，有两个基本内涵：一方面，在已有社会管理和公共服务创新措施的基础上，进一步深化和拓展社会管理体制和公共服务体制创新；另一方面，某些改革措施可以借鉴其他地方的先进经验甚至国外社会管理和公共服务的先进经验，在一些地方试点并取得经验后再逐步推广。

（三）社会管理体制改革努力的方向

在上述改革方向和原则的指导下，目前社会管理体制改革应着重朝着以下几个方面进行努力：

第一，转变社会管理理念，推动政府体制改革。

前面提到，传统社会管理理念表现为政府凌驾于全社会之上，习惯于包揽一切社会事务，习惯于对社会成员的控制而非服务，习惯于替公民做主而非共同治理。因此，转变传统社会管理理念，树立社会本位、共同治理、有限政府和服务政府等社会管理理念，就必然要求加快政府体制改革，理清政府的职能定位，解决好管什么和怎样管的问题，强化政府制定规则和进行监管的“掌舵”功能，科学设置政府的社会管理机构、划分政府的社会管理部门的权限，避免出现政府在社会管理中走向“总揽一切”或“过度退让”两个极端，避免政府对那些管不好也管不了的社会事务，进行直接干预和管理，避免政府社会管理部门之间管理职权的交叉和重复从而造成社会管理效率的低下、成本的提高等。

第二，转变政府职能，创新政府公共服务方式。

前面提到，有限政府尚未确立、市场机制尚未完善，已经成为制约我国社会管理体制改革创新的重要制度瓶颈。因此，在确立有限政府理念、转变政府职能的基础上，政府提供公共服务的方式必须进行创新，以适应现代社会管理的需要。提供公共服务是政府社会管理的前提，而在公共服务中，健全和完善与社会保险、社会救助、社会福利等相衔接的社会保障体系尤为重要，它为社会管理体制改革的顺利进行奠定最基本的物质保障。

第三，实行政事分开，推动事业单位体制改革。

“中国事业单位改革的方向，是要建立一个能够与社会主义市场经济体制相适应、满足公共服务需要、科学合理、精简高效的现代事业组织体系。”[1] 一般认为，对事业单位的改革应当采取多样性的分类指导原则，把社会事业单位分为三种情况：一是纯粹公益部门；二是政府购买服务部门；三是准市场化部门。对于纯粹公益部门，在保证财政供给的同时，也要有“社会核算”制度和严格的预算约束；对于政府购买服务部门，要保证具有比政府办事业和完全市场运作更好的社会服务效果；对于准市场化部门，也要有规范和约束其经营行为、发展方向的界限和制度。[2] 在社会事业单位分类管理的基础上，不断推进与事业单位科学分类相适应的人事制度、财务制度、养老保险制度等的改革。

第四，培育各类公民社会组织，提高社会管理的公众参与，逐步使公民

1. 李培林：《重视推进社会管理体制改革》，载《人民论坛》，2005 年第 10 期。
2. 同上。

社会组织和公民转变为社会管理的真正主体之一。

当前，我国社会正处于社会加速转型期，社会成员日渐从原来高度整合的单位中分化出来，形成多元的利益群体，多元化的社会需要多元化的组织来进行整合，同时，公民社会组织也是监督政府，保障社会公平，维护社会稳定的重要力量。然而，正如前面提到的，公民社会组织存在着相关法律法规制度不完善、功能结构不合理、内部管理混乱和作用范围有限等亟待解决的问题。因此，要培育和发展各类公民社会组织，使各类公民社会组织成为政府进行社会管理的合作力量，形成对全社会进行有效覆盖和全面管理的体系；同时，要通过培育各类社会组织，提高公民的参与能力和参与意识，保障公民参与国家事务管理的公民权利，促进公民社会的自我管理和自治。

第五，以社区发展为依托，促进社区建设和社区管理。

政府管理重心日益下沉，政企、政事和企事分开等剥离出来的那些社会管理与社会服务职能由谁来承接，在各类公民社会组织还没有发育起来的情况下，最佳角色只能是社区，因此，依托社区发展，促进社区体制改革，是推动基层民主，也是加强社会管理的有效举措。

第六，培养社会工作专业人才，以社会工作制度为社会管理体制改革提供抓手和平台[1]。

随着政府职能转变，政府从一系列包揽的或者直接从事的社会服务职能和部分社会管理事务中退出来，积极培育和发展各类专业性社会组织和中介组织，而在发挥社会管理职能时，这类专业性社会组织和中介组织特别需要从事专业社会服务和社会管理的社会工作机构作为载体，以完成相关的社会服务和社会事务。社会工作机构和社会工作人才在各类公民社会

1. 徐永祥：《中国城市社区建设的体制创新与社会工作》，见王思斌主编：《社会工作专业化及本土化实践》，北京：社会科学文献出版社 2006 年版，第 278 页。

组织中发挥作用，既有利于推动政府职能转变，也有利于民间专业社会组织的培育和发展。当前，我国社会工作专业人才非常缺乏，社会工作制度还没有建立起来，社会工作教育制度和社会工作职业化、本土化等都有待进一步发展。

深圳市社会组织登记管理体制改革的案例研究

何增科
（中央编译局世界发展战略研究部）

2010年1月17日，深圳市民间组织管理局申报的“深圳市社会组织登记管理体制改革”项目经过全国权威专家严格的初选、实地考察评估和现场陈述答辩等程序，从全国358个申报项目中脱颖而出，荣获第五届“中国地方政府创新奖”。“深圳市社会组织登记管理体制改革”作为中国地方政府创新奖的获奖项目，具有一定的代表性。对这个案例的深入分析，有助于我们认识中国地方政府创新的一些重要理论问题。作为实地考察评估的参与者[1]，笔者将对这项地方政府创新的具体实施过程和主要内容、创新的特点和亮点、创新所取得的成效、创新的动因、下一步创新的展望等问题加以分析和回答。

1. 2009年12月3日到12月6日，笔者率“中国地方政府创新奖”调研组一行三人（同行的还有深圳大学周林刚教授、陈文博士），对“深圳市社会组织登记管理体制改革”项目进行了实地考察评估。笔者借此机会对深圳市民政局刘润华局长、民间组织管理局马宏局长及深圳有关方面对调研组的大力支持表示衷心的感谢。

一、深圳市社会组织登记管理体制改革：主要内容和创新之处

我国现行的社会组织登记管理体制是一种以限制和控制为主要取向的双重管理体制。[1] 业务主管单位和登记管理机关在民间组织登记成立上的双重许可制度，对获准登记的民间组织由业务主管单位和登记管理机关从其内外部进行严格的双重管理制度，实际上是一种规避社会组织可能产生的政治风险的“双保险”机制。制度设计者试图通过“双保险”机制限制和控制各类社会组织的发展。十六届四中全会以来，我党逐步认识到社会组织所具有的提供服务、反映诉求、规范行为等积极作用，强调要发挥社会组织在社会管理和公共服务方面的协同作用，并为此提出了“培育发展和监督管理并重”的社会组织管理新方略。这种以限制和控制为主要取向的双重管理体制显然已经无法适应新方略的要求，对社会组织登记管理体制进行改革已经提上议事日程。

深圳市党政领导特别是民政部门较早就认识到，双重管理体制是制约社会组织发展的一个重要因素，率先开始改革现行的社会组织登记管理体制。他们从2004年起，采取三个“半步”走的改革策略，选择行业协会这个敏感度较低、风险较小的领域作为突破口，从民间化入手改革行业协会登记管理体制，随后逐步扩大直接登记和无业务主管单位制度适用领域，逐步探索社会组织由民政部门直接登记、规范管理、无业务主管单位的新体制。

第一个“半步”：2004年深圳市成立行业协会服务署，统一行使行业协会业务主管单位的职责，并积极推动行业协会在机构、办公场所、人员、经

1. 俞可平教授率领的课题组2005年对中国公民社会发展的制度环境进行了全面深入的分析。可参阅俞可平等：《中国公民社会的制度环境》，北京：北京大学出版社2006年版。

费等方面与原业务主管单位脱钩。2004 年在市委市政府的要求下共有 201 名党政机关公职人员辞去了在行业协会所兼任的领导职务。这项改革切断了行业协会与原业务主管单位之间的利益联系，使行业协会获得了独立的社团法人地位和内部管理的自主权，从此深圳市的行业协会从官办协会依附性生存走上了民间化自主发展的道路。

第二个“半步”：2006 年年底，深圳市将行业协会服务署和市民间组织管理办公室合并，组建市民间组织管理局，在全国最早实现了行业协会由民间组织管理部门直接登记、无业务主管单位的新型管理体制。正如王名教授所言，这一次非同寻常的探索，它实际上是在行业协会这种特殊类别的民间组织上将原有的双重管理体制转变为一种单一登记、统一监管的新的制度安排。[1]

第三个“半步”：2008 年 9 月，深圳市出台了《关于进一步发展和规范我市社会组织的意见》（以下简称《意见》），进一步扩大了直接登记、无业务主管单位的新体制适用的社会组织的类别。该《意见》明确规定工商经济类、社会福利类、公益慈善类的社会组织申请人均可直接向社会组织登记管理机关申请登记。对主要在社区范围内开展活动的社区社会组织实行登记备案双轨制，适度放开异地商会的登记和管理，适度突破一业一会的限制，鼓励行业协会专业化和细分。深圳市还在政府职能转移委托、实行政府购买服务、社会化评估等多方面进行了积极的探索。

深圳社会组织登记管理体制改革项目具有自己独特的创新之处。该项目的创新之处主要有如下几个方面：

1. 以“公民社会共同成长”的新理念指导改革并为改革护航

深圳市社会组织登记管理体制改革的领导者接受了学术界提出的公民社

1.《深圳民间组织管理勇于创新——专访清华大学 NGO 研究所所长王名教授》，见马宏主编、郑英执笔：《公民社会共同成长——深圳社会组织纪事》，深圳：深圳报业集团出版社 2009 年版，第 215 页。

会、治理与善治等新概念，在此基础上提出了“公民社会共同成长”的新理念和新目标，强调充分发挥社会组织在和谐社会和善治建设中的作用。[1] 正是在这一新理念指导下，为社会组织发展“松绑”、提供空间、提供资源、提供优质服务成为深圳社会组织登记管理体制改革的主线，改革也在这一思路指导下不断向前推进。

2. 采取三个“半步”的渐进改革策略保证了每次改革的成功并为下一步改革奠定了基础

原深圳市委书记李鸿忠提出改革的“半步”策略，主张每次改革走“半步”，积极稳妥地推进改革。[2] 深圳的改革者将改革的勇气和智慧相结合采取“半步”的改革策略逐步深化改革，保证了改革、发展、稳定的有机统一。深圳改革从行业协会主管单位统一归口为行业协会服务署到民间组织管理局直接登记，从行业协会直接登记到工商经济类、社会福利类、慈善公益类社会组织直接登记，每一个半步都体现了改革者的政治勇气和政治智慧。这三个半步中每一个半步的实施改革者自身都要承担一定的风险，没有业务主管单位分担政治风险，改革的发起者民政部门实际上是独自承担政治风险，没有政治勇气是不可能迈出这个“半步”的。同时选择政治敏感度低的行业协会等领域实行直接登记和取消业务主管单位，取得经验后逐步扩大直接登记的适用范围，有利于维持政治稳定，并有利于动员社会资源促进经济社会发展。这一改革策略最大限度地减少了改革的阻力，同时不断增加改革的受益人群

1. 深圳市民间组织管理局与《深圳商报》合作辟出专栏向公众推介行业协会等社会组织的社会贡献，并以《公民社会共同成长》为题结集出版。深圳市委学习实践科学发展观办公室与深圳市民政局联合主编了《你身边有我：社会组织自述》一书作为深圳干部学习实践科学发展观的辅助读本，在干部队伍中普及关于社会组织特征、地位和作用等基本知识。《关于社会组织发展和管理的三个〈实施方案〉的起草说明》明确指出，深圳市社会组织的发展距离“公民社会共同成长”的目标尚有较大距离，其积极作用尚未充分发挥，以此作为进一步深化改革的依据。这些都说明“公民社会共同成长”已经成为深圳市社会组织登记管理体制改革领导者秉持的重要理念。
2. 在笔者与深圳市民政局局长刘润华的谈话中，他很推崇深圳前市委书记李鸿忠为这项改革命名的半步策略。笔者对此深表赞同。

范围，为改革赢得了广泛的社会支持。

3. 局部突破了双重管理体制，逐步探索直接登记、服务优先、综合监管的社会组织登记管理新体制

深圳市从行业协会登记改革入手逐步扩大直接登记的适用范围，对社会组织有选择地实行直接登记降低准入门槛，为经济社会发展所急需的社会组织登记注册获得合法身份顺利开展活动提供了极大的便利。他们实行无业务主管和突破一业一会限制的做法，为行业协会等社会组织的自主发展和自由竞争提供了广阔的空间。他们还通过转移委托政府职能实行政府购买服务、对行业协会商会进行评估定级并与享受政府资助挂钩等措施，依靠资源引导和社会评价等方式对社会组织实行柔性监管，使社会组织在享受服务的过程中自觉服从监管。

4. 实现了政社分开，积极探索构建政府与社会组织之间的新型合作伙伴关系

通过改革登记管理体制，对三类社会组织实行直接登记制度和无业务主管单位制度，使这些社会组织无须再寻找业务主管单位，其内部管理也无须再受业务主管单位的行政干预，实现了政社分开，为社会组织的自主发展松了绑。民间组织对社会组织的管理从入口管理转向过程管理和结果管理，管理方式相应地由控制式管理转向引导式管理，第三方评估、治理指引、信息披露等新的监管机制开始引入。政府职能转移实行合同委托和政府购买服务，为社会组织的发展让渡了空间和资源，并使社会组织与政府职能部门从行政依附关系走向平等的合作关系。行业协会等社会组织作为会员企业和弱势群体代言人角色在反映诉求中的作用日益受到深圳市委市政府的重视，深圳市委和市政府及相关职能部门与这些民间化的相对独立的社会组织之间开始建立决策咨询和沟通机制。这些都标志着深圳社会组织登记管理体制改革项目实施以来，党委政府与社会组织之间正在建立新型的合作伙伴关系。

经过三个"半步"的持续改革，深圳市已经初步建立起了以直接登记、服务优先、综合监管为主要特征的社会组织登记管理新体制。深圳市在社会组织登记管理体制方面的改革探索，为在更大范围内实现对社会组织的管理从身份管理和入口管理向行为管理和动态监管的转变提供了有益的借鉴，发挥了先行先试的改革尖兵作用，具有较高的推广价值。

二、深圳市社会组织登记管理体制改革成功推进的原因分析

深圳市从2004年起分三个半步持续推进社会组织登记管理体制改革并取得了很大的成功。正如有的学者所分析的那样，公共管理改革面临着八大难题，即"政策"难题、"领导者"难题、"制度化"难题、"安全"难题、"改革主体"难题、"参与"难题、"技术"难题和"能力难题"等八大难题。[1] 一些官员面对这些难题，无所作为，改革难以启动。还有的地方在改革启动后无法克服相应的难题而中途夭折。深圳市从2004年启动社会组织登记管理体制改革以来，这项改革不但没有停止，而且在不断深化，改革成果制度化方面也不断取得新的进展。深圳市社会组织登记管理体制改革成功推进的主要原因有哪些呢？

对深圳市社会组织登记管理体制改革成功推进的原因分析，离不开对成功的中国地方政府创新的理论分析框架的探讨。笔者尝试在借鉴国内外政府创新动力机制已有分析[2] 的基础上，提出自己的理论分析框架。

1. 杨雪冬：《后市场化改革与公共管理创新：过去十多年来中国的经验》，见陈雪莲、杨雪冬等：《地方政府公共管理创新：经验与趋势》，长春：吉林大学出版社2009年版，第20—22页。
2. 俞可平、杨雪冬、陈雪莲、谭新娇都从各自的角度对成功的中国地方政府创新的动力机制作过分析，笔者的研究吸收了他们的研究成果。可参阅俞可平主编：《政府创新的理论与实践》，杭州：浙江人民出版社2005年版；陈雪莲、杨雪冬等：《地方政府公共管理创新：经验与趋势》，长春：吉林大学出版社2009年版。谭新娇以中国地方政府创新为主题的博士论文尚未发表。

表3 成功的中国地方政府创新的决定因素

作为创新主体的地方党政领导或相关职能部门领导	创新意识	强
	创新能力	强
	创新需求	强
	创新策略	佳
作为创新载体的创新者所领导的组织机构	外部授权	大
	内部氛围	好
创新者所处的外部环境	上级领导认可程度	高
	当地民众支持程度	强
	媒体和学界评价	好
	外部竞争对手压力	强

中国地方政府创新的成功取决于是否有一个创新意识、创新能力、创新需求俱强、创新策略佳的地方创新领导者及创新团队，这个创新领导者及其所领导的组织机构获得了足够的外部授权并创造了良好的内部创新氛围，上级政府、当地民众、媒体和学界对该项创新持友善的态度，外部竞争对手在制度竞争中的明显优势产生了强大的外部压力，这些因素汇聚起来共同促成了特定的地方政府创新的启动和深化。

（一）深圳市党政领导及有关职能部门领导有着强烈的创新意识、旺盛的创新需求、较强的创新能力和优良的创新策略，他们在深圳市社会组织登记管理体制改革的启动和深化中发挥了关键的作用

中国地方政府创新是一种典型的地方党政领导发起和推动的精英驱动型创新模式。这与中国各级政府权力高度集中的党政领导体制和政府主导的强势地位分不开。成功的地方政府都有赖于一个勇于创新、善于创新的领导者及其创新团队。深圳市社会组织登记管理体制改革的成功推进与深圳市党政

领导及有关职能部门领导勇于创新、善于创新有着密切的关系。

1. 深圳市党政领导及相关职能部门领导有着强烈的改革创新意识

作为中国经济特区的排头兵，历任深圳市委市政府主要领导及分管领导在发展和规范社会组织方面都具有强烈的改革创新意识并提出了明确的改革思路。据原深圳市行业协会服务署署长、民间组织管理局局长葛明回忆，进入21世纪，“深圳市委、市政府就行业协会改革发展问题曾先后三次组织大型调研活动，并召开‘行业协会的规范与发展’专题议政会。2004年12月，市委市政府联合下发了《深圳市行业协会民间化工作实施方案》，明确了深圳行业协会改革发展的总体思路，强力推进行业协会民间化改革。……2006年年底，市委市政府顺应社会组织发展的要求，将行业协会服务署并入市民间组织管理局，率先突破了传统的行业协会双重管理体制。”[1]2008年9月，深圳市委市政府又颁布了《关于进一步发展和规范我市社会组织的意见》，进一步创新了社会组织登记管理体制。这些都说明深圳市委市政府主要领导在社会组织发展和管理上具有强烈的改革创新意识，敢为天下先，勇于先行先试。作为深圳市社会组织登记管理体制改革的直接推动者的深圳市民政局局长刘润华、民间组织管理局两任局长葛明和马宏（女）都是具有强烈的创新意识、改革精神的创新型领导。葛明在前引同一篇文章中就下一阶段进一步推进行业协会商会健康发展和规范管理提出了清晰的思路，反映出他在行业协会商会改革方面具有强烈的创新意识。笔者在与刘润华和马宏的座谈和阅读他们的书籍文章中深深感到他们是民政战线和社会组织管理部门中富有改革创新意识的领导者。深圳市民政局局长刘润华是一位学者型领导，著有《安民立政》一书，在书中提出了深圳民政人要“争当全

1. 葛明：《深圳市积极推进行业协会民间化改革》，首发于《中国社会报》，2008年5月28日，转引自深圳民政在线：http: //www. szmz. sz. gov. cn/sanji. asp? bianhao = 20366。

国民政工作排头兵”的奋斗目标。[1] 他 2004 年就任深圳市民政局局长以来，在他的领导下，深圳市在发展民间组织、创新社工制度、发展慈善事业等方面都走在全国前列，创造了许多好的经验。没有强烈的创新意识和改革勇气，是无法取得这样的成绩的。这种强烈的创新意识，用刘润华自己的话来说，来自于“自己别无所求，责任感和理想推动着自己去创新”。[2] 他还说，行业协会民间化涉及到对原有法规的突破，确实有风险，但“作为一个公职人员，如果人人怕风险，社会就难以前进。跟构建和谐社会理想相比，冒这点风险算不得什么”。[3] 这种敢冒风险的政治勇气是创新意识的重要支撑。马宏局长在第五届“中国地方政府创新奖”陈述答辩会上提出“小政府大社会”、“公民社会共同成长”代表着社会发展的方向，认准了这个方向，深圳社会组织登记管理体制改革将不断走向深入。这从一个侧面反映出她具有强烈的创新意识。

2. 实施“深圳社会组织登记管理体制改革”项目的创新领导者及其工作团队具有很强的创新能力

官员的创新能力包括发现当地新问题、新需求的认知能力，吸收接纳国内外新思想新理念新经验的学习能力，将新思想新理念新经验在当地付诸实施以解决问题的行动能力。“深圳社会组织登记管理体制改革”项目领导者及其工作团队具备了这种认知能力、学习能力和行动能力，从而具有很强的创新能力。他们在申请表中谈及发起这一项目的主要动因时，体认到市场经济发展的需要、社会治理的需要、行政体制改革的需要、市民利益表达的需要

1. 刘润华：《争当全国民政工作排头兵》，见刘润华：《安民立政》，深圳：深圳报业集团出版社 2008 年版，第 283—284 页。
2. 引自何增科 2009 年 12 月初赴深圳考察评估该项目时的调研笔记，何增科调研笔记，2009 年 2 月 3 日。
3. 引自何增科调研笔记，2009 年 12 月 3 日。

和社会组织规范发展的需要是发起这一制度创新的主要动因。[1] 这反映出他们具有较强的发现当地新需求和新问题的认知能力。成立行业协会服务署的举措，深圳创新的领导者坦言是受到上海成立行业协会管理署的启发，同时他们更强调这一机构为行业协会服务的宗旨，因而称为行业协会服务署。这些都反映出深圳的创新领导者较强的学习能力和自主创新能力。实行政府职能转移委托和政府购买服务等创新举措，是深圳市创新的领导者将“小政府大社会”、“公民社会共同成长”等新理念付诸实施的具体体现，反映出他们很强的能动性或行动能力。

3. 深圳市党政领导及相关职能部门领导有着旺盛的创新需求

中国地方政府创新既是一种精英驱动的创新，又是一种以解决实际工作中遇到的问题为目标的问题驱动的创新。这一点与西方政府创新有相似之处。[2] 解决新问题和老大难问题的需要导致地方领导产生创新的需求。深圳市社会组织领导体制改革项目也表现出问题驱动创新需求的特征。改善投资环境促进经济发展是深圳积极推动行业协会民间化改革的重要动因。深圳经济所有制结构中个体户、私营企业和外资企业比例大大高于国有企业。根据深圳市 2008 年年底开展的第二次经济普查获得的数据，在登记注册的各类企业资产总额中国有企业和集体企业资产合计占 18.5%，股份制企业、私营企业、港澳台企业和外资企业合计占 80% 以上份额。在这种经济所有制结构下，企业要求改善投资环境的呼声不能不引起深圳市政府的高度重视。20 世纪 90 年代中期以来，深圳市投资经商环境受到企业抱怨，行政审批事项过多、收费过高，一些企业外迁，新的投资难以吸引进来。为了改善投资经商环境，深

1. 见深圳市民间组织管理局：“深圳市社会组织登记管理体制改革”申报项目之申请表，2009 年 9 月 25 日。
2. 陈雪莲：《地方政府创新的驱动模式》，见陈雪莲、杨雪冬等：《地方政府公共管理创新：经验与趋势》，长春：吉林大学出版社 2009 年版，第 58—61 页。

圳市从1999年开始实施行政审批制度改革。1999和2001年的两轮行政审批制度改革主要针对政府职能部门，市一级审批事项有了大幅度减少。2002年开始的新一轮行政审批制度改革中，与政府职能部门关系密切的行业协会成为改革的对象。这种官办的行业协会被称为“二政府”，利用行政权力搞“有偿服务”、强拉赞助、收费评比等营利活动，成为政府职能部门干预企业的工具和牟利的工具，束缚了企业的发展，企业所急需的行业协会服务则付之阙如。为了进一步改善投资环境，深化行政审批制度改革，2004年后行业协会民间化改革提上了深圳市委市政府改革的议事日程。深圳市社会组织登记管理体制改革由此迈出了第一个半步。2005年12月2日《广东省行业协会条例》出台，这一条例取消了行业协会需有业务主管单位的规定，行业协会服务署作为行业协会业务主管单位失去了存在的必要性，同时民政局民间组织管理办公室的管理力量薄弱。为了整合社会组织管理服务资源，深圳市迈出了第二个“半步”，将市行业协会服务署和民政局民间组织管理办公室合并，成立民间组织管理局。行业协会管理由此实现了单一登记管理体制，率先突破了传统的双重管理体制。深圳改革的第三个半步的创新需求在很大程度上来自上级领导和创新者的期望与社会组织发展状况的落差。深圳市每万人平均拥有的社会组织数量为3.9个，高于全国平均水平2.7个，但低于上海每万人6个的水平。民政部部长李学举希望深圳做发展民间组织表率，广东省委书记江洋希望深圳向香港、新加坡市等国际化都市看齐。深圳市民政部门领导也把争当全国民政工作排头兵作为自己的奋斗目标。深圳市在社会组织发展及其发挥作用方面的现状与上级领导和创新精英期望之间的落差推动着项目实施者在2008年出台《关于进一步发展和规范我市社会组织发展的意见》，从而迈出了改革的第三个“半步”。[1]

1. 美国学者荣迪内利（Dennis A. Rondinelli）总结西方政府创新动因时认为，创新一般源于绩效落差，但他谈的是公众期望与组织绩效的落差。在中国目前体制下，上级领导期望和创新精英的自我期许与组织绩效之间的落差似乎更为重要。

4. 深圳市党政领导及有关职能部门采取了一种较好的改革策略

创新需要勇气，更需要智慧。创新者既要勇于创新，更要善于创新，惟其如此创新才能启动、实施和深化。深圳的创新发起者在社会组织登记管理体制改革项目上采取了低风险取向的“半步”策略，减少了改革的风险和阻力，确保了改革的顺利启动和持续推进。深圳的社会组织登记管理体制改革没有采取直接取消所有社会组织的业务主管单位的一步到位的激进改革，而是从行业协会改革开始逐步扩大直接登记的社会组织的适用范围，走了一条渐进改革之路，减少了犯错的机会并提供了纠错的机会。双重管理体制既有国家行政法规依据，又在维护政治稳定方面有一定功效。针对双重管理体制的激进改革，既有被指责违反行政法规的风险，又可能导致社会组织发展失控威胁到政治稳定，因此难以得到党政主官和上级部门的认可和支持，实施起来困难重重。选择行业协会民间化改革作为突破口，既可以满足地方党政领导改善投资环境促进经济发展的需要，又可以在社会组织登记管理体制改革上打开一个突破口，行业协会民间化的政治风险很低。行业协会与原有的业务主管单位脱钩后，这些政府职能部门虽然失去了一些利益，但也不用承担作为业务主管单位的政治风险，因此阻力相对较小。行业协会业务主管单位从各职能部门转往行业协会服务署的做法，既符合国家行政法规对行业协会须有业务主管单位的规定，又可以开启行业协会与原业务主管单位脱钩走向民间化之路，是一种充满智慧的做法。在国家和省对行业协会管理放宽后，深圳取消行业协会服务署实行行业协会单一登记体制乃是顺势而为。行业协会服务署整体并入民政局，署长转任新组建的民间组织管理局局长，行政级别、人员编制等都没有受到大的影响，遇到的阻力也很小。第三个“半步”改革，仍然采取低风险取向的策略，选择工商经济类、慈善公益类和社会福利类社会组织实行直接登记制度，这样可以确保深圳经济社会发展所急需的社会组织的发展，同时又可以继续采取双重许可双重管理的做法将一些政治上高度敏感的社会组织挡在合法门槛之外。这种低风险取向的改革策略，降低了这项改革所要承受的政治风险，避免了改革被否定而走回头路的风险，因此是一种富有政治智慧、对改革事业高度负责的优良的改革策略。

（二）深圳市党政领导及相关职能部门领导为深圳有关改革争取到了较为充分的外部授权，并营造了鼓励创新“敢闯敢试”的良好氛围，从而助推了这项改革

组织创新以组织的自主权和开明的组织文化作为基础。组织推动的创新，若没有获得必要的外部授权，没有鼓励创新的良好的内部氛围，创新将难以启动和深化。深圳的改革者发挥了自己的政治能动性，为自己的改革争取到了外部授权并营造了良好的内部氛围。

1. 深圳市党政领导及相关职能部门领导为这项改革争取到了必要的外部授权

深圳作为中央确定的经济特区，被中央授予了先行先试的改革自主权并获得了特区立法权。深圳市利用这些权力推动行业协会民间化改革，并利用特区立法权制定了《深圳市行业协会暂行办法》，将第一个“半步”的改革成果加以制度化。在2005年《广东省行业协会条例》出台后，深圳市又利用这一条例所提供的制度空间和隐性授权，将行业协会服务署与民间组织管理办公室合并成立民间组织管理局，率先建立了行业协会单一登记、无业务主管单位的新体制，局部突破了双重管理体制。在深圳市民政部门领导积极争取下，2008年4月14日，国家民间组织管理局确定深圳市为“社会组织改革创新综合观察点”。2008年6月，广东省民政厅将深圳确定为“社会组织综合改革观察点”，并明确了社会组织综合改革的主要内容。在深圳市的积极争取下，2009年7月20日，民政部和深圳市签署了《民政部深圳市人民政府推进民政事业综合配套改革合作协议》，民政部授权深圳市在民政改革包括社会组织登记管理体制改革方面先行先试，并充分肯定了此前的改革举措和下一

步改革的战略构想。深圳市党政领导和民政部门争取到的这些外部授权，为深圳市启动第三个“半步”改革以及进一步深化社会组织登记管理体制改革并巩固改革成果提供了必要的自主权和制度创新空间。

2. 深圳市党政领导及相关职能部门领导营造了鼓励创新的良好内部氛围

笔者率领的调研组前去调研“深圳市社会组织登记管理体制改革”项目时，深圳市常务副市长李锋（现已调任汕头市委书记）认为政府职能转变后，社会组织作用发挥得如何，取决于民间组织管理水平如何。市委市政府高度重视民政工作，积极促成民政部与深圳市达成民政改革部市合作协会，支持社会组织登记管理体制创新。[1] 刘润华 2003 年 8 月 28 日到民政局就职时的讲话中，明确要求民政干部要有改革创新精神，鼓励大家以改革创新的精神解决工作中出现的新问题。[2] 在 2009 年春节深圳民政系统座谈会上，刘润华重申了深圳要争当“全国民政工作排头兵”的要求。[3] 正是在这种鼓励创新、奋勇争先的良好内部氛围中，深圳市民政工作在创新社会组织登记管理体制、发展慈善事业、社会工作制度创新等多方面走在了全国的前列。

（三）上级领导、当地干部群众、媒体和学界对这项改革的认可和赞许，区域竞争的外部压力，激励和督促着深圳创新领导者不断深化社会组织登记管理体制改革

外部环境对于创新的深化发挥着重要的制约作用。能否争取到一个比较友善的外部环境，能否将区域竞争的压力转化为创新的动力，直接关系着创

1. 何增科调研笔记，2009 年 12 月 3 日。
2. 刘润华：《同舟共济》，见刘润华：《安民立政》，深圳：深圳报业集团出版社 2008 年版，第 244 页。
3. 刘润华：《争当全国民政工作排头兵》，见刘润华：《安民立政》，深圳：深圳报业集团出版社 2008 年版，第 283—284 页。

新的成败。深圳市创新项目的领导者依靠自身的努力争取到了上级领导、当地民众、媒体和学界对这项改革的理解、认可和支持，同时他们将区域竞争的外部压力化为深化改革的动力，从而推动这项改革不断走向深入。

1. 上级领导对这项改革表示认可和肯定

地方政府创新是对现有法律法规的一种突破，容易遭到违反法律合法性的质疑和指责，但它往往是解决现实问题的一种比较合理的选择。如果这种创新能够得到上级领导的肯定，创新的政治合法性或正当性就有了保证，创新者个人所承担的政治和法律风险就会降低，新的制度安排就不会因外部干预而夭折。2007 年年初，民政部部长李学举到深圳考察工作时，接受《深圳商报》采访，对深圳市将成立民间组织管理局表示高度肯定，认为“这是件大好事”，并称赞深圳市委市政府高度重视民间组织管理工作，在体制机制方面不断创新，深圳经验可供全国借鉴。[1] 刘润华局长所著的《安民立政》与马宏局长主编的《公民社会共同成长》两书都收录了原载于《深圳商报》的这篇部长访谈。这些都显示出上级部门领导的认可和肯定对地方改革的持续推进发挥着重要作用，为地方改革者增添了改革的动力和信心。深圳改革者还争取到了国家民间组织管理局局长孙伟林为《公民社会共同成长》一书做序，在这篇序言中，孙伟林局长充分肯定了深圳市近年来在行业协会民间化等方面进行的改革创新，并冀望深圳在社会组织领域继续先行先试，大胆创新，“把‘窗户’开得更大一些”。[2] 这些都是对深圳第一个“半步”和第二个“半步”改革的有力支持，为深圳改革者继续推进改革注入了强大动力。2008 年 3 月 31 日，广东省委书记汪洋在深圳考察时要求深圳率先建立健全

1. 《深圳应做发展民间组织的表率——民政部部长李学举接受记者专访》，原载《深圳商报》，2007 年 1 月 30 日，转引自刘润华：《安民立政》，深圳：深圳报业集团出版社 2008 年版，第 3—5 页。
2. 孙伟林：《把“窗户”开得更大一些（代序）》，见马宏主编、郑英执笔：《公民社会共同成长——深圳社会组织纪事》，深圳：深圳报业集团出版社 2009 年版。

有中国特色的经济社会管理体制机制，形成一种市场配置资源、社会自主管理、政府科学调控的善治格局，培育社会自治能力。他指出，政府包办不是方向，让市场和社会组织更好地发挥作用，使政府管得越少越好，这才是方向。深圳改革者认为，这是省委书记对深圳社会组织登记管理体制改革的一种间接肯定，同时也指明了下一步改革的方向。深圳市委市政府《关于进一步发展和规范我市社会组织的意见》就是为了落实汪洋同志关于深圳建设中国特色社会主义示范市要求而采取的重大举措之一。

2. 当地干部群众对这项改革表示理解和支持

深圳市民政局特别是民间组织管理局为了争取当地干部群众对这项改革的认同，做了大量工作。深圳市民间组织管理局与深圳商报社合作，从2007年起陆续推出《社会组织视窗》，累计刊发报道90余篇。这些新闻报道向当地民众介绍了深圳创新社会组织管理情况，推出了民间化后的典范性的行业协会，展示了新兴社会组织风采，这些新闻报道无疑增强了当地民众对深圳社会组织登记管理体制改革的必要性、主要内容和成效的理解。在学习实践科学发展观活动中，深圳市委学习实践办和深圳市民政局合作编写了《你身边有我——社会组织自述》辅助读本，针对干部群体，宣传社会组织的性质、特征、地位和作用，使干部群体增强了对进一步发展和规范社会组织工作的理解和支持。在我们与民政系统以外其他职能部门代表、行业协会等社会组织代表的座谈和实地考察中，他们普遍反映，社会组织登记管理体制改革后，社会组织得到了解放，焕发了生机和活力，日益活跃在社会生活和公益活动中，已经成为深圳市民和企业日常生活中一个不可缺少的组成部分。[1]

1. 何增科调研笔记，2009年12月4日、12月5日。

3. 媒体和学界对这项改革表示赞许

媒体和学界的赞许对于巩固改革成果和深化改革发挥着重要作用。深圳改革者努力做好改革的公关工作，争取媒体和学界的支持。清华大学王名教授、邓国胜博士、北京大学金锦萍教授先后接受《深圳商报》专访，对深圳市前两个“半步走”的改革表示高度的肯定和鼓励。深圳社会组织登记管理体制改革实施六年来，《人民日报》、《南方日报》、《深圳特区报》、《深圳商报》、《长江日报》、《广州日报》等全国性或地方主流报纸对这项改革的主要内容及取得的成绩进行了比较充分的报道，为这项改革提供了重要的舆论支持。2009 年 8 月 31 日，由国家民间组织管理局和深圳市民间组织管理局联合主办的全国社会组织治理创新交流会在深圳召开，有 100 多位来自全国各地的社会组织管理者、著名高校专家学者、社会组织代表参加了该次会议，这次会议为深圳社会组织登记管理体制改革凝聚了必要的外部支持。2010 年 1 月 17 日，深圳市社会组织登记管理体制改革项目荣获第五届“中国地方政府创新奖”。该奖项是由独立的学术机构对政府创新进行评选颁奖，获得该奖项表明专家学者对创新项目的认可和肯定。《深圳商报》旋即以《深圳三个“半步走”赢得专家“齐声赞”》为题报道了深圳市社会组织登记管理体制改革获得“中国地方政府创新奖”的消息。随后《深圳商报》发表深圳市民间组织管理局局长马宏的专访，马宏局长表示将进一步深化社会组织管理体制改革并提出了具体的工作思路。[1] 这反映出近年来，继上级领导的认可之后，来自媒体和学术界的认可和肯定，成为地方政府创新持续推进的一个重要动力。

4. 来自外部竞争对手的压力成为改革的重要推动力量

区域竞争或竞赛是中国各级地方政府发展和改革的强大动力。深圳原

1. 参阅：《深圳三个“半步走”赢得专家“齐声赞”》，载《深圳商报》，2010 年 1 月 26 日，A5 版；《营造法制好环境　完善扶持新体系》，载《深圳商报》，2010 年 2 月 2 日，45 版。

来是把北京、上海等国内先进城市作为自己的竞争对手，在学习这些城市先进经验基础上进行自主创新。2008 年 3 月 31 日，汪洋书记考察深圳时，批评深圳还没有用国际视野审视自己，用世界先进标准要求自己。他明确要求深圳面向世界，全球比较，看到与世界先进城市的差距，找到标杆。与中国香港、新加坡市、中国台北、日本大阪、韩国首尔相比，深圳还有很大差距。与世界先进城市的差距，要求深圳推进国际化，借鉴国际上人类文明的共同成果进行体制改革，率先建立有中国特色的经济社会管理体制机制。[1] 汪洋书记讲话后，深圳各级领导干部自觉把世界先进城市作为自己比学赶超的目标。深圳民政系统干部已经认识到深圳社会组织平均数量、规模和实力与世界先进城市的差距。这种与高水平外部竞争对手的差距所产生的压力，成为深圳市深化社会组织登记管理体制改革、进一步发展社会组织的强大动力。

三、深圳市社会组织登记管理体制改革的成效与可持续性

一项新的制度安排能否持续下去，取决于受制度影响各方能否从新的制度安排中受益或者即使利益受损方也能得到适当的补偿。只有实现互利多赢的改革创新才能得到各个利益相关方真心实意的拥护和支持，从而具备可持续性。深圳市社会组织登记管理体制改革所涉及的利益相关方有作为制度供给方的政府及相关职能部门，有直接受制度影响的各类社会组织，有间接受制度影响的深圳居民、企业和弱势群体。对深圳市社会组织登记管理体制改革的成效分析表明，它作为一种制度创新，实现了上述三个利益相关方的多赢或共赢，因此具备了较高的可持续性。

1. 以上内容出自笔者调研时查阅的内部资料：《汪洋同志在深圳考察时的讲话》（根据录音整理，未经本人审阅），2009 年 3 月 31 日。

（一）作为制度供给方的深圳市政府及相关职能部门从这项改革中受益

深圳市政府及相关职能部门是社会组织登记管理体制改革的受益者。他们的受益主要表现在以下三个方面。

1. 改善了投资经商环境，促进了经济社会发展

在地方政府政绩考核中，经济社会发展特别是经济发展是最重要的内容，而改善投资经商环境对于深圳这个非公有制成分在经济结构中占有相当大比例的特区政府来说就显得特别重要。行业协会民间化改革既是社会组织登记管理体制改革的一项重要内容，更是行政审批制度改革的一项重要内容。行业协会改革方案本身就是由市审改办行业协会改革组设计的。行业协会民间化改革的一个重点是实行政社分开，即行业协会与原业务主管单位实现人员脱钩，办公场所基本分开，财务独立建账，清产核资明确资产产权归属。政社分开斩断了行业协会与政府职能部门的利益链，对行业协会等中介组织利用政府职能部门权力干预企业经营和牟利的行为起到了釜底抽薪的作用。行业协会从"二政府"彻底转变为民间性的独立社团法人。它是深圳市行政审批制度改革的一个自然延伸。行业协会民间化改革为企业减轻了负担，优化了投资经商环境[1]，从而促进了经济发展。

2. 降低了行政管理成本，提高了行政效率

政府职能转变要想从口号转变为现实，政府转移出去的职能需要有社会组织来承接，这样社会管理和公共服务才不会出现真空和断档。而实现了民

1. 深圳市统计局2004年以来历年国民经济和社会发展统计公报数据显示，深圳市2004年以来引进外资和实际使用外资的数量连年增长，这从一个侧面说明2004年以来深圳的投资经商环境得到进一步改善。

间化的社会组织不再与原来的业务主管单位有任何利益瓜葛，这样就为承接政府转移出来的职能提供了便利条件。深圳市在行业协会民间化改革完成后，将行业管理的一些具体事项委托给行业协会来承担，并通过政府购买服务的方式来购买行业协会所提供的行业普查、调研、咨询建议等服务，提高了决策质量，降低了管理成本。如国家商务部和深圳市政府委托市零售商业行业协会编制5个全国零售商业行业标准，每个标准仅用了13.5万元，如由政府自己制定至少需要30万元。深圳市在向行业协会购买服务尝到甜头后向将政府购买服务向其他类别社会组织延伸。如深圳市福利中心以低于自身服务成本一半的价格即每人每月1120元将25个残障儿童委托民办的华阳特殊儿童康复中心代养并配备了两名社工，节省了服务成本。这种政府购买服务的领域正在逐步拓展。政府将更多的社会事务委托社会组织管理，并通过购买服务等方式继续提供基本公共服务，改变了以往靠设立机构、增加编制、经费和人员来加强管理的方式，降低了行政管理成本，提高了行政效率，[1] 走出了一条“小政府大社会”从事社会管理和公共服务的新路子。

3. 有效防范了政治风险，引导了急需的社会组织的发展

从双重管理走向统一登记、统一监管的新体制后，能否有效防范政治风险、能否更大程度地发挥社会组织的积极作用，是衡量这项改革是否成功的重要标准。取消业务主管单位后，防范政治风险的“双保险”机制变成了日常监管权责相对集中于民间组织管理部门的新体制。民间组织管理部门在充实机构、编制力量基础上改进监督管理方法，探索通过资源引导、社会化评估等方式引导社会组织的发展方向，同时协调建立社会组织与政府之间的沟通对话机制和参政议政机制。这种疏导的方法增强了社会组织对党和政府的信任与支持。在我们调研组与行业协会等社会组织代表的座谈中，一些行业

1．深圳市民间组织管理局：“深圳市社会组织登记管理体制改革”申报项目之申请表，2009年9月25日。

协会代表说，我们和民间组织管理局是朋友，他们的服务很到位，我们和他们的感情很深。[1] 深圳市社会组织在抗震救灾捐助活动以及日常公益活动中都发挥了重要的协同作用，成为深圳市委市政府的好帮手、好伙伴。2008 年年底，深圳市委市政府出台《关于进一步发展和规范我市社会组织的意见》的文件，立足于培育发展，提出了一系列重大的政策扶持措施。这反映出深圳市政府对自身的社会组织管理体制的高度自信，这种自信来自于高水平的监管和服务，来自于新体制所促成的新型政社伙伴关系的初步建立。从这个意义上说，深圳市政府及民间组织管理部门是这一制度创新的重要受益者和“大赢家”。

（二）深圳市行业协会等社会组织作为直接的利益相关方是这项改革的受益者

社会组织登记管理体制改革首当其冲受到影响的是行业协会等社会组织。这些社会组织均从这项改革中受益。

1. 登记管理体制改革使行业协会等社会组织获得了自主权和更大的发展空间

政社分开使行业协会摆脱了业务主管单位对其内部决策的干预，获得了人事、财务、外事等多方面的自主权。取消业务主管单位和直接登记制度使新成立行业协会不再面临登记注册难和一业一会限制等问题，可以放开手脚去发展。行业协会面向企业提供服务，会员企业根据其服务质量决定支持的力度，促使行业协会以高质量服务求生存求发展。这种新的体制使行业协会等社会组织获得了很大的发展。据统计，2004 年之前，深圳市共有 146 家行

1. 引自何增科调研笔记，2009 年 12 月 4 日。

业协会登记注册，平均每年7.7家；随后5年中新增行业协会82家，平均每年新增16.4家。2007年以来深圳市社工机构和社会福利服务组织从无到有，到2009年9月已登记注册36家社工机构和101家社会福利服务组织。各个社会组织的规模和实力也在增强。以深圳市物流与管理链管理协会为例，2003年该协会只有7名专职工作人员，现已扩展到61名专职工作人员，每年来自政府购买服务的资金高达450多万元。[1]

2. 政府购买服务和沟通协调机制的建立使行业协会等社会组织获得了发展所需的资源并感到自身受到了尊重

政府设立行业协会发展专项资金，以及转移委托职能实行购买服务，既为行业协会等社会组织发展提供了必要的资源，又使双方从原来的行政附属关系变为平等的契约式关系。2008年，全市社工机构共获得市、区两级政府购买社工服务经费高达5000多万元。各社区老年人组织通过“老有所乐”和“居家养老”项目获得的资助达8966.4万元。政府购买服务、政府资助使政府与社会组织之间建立了良性的互动关系。民间化的、相对独立的行业协会等社会组织成为会员企业或服务对象真正的利益代言人，他们的意见也更容易受到政府的重视。深圳市每年都召开市政府主要领导与行业协会代表座谈会，听取行业协会代表意见。社会组织代表也当选为省、市人大代表、政协委员，通过人大、政协渠道反映所代表群体的诉求。政府与社会组织之间正在形成一种较为平等的协商沟通机制，社会组织的政治地位得到提高。[2] 调研组与行业协会等社会组织代表的座谈进一步证实了上述事实。如深圳市零售商业行业协会会长花涛在座谈中指出，该协会1997年成立，由贸发局发起，仅有26家会员单位，目前有250多家会员单位，3万多个门店。原来为官办

1. 深圳市民间组织管理局：“深圳市社会组织登记管理体制改革”申报项目之申请表，2009年9月25日。
2. 同上。

协会，2004 年开始民间化，感觉特别好。原来局长一句话下个指示，协会就得办。现在不同了，不再是政府部门的下属。“现在政府让我们做什么事，会给我们经费。政府制定政策时也会来找我们征求意见。我们感到受尊重。”花涛本人也当选为市政协委员。协会和政府的关系从上下级关系变为平等的协商关系。“体制理顺了，我们的工作就很好开展。因此我们对这个改革非常赞成，受益很大。”[1]

(三) 会员企业、服务对象和居民作为间接的利益相关方从这项改革中受益

1. 会员企业从行业协会提供服务、维护权益、反映诉求等活动中受益

行业协会民间化后，会员企业是其生存和发展的重要资金来源之一。只有为企业提供优质服务、积极维护会员企业权益、反映其诉求，行业协会才能在会员企业支持和资助下不断发展壮大。深圳市各类行业协会在市场机制激励下在这方面做了大量工作，涌现出了一批被称为行业典范的先进行业协会。以深圳市家具行业协会为例。该协会自主举办家具展会，并引领企业走出国门参加海外知名展会参观和参展，协会获得了三个国际大型家具专业博览会的中国独家代理权，树立了中国深圳家具的品牌。2004 年当协会得知美国将发动对华家具产品反倾销后，立即组织企业集体参加应诉，协会的六家会员企业最终拿到了最低税率。协会还积极调研，向政府建言建立家具产业集聚基地并积极组织企业报名入驻。协会还先后建立了深圳家具研究开发院和家具质量检测中心，为会员企业提供公共技术服务。[2] 在 2008 年的行业协会

1. 引自何增科调研笔记，2009 年 12 月 4 日。
2. 《把握行业潮流　实现持续发展：深圳市家具行业协会》，见马宏主编、郑英执笔：《公民社会共同成长——深圳社会组织纪事》，深圳：深圳报业集团出版社 2009 年版，第 78—80 页。

评估中，47 家行业协会会员的满意度达到78%，9 家5A 级行业协会的会员评价为52 分（满分60 分）。[1]

2. 服务对象从慈善公益服务、社会福利服务、社区社会服务中受益

深圳市对慈善公益组织、社会福利组织和社区社会组织实行直接登记或备案登记制度，并采取措施扶持培育这几类社会组织的发展，使这些社会组织的服务对象从中受益。深圳市从 2006 年开始启动“老有所乐”计划，鼓励老年社团注册登记。从 2006 年到 2008 年年底，仅老年人协会就登记了 273 个，各种老年文体组织每年获得 2000 万元开展活动，受资助项目达 3000 多个，极大地丰富了老年人的生活。2006 年至今，共有 17000 名老人享受到“居家养老”社会组织提供的服务。深圳市信息无障碍研究会开展免费盲人电脑培训班，已累计培训学员 8000 多人次。[2] 不断发展壮大的慈善公益组织、社会福利机构和社区社会组织使越来越多的人从他们所提供的服务中受益。

3. 社会组织内部治理民主化和基层社会自治使深圳公民从中受益

在民间组织管理部门的外部监管和社会化评估压力下，面对激烈的市场竞争，行业协会等社会组织为了增强内部凝聚力，积极推动自身治理机制的民主化。以深圳市钟表行业协会为例。“从一开始，深圳市钟表行业协会走的就是纯粹的民间化、民主化道路”。深圳市钟表行业协会执行副会长如是说。他认为协会成功的关键是一直都秉持民间化、民主化发展道路。根据该协会的章程和选举制度，钟表行业协会实行全面的差额选举制度，全体理事、秘书长、副会长、会长全部都是通过竞争、差额选举出来的，竞选前会长候选

1. 深圳市民间组织管理局：“深圳市社会组织登记管理体制改革”申报项目之申请表，2009 年 9 月 25 日。
2. 《深圳市信息无障碍研究会：让弱势群体共享社会文明》，见马宏主编、郑英执笔：《公民社会共同成长——深圳社会组织纪事》，深圳：深圳报业集团出版社 2009 年版，第 181—183 页。

人要相互握手并郑重承诺无论谁当选都要支持协工作。这种竞争性的、差额的选举，起到了凝聚会员企业的积极作用。[1] 深圳市桃源居社区，以公益事业发展中心为核心，以公益事业发展基金会为支撑，成立了各种社区自治组织，2008 年桃源居社区居民参与社区组织的比例高达 67%，初步实现了社区高度自治。[2] 社会组织政治地位提高后，公民参政议政反映诉求的渠道更加畅通。公民的民主意识、自治能力在社会组织民主治理和基层社会自治中得以增强。

由于制度供给方和受制度影响各方的利益在新的制度安排中都得到增强，因此深圳市社会组织登记管理体制改革得到了各个利益相关方的支持，这项改革的可持续性由此得到了较为充分的保证。

四、深圳市社会组织登记管理体制改革的前景展望

深圳市社会组织登记管理体制改革项目具有较高的推广价值和可推广性。该项目得到国家民政部的充分肯定。2008 年 4 月，国家民政部副部长姜力在深圳市调研考察时指出："深圳市的行业协会已经形成了适应市场经济需要的发展模式，为全国行业协会改革提供了可供借鉴的宝贵经验，使我们看到了社会组织发展的方向和目标"。广东省领导对深圳改革也给予充分肯定，并在全省范围内推广深圳的做法。2006 年 12 月，广东省行业协会商会经验交流会在深圳市召开，推广深圳市行业协会商会改革经验。广东省也将借鉴深圳市的做法，改革公益服务类社会组织的管理体制，实行直接向民政部门申请登记。近两年来，全国各省市共有 100 多批次 700 多人次来深圳市考察。[3] 在笔

1. 《深圳市钟表行业协会：民主办协会　品牌促创新》，见马宏主编、郑英执笔：《公民社会共同成长——深圳社会组织纪事》，深圳：深圳报业集团出版社 2009 年版，第 84—86 页。
2. 深圳市民间组织管理局："深圳市社会组织登记管理体制改革" 申报项目之申请表，2009 年 9 月 25 日。
3. 同上。

者率领的调研组座谈中问及该项目的可推广性时，深圳市民政部门领导、民间组织管理部门领导和盐田区民政局领导都认为该项目是可以复制的。社会组织登记管理体制改革涉及对原有法规的突破，由基层先行突破是唯一合理的路径。目前许多地方都在进行相关的探索，海口市力求一步到位，内蒙古赤峰市也在积极探索行业协会民间化。深圳市民政系统同志对这项改革的前景充满信心，认为自己的改革绝不是孤本，而且在现实中也得到了扩散。[1]

深圳市社会组织登记管理体制改革是一项尚未完成的改革，改革仍处于现在进行时的状态。目前取消业务主管单位实行直接登记的社会组织主要限于工商经济类、慈善公益类和社会福利类社会组织，文化体育类、学术研究类、劳动维权类社会组织等尚不能实现直接登记和取消业务主管单位。深圳对双重管理体制的突破仍是有限度的突破。深圳市在将社会组织登记管理体制改革成果法制化以巩固改革的成果方面仍处于滞后状态。2005 年 6 月 21 日发布的《深圳市行业协会暂行办法》已经落后于形势发展的需要，它仍对行业协会业务主管单位作出了明确的规定，明显与 2006 年颁布的《广东省行业协会条例》的规定不一致。深圳市也缺乏一部统一的社会组织母法，将深圳市探索的社会组织直接登记、政府购买服务、政府资助、政府奖励、社会化评估、内部治理民主化、建立孵化基地等优良的改革实践用特区立法的形式固定下来。改革成果制度化的不足使优良的改革实践的存续仍面临着一些不确定性。政府对社会组织的扶持资助力度与社会组织的期望之间仍存在着较大的差距。社会组织快速发展过程中出现了良莠不齐的状况，影响到社会组织的整体形象和公信力。

深圳市领导和市民间组织管理部门领导不仅清楚地认识到了改革尚存在的这些问题，而且就如何解决这些问题提出了具体的措施。马宏局长在获得

1. 何增科调研笔记，2009 年 12 月 3 日。

第五届“中国地方政府创新奖”后为解决这些问题给出了答案，这就是“营造法制好环境，完善扶持新体系。”她提出了四个方面的具体措施[1]：

首先，深圳市将继续推进社会组织直接登记改革适用范围，继续扩大基金会和异地商会的登记；对社区社会组织实行备案登记双轨制；先行先试探索跨省区行业协会商会登记管理试点；研究出台公职人员不在民办非企业单位兼职政策，保证社会组织民间化方向。

其次，完善社会组织法规体系，营造良好法制环境。尽快修订出台《深圳经济特区行业协会商会条例》，对已列入人大立法计划的《深圳市非营利组织条例》将加快立法调研，探索建立社会组织培育扶持与监督管理的法律框架，依法保护社会组织的权益，维护社会公共利益。

再次，完善财政扶持体系，构建多渠道扶持社会组织发展的体制机制。具体措施包括政府购买服务从民政福利彩票“种子基金”向政府财政资金置换的对接机制；推动社会组织孵化基地项目建设，引入支持性机制，批量孵化公益项目；推动社会组织承接政府职能和工作事项“费随事转”机制制度化。

最后，改善政府监管方式，引导社会组织健康发展。推动社会组织年检改革，将年检与日常监管、绩效管理、信用建设、执法查处结合起来，委托专业机构对社会组织的财务状况进行抽样检查，提高年检效力。完善评估程序、评估方法和指标体系，扩大社会组织评估范围，对公益性社会团体和社工机构开展评估。探索分类执法，制定执法流程，规范执法流程。认真做好社会组织执法查处工作。做好承接政府委托购买服务和接受政府资助的社会组织的信息公开和监管工作。

上述四个方面的措施具有很强的针对性，对于解决深圳社会组织登记管理体制改革中面临的问题，进一步深化社会组织登记管理体制改革将发挥重

1. 以下内容参见《营造法制好环境　完善扶持新体系》，载《深圳商报》，2010 年 2 月 2 日，A4 版。

要作用。基于此，我们有理由对这项改革的前景表示乐观。深圳社会组织登记管理体制改革实际上是在为全国探索一种社会组织登记管理的新体制，它对于全国范围内社会组织登记管理体制改革将发挥探路和示范作用。

（原载《甘肃行政学院学报》，2010 年第 4 期）

政府与公民社会的伙伴关系

——上海普陀区社区民间组织管理体制改革“长寿模式”案例分析*

周红云
（中央编译局世界发展战略研究部）

公民社会是相对独立于政治国家的民间公共领域，其基础和主体是各种各样的民间组织，它是国家或者政府系统以及市场或企业系统之外的所有民间组织或民间关系的总和，是官方政治领域和市场经济领域之外的民间公共领域。（俞可平，2005）根据这个定义，公民社会是介于政府与企业之间的“第三部门”，因此，如何处理政府、公民社会与市场之间的关系，或者说政府、公民社会与市场之间处于什么样的一种状态更加有利于社会的发展，就成为一个必须探讨的问题。本文试图从一个案例出发来具体探讨政府与公民社会之间的伙伴关系。

2008 年 1 月 19 日，上海普陀区长寿路街道办事处在街道层面组建民间组

* 本文以在长寿路街道的两次实地调查为基础写作而成，关于普陀区长寿路街道民间组织社区体制改革的大部分描述直接来源于其申报第四届“中国地方政府创新奖”的相关材料。在此，对长寿街道对于我调查给予的支持和便利以及接受我调查的所有人员表示衷心感谢。文责自负。

织服务中心，进行社区民间组织管理体制改革的做法获得了第四届（2007—2008）“中国地方政府创新奖”两年一度的十名优胜奖之一，笔者曾于2007年11月和2008年6月两次到上海普陀区长寿路街道进行过实地调研。本文以这两次调研为基础，试图全面展示上海普陀区长寿路街道发起的社区民间组织管理体制改革的背景及其创新做法；分析和揭示这一创新实践取得的成效、存在的问题并展望这一改革的未来发展；最后，在上述基础上，对政府与公民社会之间的伙伴关系进行一定的学理分析。

一、背景与动因

长寿路街道位于上海普陀区东南部，面积3.98平方公里，常住人口12.6万。随着旧城改造和产业结构的调整，长寿社区[1]从传统的产业工人聚居区向现代化开放型社区转变，居民区演化为现代型、现实型和过渡型三种类型，不同居民区的社区居民生活需求呈现多样化、多层化趋势；在社会转型过程中，为满足社区居民需求的各种民间组织也孕育而生。这样，社区居民对社区服务的深度和广度提出了全新要求，而民间组织对参与提供社会公共产品和服务并进一步参与社会管理也提出了迫切要求。对于街道政府来说，如何更好地满足社区居民的需求，如何进一步推进民间组织和民间力量参与社区建设和管理，既是问题，更是挑战。具体来说，长寿社区面临的问题和挑战如下：

首先，如何根据社区人口情况的变化、小区环境的改善和群众生活水平的提高，满足社区居民多样化需求，加强社区建设和管理，促进和谐社区建设。上海市社区建设和管理一直走在全国的前列，在这种大背景下，长寿社区也面临着发展社区民主、推动社区工作专业化、整合社区资源满足人民群

1. 上海实行的是“大社区”体制，这里的长寿社区是街道层面的社区。

众日益增长的物质文化需求等一系列课题。长寿路街道发现，社区对市场和企业不想做的一些服务性工作的需求非常大，而光依靠政府行政力量又根本无法包揽，例如，在长寿路街道 12.6 万常住人口中，就有 1.9 万名老年人，需要各种不同层次的服务，有的老人处在生活贫困线边缘需要救助，有的老人生活水平较高需要个人发展，有的老人希望发挥余热作些公益事业等，但是，一方面，因其利润空间小而市场根本不愿承接这样的养老和为老服务；另一方面，依靠街道政府的行政力量根本无法满足老年人的多样化需求。与为老年人提供各种养老、为老服务一样，社会上还存在着大量的个性化、分散化和多样化的服务需求，如职业技能培训、文化艺术培训、幼儿教育、婚姻介绍等，不一而足。因此，如何利用社会资源，集中和引导民间力量来满足这些需求，必须在社区管理的体制、机制上创新载体，找到解决社会矛盾的新方法和新途径。

其次，面对民间组织不断涌现、群众团队层出不穷、志愿服务空前高涨的形势，政府应如何引导和服务民间组织的发展需要也是一个问题。随着社会转型、经济体制转轨的深化，长寿社区各类民间组织迅速发展，现有各类民间组织 288 个，其中，注册登记的各类民间组织 95 个，还有大量群众团队 193 个。另外，随着社区建设的深入发展，越来越多的市民加入到志愿服务的行列，长寿社区现有 1825 人报名参加义工，他们组成了 50 多支义工队伍，在助老、助残、助困、社会救助等方面积极为社区需要帮助的人提供义工服务。民间组织和民间资源是一把双刃剑，引导培育的好，则能发挥其积极作用，上能为党和国家分忧，下为民解愁，可以成为社区建设和管理的重要载体，成为党和政府联系群众的桥梁和纽带；反之，则会带来负面和消极作用。因此，面对民间组织的发展和民间力量的壮大，面对越来越多的可利用的民间资源，政府应如何适应新的发展形势引导好、服务好并利用好这些资源，也要求政府创新民间组织管理体制，有效引导和发挥民间力量，以实现社会公共事务的共同治理。

二、长寿模式：做法与创新

在上述背景下，2002 年 8 月，上海市普陀区长寿路街道办事处建立了全国第一家社区民间组织服务中心（非盈利的民办非企业单位），以民间组织服务中心为平台，通过为民间组织提供服务和扶持的方式，探索出“管理寓于服务、服务渗透管理”的社区民间组织管理新体制。

建立民间组织服务中心是长寿社区民间组织管理体制改革的核心和支点。与以往政府主导成立大多数民间组织的方式不同，长寿路街道培育的民间组织服务中心是以政府购买服务的方式建立的一家非营利、公益性的民办非企业法人单位，作为为街道辖区内民间组织服务与管理的枢纽，在政府与民间组织之间搭建起沟通的桥梁和服务的平台。长寿路街道从四个方面为民间组织服务中心正常运转提供保障，它们包括：

（1）人员保障。街道根据社区民间组织的数量、党员人数和工作需要，合理设定专职工作人员的人数，专职工作人员从社会上招聘，包括专职党群工作者和专职社会工作者，从事民间组织党务和管理工作，实行市场化招聘、契约化管理、组织化分工。民间组织服务中心现有中心主任 1 名（兼总支书记），专职副书记 1 名，专职副主任 1 名，工作人员 3 名和兼职党建联络员 10 名。同时还加大社工培育力度。

（2）经费保障。街道每年投入专项经费和业务经费 30 多万元，用于解决民间组织服务中心工作人员的工资、福利以及开展民间组织党建和服务工作的经费。

（3）场地保障。街道在长寿路繁华地段商务楼宇中专门辟出 150 平方米专用场地，配备相应办公设施，用于民间组织服务中心开展日常工作。

（4）机制保障。街道与民间组织服务中心签订协议，对民间组织服务中心实行契约化管理。以居民需求数字化为基础，以服务内容项目化为导向，以管理方式契约化为纽带，加大政府购买服务的力度，把社区内事务性、服务性和部分社会管理职能转移给民间组织服务中心，并进一步明确民间组织服务中心的职责和任务，明确民间组织服务中心承接政府转移或委托职能的具体项目，明确政府购买服务的制度和方法，明确对民间组织进行政策扶持的具体内容。

作为一个民间组织，长寿路街道民间组织服务中心实行的也是双重管理体制，其登记管理机关为普陀区民政局，业务主管单位为普陀区人民政府长寿路街道办事处。该组织工作的基本宗旨是：本着“服务、规范、发展”的原则，与街道范围内各依法登记的民间组织加强联系，密切配合政府有关职能部门，为推动民间组织在社区的健康发展服务。民间组织服务中心成立理事会作为决策机构，主任办公室作为执行机构，下设长寿社区民办非企业单位服务部、长寿社区社会团体服务部、长寿社区群众团队服务部、长寿社区综合管理服务部、长寿社区义工服务总站、人才资源开发管理服务部和长寿社区慈善超市等。该中心具有服务民间组织的功能、党的建设功能、人力资源管理功能、监督预警功能、承担政府委托（转移）职能的功能、服务社区居民的功能，将“服务、协调、管理、预警”功能融为一体，其主要做法是：

（1）通过民间组织服务中心搭建服务平台，积极为民间组织提供各种服务，帮助民间组织解决实际困难，如为辖区内民间组织提供相关信息、举办专题报告会等；建立辖区内民间组织人才档案库，整合人才资源，加强动态管理，并代办民间组织工作人员养老保险、医疗保险、失业保险等；建立辖区内各依法登记民间组织的党员情况档案库，挂靠民间组织的党员关系，强化党员管理，加强党建工作；开展与民间组织相关的业务培训和咨询服务；维护辖区内民间组织的合法权益等。

（2）发挥“孵化器”作用，引导、扶持、培育社区慈善超市等服务性、公益性、慈善类民间组织，满足社区需求、救助社区弱势群体。街道按照政事、政社、管办分离的要求，梳理、剥离社区事务性工作，由民间组织服务中心制定培育计划和购买项目的内容，以服务为立足点，增强党建工作的有效性，采取先易后难、以点带面、逐步推进的方法，对梳理的项目步骤、重点地进行“孵化”和培育。街道通过设立政府购买服务的专项资金150万元，从资金上对社区公益性民间组织实行分类扶持：对从事社区公共福利事业的民间组织，由政府购买服务解决其所发生的全部费用；对从事社区居民生活服务的民间组织，其所发生的费用，由政府购服务解决一部分、社会化运作解决一部分；对从事社区互助中介服务的民间组织，其所发生的费用，在政府推动下通过社会化运作解决。

（3）对群众团队实行备案登记，探索群众团队长效管理机制。街道在民间组织服务中心设立群众团队服务部，对辖区内所有不具备社团注册登记条件的群众团队进行备案登记，建立一套现代化的“群众活动团队信息管理系统”，并与市社团管理局联网，不仅解决了社区内大量群众团队备案登记的问题，而且通过备案登记，实现了对那些处于“三不清”状况（活动人员不清、活动内容不清、活动场地不清）的群众团队的动态管理。

（4）将党支部建在民间组织上，解决民间组织的党建问题。长寿路街道率先以“民间组织服务中心”为平台设立民间组织党总支，打破传统的组织形式和管理方法，不拘泥于组织关系隶属，不受条块限制，按照“条块结合，双重领导”的原则，将分布在各民间组织中的党员组织起来成立党组织。民间组织党总支负责挂靠民间组织的党员关系，建立党员情况档案库，并实行党员动态管理和建设工作，走出了一条将支部建在民间组织上的新途径，确保了党对民间组织的绝对领导。

（5）建立社区民间组织预警网络，及时反馈信息，协助政府管理部门开展工作。民间组织服务中心在为街道辖区内民间组织提供各种服务的过程中，及时掌握民间组织动态，在服务中掌握信息，在服务中加强管理，在服务中实施预警，维护社会稳定。尤其是，民间组织服务中心党总支充分发挥民间组织党支部及民间组织信息员的作用，积极发动党员和群众共同参与预警网络工作，保护合法民间组织，打击非法民间组织，共同维护社会稳定。

（6）承接政府转移职能，服务社区百姓。长寿路街道民间组织服务中心的主要职责之一就是，按照“政事分离、费随事转”的原则，积极承接政府委托和转移职能，并按照政府委托和转移的项目积极组织实施，保质保量完成任务，如接受政府委托做好社工、义工管理工作，探索社工、义工管理机制，组织社工、义工培训，推进社区慈善事业的发展。随着民间组织服务中心服务职能的拓展，在完善原有服务功能的基础上，积极推行窗口式接待、菜单式服务，其中主要来自政府转移职能，它们包括：咨询评估（对新申请举办的民非单位、婚介机构提供政策咨询和现场调查评估）；家庭收养服务（对家庭收养儿童提供政策咨询、进行登记和现场调查评估）；义工管理服务（对义工提供政策咨询、受理招募、注册登记及管理服务）；慈善捐助（对社区单位和居民提供捐助政策咨询、接受捐赠、救助贫困群众）；代理服务（对已成立的民非单位、社会团体提供各种代理服务，如提供信息服务、组织经验交流、开展服务战士、代办社会保险、代办广告、招生等）；群众团队服务（接受各类群众团队的登记备案、帮助发展群众团队义工、协助有关部门组织群众团队开展活动）；党员服务（对民间组织中的流动党员接转组织关系提供咨询服务、开展党的组织活动）；人才资源开发管理服务（为街道和社区单位招聘、储备、管理和推荐有用人才）等。

（7）建立社区义工服务总站，规范义工管理，服务社区居民。街道民间组织服务中心下设义工服务总站，由街道民间组织服务中心和社会工作者协会共同管理，主要职责包括：负责义工的招募和注册登记；负责义工的培训、教育和日常管理；负责为义工提供服务场所和岗位；负责对义工的服务成果进行评估、表彰；负责指导各居民区义工服务站的工作。

长寿路街道建立的民间组织服务中心被人们称为“为 NGO 服务的 NGO”，这在全国是首创。长寿路街道以民间组织服务中心为平台，推动社区民间组织管理体制的改革举措，其创新性主要体现在以下三个方面：

（1）以民间组织服务中心为载体，为街道辖区内规模较小、不具备社团注册登记条件的群众团队进行登记备案，实现了社团登记管理体制的创新。街道辖区内存在大量不具备社团注册登记条件的群众团队，如何对这些既没有登记注册但又在开展活动的民间组织进行有效管理是政府面临的一个难题。长寿路街道通过民间组织服务中心设立群众团队服务部，对辖区内所有不具备社团注册登记条件的群众团队进行登记备案，并通过登记备案做到对群众团队的动态管理。

（2）通过民间组织服务中心实施民间组织枢纽式管理与服务，实现了社区民间组织管理体制的创新。对于已登记注册的合法民间组织，目前存在“业务部门无力管、登记机关无法管、社区街道无权管”的“三不管”现象。如何实现民间组织的有效管理和发挥民间组织参与社会建设的作用，是民间组织管理面临的重要问题。长寿路街道以民间组织服务中心为平台，扶持、培育并服务于辖区内民间组织，指导和引导民间组织承接政府职能，整合民间组织资源参与社区建设和管理，服务社区居民，使民间组织成为社会管理体系的有机组成部分，构建起“街道推动，‘中心’运作，各方参与，百姓受益”的善治新格局。

（3）将党支部建在民间组织上，解决了民间组织的党建问题。民间组织党的建设是发挥党在民间组织中的领导作用的重要途径。长寿街道率先以“民间组织服务中心”为平台设立党支委，党支委负责挂靠民间组织的党员关系并实行党员动态管理和建设工作，走出了一条将支部建在民间组织上的新途径，解决了民间组织党员过党员生活难的问题，确保了党对民间组织的绝对领导。

三、改革过程：效果与特点

民间组织服务中心的建立只是长寿路街道社区民间组织管理体制改革的

第一步。下面，我们借助民间组织服务中心这一平台，来看一看长寿路街道社区民间组织管理体制改革逐渐深入的过程以及改革的效果和特点。

（一）以民间组织服务中心为服务载体，探索民间组织自我服务、自我管理和自我教育的新机制

首先，民间组织服务中心下设群众团队服务部，对那些不能满足民间组织登记注册条件的群众团队和其他民间组织进行备案登记，同时，街道建立群众团队活动指导中心，委派专人负责群众团队的日常管理工作。长寿路街道辖区内有193个群众团队，其中，体育健身类94个，文化娱乐类67个，休闲爱好类21个，公益服务类11个，参加活动总人数4037人，其中60岁以上老人2397人，占总数的59%。以前，街道对这些群众团队的管理处于“三不清”状况，即活动人员不清、活动内容不清、活动场地不清，现在通过民间组织服务中心登记备案，做到对193个团队情况了如指掌。过去，群众团队时常为争夺活动场地发生争吵，为活动经费短缺着急，为无人管理犯愁，现在，民间组织服务中心通过群众团队服务部的工作，对街道辖区内的193个群众团队进行“整编”，并建立“六个一”制度，使每个团队有一人负责、有一面队旗、有一张场地使用许可证，每月召开一次队会、组织一次培训、填写一张报表。另外，通过建立社区群众团队联合会和党总支，建立10个团队分会和党支部，使那些群众团队中的党员群众组织起来。同时，开展星级团队评比活动，在团队中兴起“比、学、赶、帮、超”的热潮，极大地调动团队争先创优的积极性；开展每月一次的社区文艺团队演出和经常性的群众团队活动，群众团队参加市、区各类比赛活动等，激励群众团队健康发展。

其次，对于那些已经登记注册的社会团体和民非企业单位等合法民间组织，民间组织服务中心提供两种基本服务：

一种是民间组织服务中心提供的日常服务，如为辖区内合法民间组织提

供信息，举办理论研讨会、专题报告会；为民间组织工作人员代办养老保险、医疗保险、失业保险；挂靠民间组织的党员关系；开展与民间组织相关的业务培训和咨询服务等。

另一种是民间组织服务中心为民间组织搭建参与社区建设的桥梁，促进“社团—社区—居民”的互动，加强民间组织与社区和社区居民的联系，使民间组织的资源与社区需求信息对接，促进社团与社区的双向服务、良性互动，形成社团和社区资源共享、优势互补、相互促进的良好局面。在这个过程中，一方面，民间组织在社区和社区居民的需求中汲取自身发展的更多资源；另一方面，民间组织所提供的很多服务也更好地满足了社区居民的多元化需求。

例如，民间组织服务中心开展“社团看社区”、“社区看社团”、“社团进社区”等一系列主题活动，让民间组织负责人了解长寿社区的发展情况，也让社区干部了解民间组织的情况；更重要的是，让社区老百姓更加了解民间组织，也让民间组织能够捕捉社区居民的需求。过去，老百姓对民间组织缺乏了解，民间组织开展活动比较困难，如世纪之门幼儿园是一所市级实验幼儿园，条件优越，收费不高，但地区居民开始对它不了解，入托幼儿不多；申新养老院是一所护理型的养老院，里面设施齐全，服务周到，但开办初期入院老人却严重不足。针对这样的情况，民间组织服务中心为民间组织制作35块宣传版面，到各居民区轮流展示，印制5000多份招生简章和宣传材料，在大型咨询活动中广为散发，还陈列在长寿地区主要商务楼宇内，供需要者索取。通过街道和服务中心帮助开展一系列宣传活动，扩大了这些单位的影响，使这些经营困难、效益不佳的民间组织很快摆脱了困境，如世纪之门幼儿园入学儿童从原来的30多名扩大到270多名；申新养老院收养的老人从最初8位增加到80位，床位供不应求。原本注册在外区的上海市海曼文化艺术专修学校（注：民办非企业单位）的庄校长感慨地说：“我们是社会力量办学，招生比较困难，过去没有人管我们，没想到长寿路街道主动给我们做了这么多宣传，帮助我们扩大了影响，打响了知名度，这是我们出钱也办不到的事啊！”现在该校早已注册到长寿路街道。

又如，民间组织服务中心多次组织民间组织参加大型咨询展示活动，为社区居民提供就业求学、幼儿入托、为老服务、文化进修、技能培训等咨询服务，既扩大民间组织在社区居民中间的影响，也使民间组织发现了社区居民的更多需求。民间组织服务中心为民间组织发放了三张证件，开辟服务民间组织的绿色通道。一张是通行证，凭着它，民间组织迈进了小区的大门，迈进了居民的家门；一张是列席证，凭着它，民间组织可参加街道每周一次的就业援助会，收集职业需求的信息，筹划职业培训的方案；一张是许可证，凭着它，民间组织可以在居委会办公地和商务楼里散发服务指南。

再如，民间组织服务中心建立民间组织联席会议，以增进民间组织之间的相互合作。通过民间组织联席会议这一平台，民间组织之间能够及时沟通信息，并在如师资力量、活动场地、培训项目等方面不断进行合作。原注册在外区的上海精文进修学院是一所从事远程教育的进修学院，教学设施先进、师资力量雄厚，开设了 17 个外语小语种，但是刚到长寿地区时，人生地不熟，一时难以打开局面，参加民非单位联席会议后，通过互相交流、洽谈，很快就与好几家民非单位达成合作意向，如精文进修学院与利名职校成功地举办了三期高级经营师培训班。

另外，为了协助政府解决下岗职工再就业，民间组织服务中心与民非单位联合开办各类技能培训班，帮助下岗、失业人员尽快就业。如利明职业技能培训学校为 20 多名残疾人进行计算机培训，其中 10 人喜获“双证”（电脑操作证和助残员上岗证），以后又为 35 名残疾人开办了手工艺品制作培训班。利明职业技能培训学校在短短的 4 年中间共为社区的“4050”人员[1] 培训 5000 多人次，其中 3500 多人重新走上工作岗位。

1. “4050”人员是指处于劳动年龄段中女 40 岁以上、男 50 岁以上的，本人就业愿望迫切，但因自身就业条件较差、技能单一等原因，难以在劳动力市场竞争就业的劳动者。——编者加民间组织服务中心为民间组织提供各种服务，使民间组织找到了“家”的感觉，同时，提高了民间组织参与社区建设和社区服务的积极性。因此，作为一个民间组织，民间组织服务中心通过自己的服务实现了对民间组织的有效管理，探索出一条民间组织自我服务和自我管理的“以民管民”新机制。

（二）扶持和培育公益性民间组织，构建“街道推动，‘中心’运作，各方参与，百姓受益”的善治新格局

长寿路街道制定了《长寿路街道培育社区公益性民间组织的若干意见》和《长寿路街道推进政府购买服务的实施意见》等文件，建立以公益性服务项目为导向的政府购买服务机制，对公益性民间组织实行契约化管理；建立政府扶持与社会化运作相结合的运作机制，对公益性民间组织采取“政府推动，民间运作，社会参与，百姓受益”的管理模式；建立评估考核机制，努力提高服务质量和效果。

首先，民间组织服务中心就是长寿路街道尝试以政府购买服务的方式而扶持培育的第一家民间组织，它不仅是为长寿路街道本辖区内所有民间组织提供服务的平台，同时更是承接政府转移职能的一个载体。民间组织服务中心目前所开展的许多服务，都与政府职能息息相关，例如前面提到的群众团队的登记备案管理；关于民间组织成立前的调查评估工作；婚介机构成立前的调查评估工作；退伍军人的就业；社工义工的招募登记；困难家庭和乞讨人员的救助帮扶等。尤其是在探索社会救助新机制，如在建立慈善超市、实行市民综合帮扶工作等方面，民间组织服务中心的参与起到了政府直接救助所起不到的良好作用，关于这一点，后文进一步论述。

其次，政府通过民间组织服务中心这一平台，以政府向民间组织购买服务的方式，将大量原来由政府承担的公共服务职能转移给民间组织，既弥补了政府在公共服务方面的不足，又扶持了民间组织的发展，进一步构建政府

与公民社会合作治理的善治格局。

长寿路街道实行的向公益性民间组织购买服务的基本程序是建立相关机制——梳理项目——分类扶持——落实待遇——购买服务，具体为：

建立机制，即建立政府扶持与社会化运作相结合的运作机制，对公益性民间组织采取“政府推动、民间运作、社会参与、百姓受益”的运作模式；梳理项目，即对社区事务性工作进行梳理并制定培育计划和项目购买内容；分类扶持，即对公益性民间组织进行分类，政府对其采取资金、政策和税收、财政补贴等不同方式的扶持，有引导、有重点地进行“孵化”、培育和扶持；落实待遇，即在社区公益性民间组织中，采取向社会公开招聘工作人员的方式，按劳动用工政策，签订聘用协议，专职工作人员享受缴纳社会保险金待遇，其他聘用人员享受社区聘用干部工资待遇；购买服务，即街道以公益性服务项目为内容，与社区公益性民间组织签订购买服务协议，明确工作内容、完成时间、服务质量、达到效果以及经费来源和数量。

在街道政府主动购买服务、培育和扶持社区公益性民间组织的过程中，民间组织服务中心发挥着政府培育公益性民间组织“孵化器”的作用。无论是确认居民需求，梳理和分离社区公共事务，还是召开政府购买服务项目发布会实行项目竞标，还是项目的过程管理等，所有这些活动都是在民间组织服务中心这个平台下实现的，民间组织服务中心在街道政府的指导和监管下直接参与整个过程，而民间组织服务中心完成这些工作，也是政府以购买服务的方式来实现的。

到目前为止，长寿路街道通过民间组织服务中心已经培育各类公益性民间组织33个，在区社团局登记的8个，在街道备案的25个，其中，社区事务服务类3个、社区卫生服务类2个、社区社会事业服务类6个、社区生活服务类2个、社区福利服务类15个、就业和救助服务类4个、其他社区服务类1个。他们在社区公共事务管理、社区公共福利和社区居民生活服务等领域发挥了重要功能，例如，街道培育了老龄工作促进会，针对街道老年人日益增多、助老服务需求量增大的情况，建立5个老人日托所，解决160多位老人的午餐问题、建立18个老年活动室和1个老年教育中心，通过开展“守望工程”和“爱心献独居老人”的结对活动，使500位独居老人得到了社会关爱；街道培育了全市唯一的民族敬老院，建筑面积1300平方米，投入改建费用30万元，为62名老人提供机构养老服务，同时解决了20名护理员上岗就业；街道培育了民欣乐家政服务社，为200多个家庭提供不同档次的家政服务，解决了65位家政服务员上岗就业；街道培育了社区生活服务联动中心，面对社区居民多种需求，积极开展热线电话、信息服务和殡葬服务，为200多位老人安装了“安康通”；街道培育了助老服务社，先后为700多位老人提供了居家养老服务，解决了200名下岗失业人员再就业；街道培育了长盛公益服务社，与61家企业签订了长期劳动合作协议，为700多名下岗职工落实了再就业岗位，为400多人缴纳了社会保险金；街道培育了残疾人服务社，2007年为60多名残疾人提供了各种技能培训，安置残疾人就业21人，建立了“阳光之家”和康复站，对31名有康复需求的残疾人进行服务；街道培育了残疾人工艺品服务社，带动了一批家庭作坊，通过传授技能，助残脱贫，改善了残疾人的生活，为资助残疾人创业，街道根据服务社的收入按1∶1的配额进行奖励，等等。

这些新培育的民间组织聚集了社区的大量人力、物力、财力的资源，服务社区，贴近百姓，既满足了社区居民所需的各种养老、为老服务、职业技能培训、文化艺术培训、幼儿教育、婚姻介绍等多样化、个性化和多层次需求，也使政府从这些根本无法包揽的具体事务中解脱出来；同时，街道政府积极培育那些能够协助政府承担事务性工作、提供公益性服务、调解民间纠纷、发展慈善事业的政务类、服务类社区民间组织，在一定程度上强化了社区自治功能，满足了社区建设的需要。

（三）推动民间组织服务中心建立“慈善超市”，探索社会救助新机制

以民间组织服务中心为平台建立的“慈善超市”是长寿路街道以政府购

买服务的方式，推动民间组织承接政府转移职能，并探索政府与公民社会合作治理的一个成功例子。

长寿路街道所管辖的长寿路地区是一个正在改造和建设中的地区，过去是纺织产业集聚的地方，因经济体制改革和产业结构调整等原因，目前仍存在一部分困难群体，其中，享受低保人员 1943 人、协保人员 859 人、大病重病人员 824 人、重残无业人员 248 人。十几年来，街道每年投入大量资金开展扶贫帮困工作，但仍有部分困难群众迫切需要得到社会各界的帮助；而且如何使扶贫帮困工作由政府一家的事转变成全社会大家的事，如何由逢年过节“送温暖、献爱心”转变成“平时恒温、节日加温、365 天温情常在”，如何以政府政策性保障为基础构建起区域性大保障体系等问题都迫切需要得到解决。

长寿路街道民间组织服务中心建立的“慈善超市”采取“政府推动，民间运作，社会参与，社工操作，义工协助，百姓受益”的模式，采取市场化运作，企业化管理的方法，积极开展接受捐赠、属地救助和义卖变现活动，逐步建立了一整套社区慈善超市的长效运作机制和对社区特困群众的慈善救助体系。社区慈善超市是政府社会救助制度的一种补充形式，其优势在于能最广泛动员全社会力量参与慈善捐助，又能以最直接的方式为城市困难家庭排忧解难。

长寿社区慈善超市的成功运作得益于“政府推动、民间运作、社会参与、义工协助、百姓受益”的运行机制。

政府推动表现在：首先，扶贫帮困是政府提供公共服务的职能之一，长寿路街道极为重视本辖区困难群体的民生疾苦，将慈善救助列入街道工作的重要议事日程，街道成立经常性社会捐助工作领导小组，充分运用政府的公信力，组织、整合、协调社区各方资源，不断推动经常性社会捐助工作的开展。其次，街道采取政府购买服务的方式向慈善超市提供营业场所，出资承担扩建、装修 300 平方米慈善超市的全部费用，并承担慈善超市日常办公经费、公用事业费和人员工资等费用，使募捐的物资和资金全部用于扶贫帮困。最后，街道定期对慈善超市的运作情况进行监督检查，及时掌握捐赠、救助情况。在建立慈善超市，探索社会救助新机制的过程中，长寿路街道发挥着政府指导、扶持和监督三大作用。

民间运作表现在：首先，街道与民间组织服务中心签订协议，实行契约式管理，既转移了政府职能，又培育了民间组织。其次，慈善超市的日常管理以及规章制度建设都由民间组织服务中心负责，慈善超市成立管理委员会，民间组织服务中心主任担任管委会主任，管理委员会下设五个专业小组，物资接收小组负责捐赠物资的日常接收、分类、消毒、打包等工作；财务管理小组负责慈善超市各类账目的管理工作；价格评估小组负责捐赠物资需变现物品的价格评估工作；网络宣传小组负责社会慈善捐赠的宣传工作；监督检查小组负责监督检查慈善超市的运作情况。最后，专业小组的成员大多数是义工，民间组织服务中心依托街道义工服务总站，在慈善超市设立义工招募点，为义工提供服务岗位，并建立各种规章和奖励制度对义工进行规范管理。民间运作是慈善超市实行长效管理的有效途径，也是建立扶贫帮困工作长效机制的有效方式。

社会参与表现在：首先，慈善超市广泛动员社区单位和市民共同参与慈善事业，并通过组织大型慈善捐赠活动、建立经常性社会捐赠接收点、设立长期捐赠专柜、设立慈善义卖专柜等方式发动社会力量，不断拓展捐赠源头，充分体现慈善事业的社会性。其次，社工和义工的联动参与也是慈善超市正常运作的重要基础，社工为慈善超市提供专业化管理，同时指导义工服务；义工参与弥补了慈善超市人力不足，降低了慈善超市的运作成本，强化了慈善超市的民主监督，也营造了社会互助的良好氛围。

百姓受益表现在：首先，那些用政府保障性政策线切不到或者已经切到但仍然贫困以及突发性事故致贫的困难人群能够得到较为及时的救助，除了实物性救助以外，救助的领域扩展到助学、助医、助安、助业；其次，受助群体反过来服务并贡献于整个社会，很多受助者在受到救助并在生活困难逐步解决以后，反过来捐助给慈善超市或者参加义工，同时，义工的广泛参与带来社会互助的良性循环。

在探索社会救助新机制方面，除了以民间组织服务中心为平台培育的社区慈善超市外，长寿路街道在贯彻落实开展本街道社区市民综合帮扶工作时，也采取“政府牵头、部门配合、社团运作、依托社区、综合帮扶”的运作机制，在政府的积极倡导和推动下，充分调动社会积极因素，有效整合各种帮扶资源：街道成立社区市民综合帮扶领导小组；同时，委托民间组织服务中心负责社区市民综合帮扶的具体事务工作；各居委会社会保障委员会负责本居民区市民综合帮扶的评估等具体工作。长寿路街道社区市民综合帮扶的操作程序是：

（1）社区特困人员向所在居委会提出申请，填写《长寿社区市民综合帮扶申请表》，并提供医疗费收据、必要的病史、突出困难、受灾等材料，以及家庭成员收入情况、单位和社会救助帮困情况等相关证明。

（2）所在居委会社会保障委员会对申请人所属情况进行调查、核实，并提出初步帮扶意见上报居委会，经居委会研究同意盖章后，报送街道民间组织服务中心。

（3）民间组织服务中心审核申请人的身份和实际困难情况后，填写《普陀区市民综合帮扶审批表》，并提出帮扶意见，上报街道市民综合帮扶领导小组，经领导小组组长签署意见后，上报区市民综合帮扶领导小组批准。

（4）区市民综合帮扶领导小组批准后，将资金下拨街道民间组织服务中心，由街道民间组织服务中心按照审批金额进行发放。

从这一运作程序中，我们可以看出，政府起到指导和监督的作用，政府职能部分转移给民间组织，大大减少了政府的具体事务，提高了政府行政效率。无论是慈善超市还是社区综合帮扶工作，可以说，长寿路街道探索社会救助新机制的核心正在于“政府推动、民间运作”这一方式。

（四）建立民间组织服务中心党总支，实现民间组织党建全覆盖

2003年4月，长寿路街道成立了上海市第一家民间组织服务中心党总支。民间组织服务中心党总支组建以来，向群众团队服务部、民非单位服务部和社会团体服务部分别委派党建工作指导员，建立党建工作联席会议制度，把民间组织中的党支部、党员组织在一起，实行集中管理、分类指导；通过建立独立党支部、联合党支部、临时党支部、党小组和派驻党建联络员五种党建形式，在民间组织中全覆盖开展党的建设工作。2006年7月以来，长寿街道社区综合党委按照“全覆盖、凝聚力、组织化”的要求，积极开展民间组织服务中心的党建、业务和保障试点工作，按照“条块结合、以块为主、补网强格”的原则，把在区域内注册登记、分布于社区的民间组织纳入区域性大党建格局之中。目前长寿社区管理的民间组织建立了独立党支部18个、联合党支部1个，拥有党建联络员10名。

为了加强民间组织的枢纽式管理，长寿路街道还探索形成了有利于民间组织党建的新机制：首先，进一步规范、完善民间组织服务中心党总支的职责，通过明确职责，切实增强了党总支对民间组织党支部的领导、指导和协调能力；其次，建立民间组织党组织负责人例会制度，通过例会掌握各民间组织党建动态情况；再次，建立民间组织党员情况档案库；再次，设立民间组织党建工作联络员，制定党建联络员的工作职责；再有，积极探索适合社团和民办非企业单位特点的党支部自身建设的方法和途径，制定工作制度；最后，积极探索在民间组织中开展工青妇等群众工作的机制。

在长寿路街道党工委探索“党建全覆盖，管理网格化”的党建新机制过程中，很有特色的就是开展群众团队阵地党建，把“支部建在团队”，把群众团队建设纳入党的工作视野，促进民间组织健康有序的发展。长寿社区群众团队阵地党建和团队管理大致经历三个阶段：

（1）民间组织服务中心设立群众团队服务部，对所有的群众团队进行登记备案，并建立群众团队活动中心，委派专人负责群众团队的日常管理工作。

（2）民间组织服务中心党总支在公园的4个重要阵地上建立4个临时党支部，突破传统的组织形式和管理方法，不拘泥于组织关系隶属，不受条块限制，把党员的组织关系与管理教育适度分离，对团队中的党员实行双重领导。通过建立预警网络，及时上报信息，配合有关部门，劝散有害气功，有效抵制"法轮功"邪教以及封建迷信思想和社会歪风邪气的侵入，确保了群众团队正确的政治方向。

（3）街道建立群众团队联合会，并将所有团队分门别类归纳到下属的10个团队协会中进行管理，同时成立群众团队联合会党总支和下属的团队协会党支部。通过群众团队联合会这一平台，把党的建设功能、业务指导功能、登记备案功能和预警网络功能融为一体，强化了群众团队的自我管理、自我服务、自我教育的新模式。

长寿路街道以民间组织服务中心为载体，推动社区民间组织管理体制改革，取得了良好的效果，长寿模式具有如下几个特点：

第一，将服务渗透管理，将管理寓于服务中。"随着社会的发展，人们生活水平的提高，民主意识的增强，将会有更多的民间组织参与社会管理，并在社区中参与社会公共产品和服务。这就带来谁为这些民间组织服务的问题？"[1] 因此，长寿路街道首先转变观念，为民间组织提供服务，将管理寓于服务，解决民间组织的管理与服务问题。从政府管理的角度来看，街道通过民间组织服务中心为民间组织提供服务，及时掌握民间组织动态，寓监督管理于服务之中，实现了民间组织的有效管理；从民间组织自身的角度来看，"以民管民"的做法在一定程度上实现了民间组织的自我管理、自我教育和自我

1. 上海市民政局副局长、社团局局长谢玲丽在长寿路街道民间组织服务中心成立揭牌仪式上的讲话，2002年8月27日。

服务。

第二，转变政府职能与培育民间组织相辅相成。在长寿改革中，转变政府职能与培育民间组织是相辅相成的两个方面。政府职能转变的前提条件之一是，政府转移出来的职能需要有承接的载体。长寿路街道通过向“民间组织服务中心”和各类公益性民间组织购买服务的方式，将大量原来由政府承担的公共服务职能转移给民间组织，降低了社会管理成本、提高了政府公共服务效率，既弥补了政府在公共服务方面的不足，又扶持了民间组织的发展。

第三，培育民间组织与社区建设、服务社区居民相联系。街道是最基层的政府，街道所承担的大量政府职能具有贴近和直接服务于百姓的特点。长寿路街道通过民间组织服务中心引导、扶持和培育民间组织紧紧围绕满足社区居民需要，服务社区居民，并促进社区自我管理和自我服务。在长寿，民间组织的发展和管理与社区建设逐步形成良性互动格局，社区民间组织在服务社区居民、参与社区建设过程中得到发展壮大，街道政府在二者之间建立的桥梁纽带作用，不仅使社区居民受益、民间组织受益，同时也帮助政府树立了重视民生、改善民生的良好形象。

第四，党的建设与民间组织管理相联系。民间组织人员流动性大、民间组织生存的不稳定性以及民间组织的条块管理关系和多头管理等都给民间组织党建带来极大困难。民间组织中的党员无法管理，无法发挥党员作用，是民间组织党建存在的一个大问题。长寿路街道通过民间组织服务中心党总支这样一个政府管理部门和民间组织之间的有效载体，探索“枢纽式管理”方式，实现民间组织党建全覆盖，同时发挥民间组织党支部及信息员的作用，把监督预警工作融于党建之中，确保党对民间组织的有效领导。

四、一种机制：问题与展望

民间组织服务中心既与政府有着密切的合作伙伴关系，但又不是“二政府”，它的创立架起了沟通政府与社会之间的桥梁，为政府与公民社会的良性互动提供了一种机制和载体，为政府职能转变，推动小政府、大社会的改革提供了思路。具体来说，这一机制在以下两个层面上展开：

（一）民间组织服务中心与政府的关系

正如前面提到的，民间组织服务中心是长寿路街道以购买服务的方式主导成立的。民间组织服务中心的办公场地、主要工作人员的工资、日常办公经费都由街道政府财政出资，甚至民间组织服务中心主任也是在成立之初由街道物色的，自中心成立到现在，中心主任一直未变。虽然民间组织服务中心登记注册为民办非企业单位的民间组织性质，但是，如果按照学术界对NGO组织的民间性、独立性和自治性等标准来判断，民间组织服务中心很难被称作严格意义上的NGO。由于民间组织服务中心是政府主动成立的一个民间组织，必然与政府有着极为紧密的联系。

更为重要的是，民间组织服务中心所具有的服务民间组织的功能、人力资源管理功能、党的建设功能、监督预警功能、承担政府委托（转移）职能的功能、服务社区居民的功能完全都是出于政府的需要，它所承担的所有功能都是服务于政府需要的。从理论上说，民间组组织服务中心做任何事情都必须在政府的指导、监督，甚至直接干预下实施；而政府购买服务这一方式也要求政府的指导和监督。因此，从这个意义上说，民间组织服务中心必然更加与政府有着不可分割的联系。

有人把这种政府成立、不具有完全独立性和自治性的民间组织称为GONGO（government organized non-goverment organization），有的甚至被指责为“二政府”。然而，政府性、非独立性和非自治性并不一定等于就不是民间组织。对于长寿路街道成立的民间组织服务中心这一民间组织，我们还必须对民间组织服务中心执行其职能的过程进行更为细致的分析，才能真正揭示民间组织服务中心这一民间组织与长寿路街道政府之间的关系。以下举一个例子。

长街办〔2008〕4号文件是长寿路街道办事处转发民间组织服务中心关于《长寿路街道社区市民综合帮扶工作实施意见（试行)》的通知。这一文件是指向街道各职能科室和各居委会执行的。关于开展社区市民综合帮扶工作是上海市民政局下达给各区，再由各区下达给各街镇执行并落实的一项政府工作。在长寿路街道接到《普陀区人民政府办公室转发区民政局关于开展社区市民综合帮扶工作意见的通知》（普府办〔2008〕3号文件）时，很快成立了相应的组织机构，并确立了“政府牵头、部门配合、社团运作、依托社区、综合帮扶”的工作原则。在社区市民综合帮扶领导小组中，民间组织服务中心主任担任副组长，和长寿路街道社保科副科长一起协助组长（长寿路街道办事处副主任）对该工作进行规划部属：长寿路街道社保科负责全街道辖区内社区市民综合帮扶工作，并委托民间组织服务中心负责社区市民综合帮扶的具体事务工作。这一由政府牵头、民间组织服务中心来具体运作的工作机制使得民间组织服务中心无论在决策过程中还是在对决策的执行过程中都扮演着非常关键的作用。《长寿路街道社区市民综合帮扶工作实施意见（试行)》规定了帮扶对象、帮扶范围、帮扶形式、帮扶标准、操作程序以及帮扶资金的安排。在确认帮扶对象和帮扶资金的过程中，民间组织服务中心负责审核申请人的身份并提出具体帮扶意见这一关键环节。

上面的例子说明，民间组织服务中心在“政府牵头”的公共事务决策和管理过程中起到实质性的参与作用，而非“政府办事员和传话筒”的作用。在市民综合帮扶这项工作中，民间组织服务中心所起的作用如此，在其他由街道政府委托或转移给民间组织服务中心的大量工作中，民间组织服务中心也同样起到了实质性参与的作用。后文我们还会看到，在大量的公共事务管理过程中，这个由政府主导成立的民间组织服务中心并因此而发挥出纯民间组织所不具有的优势。

（二）民间组织服务中心与公民社会的关系

民间组织服务中心的一头紧紧联结着政府，但在实现其功能过程中，民间组织服务中心又建构起了与公民社会的关系，发挥着整合资源、服务并推动民间组织发展、推进民间组织参与社区建设和服务社区居民的重要作用。在长寿案例中，公民社会的构成主体可以分为两类：一类是民间组织，一类是社区居民；而民间组织又可以分为三类：一类是已经登记注册的民间组织；一类是在活动但又没有条件登记注册的群众团队；还有一种就是政府通过民间组织服务中心扶持和培育的公益类民间组织。

已经登记注册的民间组织成为民间组织服务中心当然的服务对象。前面提到，以民间组织服务中心为平台，通过“社团看社区、社区看社团、社团进社区”等活动，民间组织服务中心主动为本社区范围内的民间组织服务，推动民间组织的发展。在调查中，有一个民办非企业单位的被调查者这样说，刚开始“街道”（其实就是民间组织服务中心）让我们来开会，我是抱着怀疑态度的，心里想自己的单位跟街道没有什么关系，怎么会通知自己来开会呢，以为他们要收费助费，后来来了才知道，是服务中心问我们民间组织有什么需求。街道主动为我们服务，而且大大促进了自己事业的发展；现在，我们单位由于政府的帮助和服务得到了更好的发展，反过来，我们单位也要尽力为政府解忧，为社区建设出力，为社区居民服务。[1] 民间组织服务中心提供的服务使许多民间组织逐渐改变了对街道政府的看法，与街道的关系从过去的半信半疑发展到亲如一家，他们认识到：社区是我们显露身手的大课堂，我们有责任参与社区建设，为社区发展作出应有的贡献。[2]

1. 本人访谈笔记，2007 年 11 月 16 日。
2. 参看长寿路街道申报“中国地方政府创新奖”材料附件九。

对那些在活动但又没有条件登记注册的群众团队来说，原来基本处于无资金、无场地、无人管的状态，有了民间组织服务中心以后，在民间组织服务中心登记备案并通过“支部建在团队”，很多群众团队因此而有人（街道政府）管，而且有了正确的方向；街道还设立社团工作专项奖励基金，扶持特色社团，规范经常性团队，展示亮点团队，开展星级团队评比活动，激励群众团队健康发展等。在调查中，长寿社区骑游队（群众因对爱好骑车而自发组成的团队）队长介绍说，该团队有50多名成员，其中有16名党员，团队的口号是：“既是骑游队，又是宣传队，更是播种机”，也就是说，我们不仅满足自己的兴趣爱好，在这个过程中，我们也协助政府进行相关的宣传活动，有时由街道牵头，组织与敬老院等一起搞活动，我们团队连续4年被评为先进团队。[1] 从其介绍中看得出来，民间组织服务中心为群众团队所提供的服务，群众团队将功劳归功给了街道政府。

对于以政府购买服务方式主动扶持、培育的民间组织来说，街道政府以资金、政策等不同方式引导、培育和扶持其发展，使他们在更广泛的领域承担角色，并逐渐成为社会管理控制体系的有机组成部分，民间组织服务中心在这个过程中做了大量工作，如为推进职业培训、帮助政府解决下岗职工再就业，民间组织服务中心与民非单位联合开办各类培训班，以政府向民间组织购买服务的方式，通过采取每解决一个困难人员就业，街道给予民非单位一定补贴的办法帮助下岗、失业人员尽快就业；街道把原先直接管理的护绿队、除“四害”队和市容环保队的功能整合起来，成立“三维服务社”，街道以政府购买服务的方式扶持“三维服务社”的发展，由民间组织自己管理自己。[2] 这些公益性民间组织也都将自身发展的功劳归功给了街道政府。

而对于受益的社区居民和困难群众来说，民间组织服务中心与社区民间

1. 本人访谈笔记，2007年11月16日。
2. 长寿路街道申报“中国地方政府创新奖”申请陈述材料。

组织提供的各种服务满足了社区居民多样化、个性化和多层次的需求，尤其是民间组织服务中心培育、管理的长寿社区慈善超市对社区弱势群体积极开展助困、助学、助医等慈善救助，以慈善超市为平台所完成的救助功能远远超出政府传统社会救助模式的效果，既整合了社会资源、培育了社会互助精神，又帮助政府树立了重视民生、改善民生的良好形象。在调查中我们注意到，有些受助者根本不了解有一个民间组织服务中心，只知道是党和政府给予的帮助，对于党和政府的感激之情溢于言表。

在民间组织服务中心与各类公民社会主体之间的关系中，有一个值得注意的共同特点就是服务对象和受益对象都认为是政府给他们提供了服务，极大地提高了政府在民间组织和社区居民中的威信和认可度。从这个意义上说，民间组织服务中心与政府之间的紧密关系，不失为一件好事，因为只有民间组织服务中心能够高质量地完成政府所购买的服务，民间组织服务中心才能长久持续下去。

从上面的分析看得出来，在民间组织服务中心承担并完成政府所购买服务的过程中，民间组织服务中心无论是在决策还是在执行过程中都发挥了极为重要的作用。民间组织服务中心在完成政府委托或转移出来的一些公共服务职能时深度参与并起着重要作用的特点，使得民间组织服务中心与其他民间组织和社区居民一起真正发挥了社区公共事务管理的实际作用。

在政府与民间组织服务中心的“授权与合作”[1] 的互动机制中，借助民间组织服务中心这一中间力量，政府把民间组织服务中心这一民间组织推到公共事务管理的前台，而自己并不直接插手这些公共事务的管理，但同时这些公共事务管理的过程也都纳入到政府的视线范围之内。正是“政府推动、民间运作、社区参与”的具体运作机制使得民间组织服务中心能够在政府和公

1. 郁建兴：《公民社会在公共事务管理中——中国公民社会发展路径的反思与批判》，“中国治理评估框架学术研讨会”论文，北京，2008年9月。

民社会之间架起沟通的桥梁，引导公民社会真正参与到社区公共事务管理的过程中来，建立政府与公民社会在公共治理中的伙伴关系。而这也正是长寿路街道社区民间组织管理体制改革得以成功并得以延续和推广的关键要素。

然而，考虑到长寿路街道社区民间组织管理体制改革的长远发展，在这种机制背后，仍存在如下几个问题：

第一，民间组织服务中心的性质是一个极为关键的问题。在我国，很多政府授权成立的民间组织的确在作用发挥上表现出非自主性、非独立性和非民间性，甚至很多这样的民间组织已经变成了“二政府”而完全失去了民间组织的基本特性。作为政府主导成立的民间组织，民间组织服务中心受到政府很大的影响，自主性受到质疑，也是非常正常的。的确，民间组织服务中心保持民间性和相对自主性，时刻保持滑向“二政府”这种危险的警惕性至关重要，如果与一些政府成立的民间组织一样，挖空心思向政府机关争取行政管理职能，甚至试图成为“二政府”，以寻求租金，那么，以民间组织服务中心为载体的社区民间组织管理体制的改革则完全违背了改革的初衷，从而将失去改革的意义。从这个角度来说，民间组织服务中心的性质决定了这一改革的意义和价值。

第二，民间组织服务中心与政府的关系问题。与民间组织服务中心的性质问题相关联，民间组织服务中心与政府的关系问题也是一个非常重要的问题。政府购买民间组织服务中心的服务，一方面要从制度建设的角度加强对民间组织服务中心的规范管理，另一方面也要节制政府对民间组织服务中心的过多干涉问题。因此，相对区分一下民间组织服务中心与街道政府之间的功能边界，将能更好地发挥民间组织服务中心的作用。

第三，民间组织服务中心的作用问题。民间组织服务中心的章程规定，民间组织服务中心具有服务民间组织的功能、党的建设功能、人力资源管理功能、监督预警功能、承担政府委托（转移）职能的功能、服务社区居民的功能。一方面，从某种意义上说，如果民间组织服务中心只是一板一眼地完成政府所购买服务的职能，而不能创造性地发挥出服务中心在引导社区内其他更多民间组织和社区居民参与公共事务管理，那么，民间组织服务中心的可持续发展就会因为其作用发挥的问题而受到制约。另一方面，如果政府将民间组织服务中心完全看作实现其购买那几项服务的工具，甚至认为民间组织服务中心是个框，政府的什么职能都可以装在这个框里，那么，这样也不利于民间组织服务中心的自主发展。因此，民间组织服务中心如何利用与政府之间的紧密联系，创造性地服务并引导社区内其他民间组织和社区居民参与公共事务管理，同时在这个过程中满足并实现政府购买服务所提出来的相应功能，是一个关键问题。

五、一个讨论：管理还是治理？

20 世纪时兴的新公共管理运动的核心在于通过一种科学的、类似商业组织的方式来完成公共事务的管理，以提高政府管理的效率和质量。然而，随着社会的发展和改革的进展，运用科学手段提高政府公共管理的质量和效率并不是人们价值追求的目标。人们“期望发现自己成为能够连续、自主地决定和控制我们自己的地方公共生活的主体”[1]。因此，民主的实质也不再是投票的游戏，而在于公民对公共事务管理的实质性参与。

长寿改革以民间组织服务中心为载体来实现政府与公民社会之间的合作与伙伴关系，正昭示了参与、合作之于管理和控制的价值，昭示了治理对于管理的超越。因此，如果我们提出长寿模式未来发展的讨论，那么，是管理还是治理则决定着长寿社区民间组织管理体制改革的最终命运。

（原载《社团管理研究》，2010 第 8 期）

1. ［美］理查德 · C.博克斯:《公民治理：引领 21 世纪的美国社区》，孙柏瑛等译，北京：中国人民大学出版社 2005 年版，第 17 页。

基层组织与社会组织协同治理的社会管理创新
——慈溪市和谐促进会的角色*

刘承礼
（中央编译局世界发展战略研究部）

一、人口结构变化引致社会管理创新：为何要建和谐促进会？

慈溪市于1988年10月撤县建市（县级），是浙江省民营经济发达的典型县域，平均不到4户中就有1户经商办企业，[1] 由此吸引了内陆地区大量的务工人员。截至2011年末，慈溪全市户籍人口104.15万，暂住人口登记在册的达到95.77万[2]，当地人与外地人的比例接近1∶1，外地人自觉不自觉地嵌入

* 本文是作者于2011年11月21—23日在浙江省慈溪市进行实地调研的基础上编写而成的案例报告。报告的编写参考了慈溪市委市政府、市委政法委、坎墩街道五塘新村、宗汉街道、宗汉街道周塘西村、古塘街道、古塘街道旦苑社区等相关单位的文献资料和其他有关报道。在实地调研过程中，作者得到了慈溪市委原政法委书记张建人、市委政法委副书记张立敏、市综治办副主任房培志、市暂住人口管理局副局长励冠军以及其他相关人员的支持和帮助，许多观点的形成得益于他们的启发。

1. 百科名片：慈溪，http: //baike. baidu. com/view/22527. htm。

2. 根据慈溪市暂住人口管理局提供的数据，2006—2010年每年慈溪市暂住人口登记在册的分别为66.4万、73.6万、78.9万、82.7万、90.1万，呈直线上升趋势。

到当地人的生活和工作之中。一方面，高占比的外来人口在为当地创造巨额财富的同时，面临着如何融入本地生活，合法地维护自身权益等社会难题；另一方面，本地居民在享受经济快速发展成果、人口结构变化红利的同时，也经受着诸如治安状况恶化、居民信任度降低、生活质量受到冲击等烦恼的困扰。[1] 由于外来人口在较短时期的大量涌入，原有的防控式社会管理模式几近失效，本地人与外地人之间基本形成"一个村庄，两个世界"的格局。这一本地人与外地人之间的社会关系及其滋生的社会问题不仅引起了当地政府的重视，而且得到了以社会学者为主体的学界的广泛关注，如有的学者提出，"外来人往往享受不到某些垄断在本村人，甚至本地人手中的资源和机会，也没有机会参与村庄的公共事务"，[2] 其隔阂与冲突自然难以调和。

这些年来，针对外来人口的急剧增加，江浙沿海一带的基层政府进行了卓有成效的探索，使得就业的开放度在不断扩大，权益和社会保障逐渐得到重视，社会治安管理从硬性防范逐渐过渡到柔性服务管理；外来人口子女教育也从无序走向了规范。[3] 这些成效是通过社会管理创新来完成的。例如，慈溪市的近邻诸暨市在行政村和社区层面建立"综治工作调解中心"，在乡镇（街道）层面建立"人民调解委员会"，在市级层面建立"社会矛盾纠纷大调解工作领导小组"，坚持和发展了早在20世纪60年代初就得到毛泽东肯定的"发动和依靠群众，坚持矛盾不上交，就地解决"的"枫桥经验"[4]。然而，"枫桥经验"解决的只是人员流动相对较小情况下的社

1. 杨黎源：《外来人口社会关系和谐度考察——基于对宁波市1053位居民社会调查的分析》，载《浙江工商大学学报》，2007年第3期，第57页。
2. 王晓毅：《本村人、本地人与外来人——经济发达村庄的封闭与开放》，载《北京行政学院学报》，2001年第1期，第61页。
3. 刘玉照、罗秋香、梁波：《城市外来人口的服务与管理——以宁波市为例》，载《学习与实践》，2007年第4期，第103—104页。
4. 冯静：《枫桥经验：创新社会管理》，载《党建》，2011年第3期，第40页。

会管理问题，在面对人口结构急剧变动所带来的社会问题时并不十分奏效。2005 年，慈溪市庵东宏举村成立了平安协会，其会员包括本地人和外地人，其主要功能在于处理二者之间的纠纷，超越了“枫桥经验”而成为社会管理领域的一项创新。

随着外来人口持续不断的涌入，社会管理面临着新的挑战，例如，由劳资纠纷引发的群体性事件增多、外来务工人员及其家庭在当地的生活需求增大（居住、就医、子女就学等）、社会治安综合治理难度加大，这些挑战是定位于解决本地人和外地人纠纷的平安协会不足以胜任的。在这一背景下，慈溪市委市政府组织相关部门在充分调研的基础上，于 2006 年 4 月在坎墩街道五塘新村创设了以村为单位，由市镇两级党委政府引导推动，村党支部、村民委员会和经济合作社直接领导，当地群众与外来建设者共同发起的村级和谐促进会。村级和谐促进会的模式旋即被社区复制，形成了治理结构相似的社区和谐促进会。2008 年 6 月，慈溪市继续探索在镇（街道）层面建立和谐促进联合会，通过吸收村（社区）和谐促进会领导成员为镇（街道）和谐促进联合会理事的方式，实现了后者对前者的业务指导和统筹。截至目前，慈溪市 347 个村（社区）全部建立了和谐促进会，大多数的镇（街道）建立了和谐促进联合会。以和谐促进会或联合会为平台，慈溪市创新了一种外来人口、本地居民、企事业单位和基层组织协同互动的治理模式，促进了经济社会的和谐发展。

二、基层组织与社会组织的协同治理：何谓和谐促进会？

既然和谐促进会是外来人口急剧增加背景下新生社会问题催生的产物，它必然具有一般意义上的社会组织不可比拟的特性，而这一新型社会组织的这些特性又反过来有利于新生社会问题的解决。根据村（社区）和谐促进会章程的解释，和谐促进会是“具有民间性、共建性、互助性、服务性特点的群众组织……是探索社会融洽机制，协调社会机体，延伸暂住人口服务、管理领域，缩小二元差别，实现平等互利，造就融洽和谐的民间协调团体。”从这一定义上不难发现，和谐促进会是一个具有特殊属性的社会组织，具有服务和管理的双重功能。为了深入地理解这一新型社会管理模式，我们可以从其领导机构、组织架构、制度建设、工作机制、关键人物、经费来源等方面去进行梳理。

（一）领导机构

随着和谐促进工作有声有色的开展，和谐促进会建设被列为慈溪基层和谐促进工程的重要项目和慈溪市基层社会管理创新重点推进项目，并得到了市、镇（街道）、村三级领导的支持。在市级层面，成立了由市委书记、市长、市委副书记、常务副市长、政法委书记任正副组长，市级有关部门主要负责人为成员的基层和谐促进工程领导小组。在工程领导小组的领导下，市委政法委被指定为创新基层和谐促进工程的牵头单位，它联合市暂住人口管理局、市民政局、各镇（街道），依托和谐促进会，实施“网格化管理，互助式服务”，并成立了由综治委主任为主任，市委政法委、市委组织部、市委宣传部、市委统战部、市民政局、市公安局、市暂住人口管理局、市人口计生局、市总工会为成员单位的村级和谐促进会建设工作指导委员会，负责基层和谐促进会的指导和协调。在镇（街道）级层面，各镇（街道）均参照市里的模式建立了相应的组织体系，成立了和谐促进工程领导小组和镇（街道）和谐促进联合会，由镇（街道）综治办为具体的组织牵头单位，负责定期研究、解决在创建基层和谐促进工程中遇到的困难和问题，对村级和谐促进会的建设进行指导和帮扶。[1]

1. 慈溪市委综治办：《和谐促进工程——基层社会管理的新路径》，见中共慈溪市委政法委员会、慈溪市社会治安综合治理委员会编印：《社会治安综合治理基层基础建设和基层社会管理创新的慈溪实践》，2010 年 5 月，第 5 页。

作为社会组织，和谐促进会需要在市民政局办理社团备案登记。尽管和谐促进会被定性为基层社会组织，但这一组织具有区别于其他社会组织的特性，因为在制度设计上，创建者们考虑到了基层组织（在村里为村党支部、村委会和经济合作社；在社区为社区党支部、社区居委会、业主委员会和物业公司）的作用，规定和谐促进会必须受镇（街道）党（工）委指导，村党支部、村民委员会领导，由村（社区）支书兼任和谐促进会会长便是基层组织嵌入这一新型社会组织的一个重要体现。同时，和谐促进会需要向所在的村（社区）党支部不定期汇报工作，并在必要的时候得到村民委员会、村经济合作社在场地和经费使用方面的支持。这一制度安排决定了和谐促进会实行的是基层组织与社会组织的协同治理模式。

（二）组织架构

如前所述，坎墩街道五塘新村是村级和谐促进会的发祥地，该村和谐促进会的组织架构在全市村级和谐促进会中具有代表性。根据坎墩街道五塘新村和谐促进会章程，和谐促进会采取“自愿入会”的原则，其会员由个体会员和团体会员组成，其中，个体会员来自村干部、责任区民警、社区保安、村民代表、优秀外来务工人员、有责任心的房东；而团体会员则来自驻地企业[1]。和谐促进会的最高权力机构是会员代表大会，由会员代表大会选举理事会作为其执行机构，执行会员代表大会的决议；理事会负责选举常务理事，选举和罢免会长、副会长和常务理事，选举和罢免秘书长、副秘书长。根据现有的制度设计，和谐促进会的任务执行单位分为两个层面运作，一是根据工作职能设立的各专门工作委员会，初始设立时包括会员组织、党团组织、

1. 企业以团体会员的身份加入和谐促进会具有积极性，因为后者在招工、劳资纠纷处理、社会责任履行，甚至商业利益方面能够给予企业以帮助。

维护劳动者合法权益、文化体育、社会矛盾调处、公益服务、计划生育等七个方面；2012年换届时新增出租房屋、未成年人教育引导、民族宗教等三个工作委员会；二是按辖区范围划分的片区，在片区再成立工作小组，片长由村干部担任，正副组长由有责任心的房东、辖区企业主或优秀外来务工人员、社区保安队员担任（副组长一般为外来人口），形成了村（社区）联片、片联组、组联户的“横向到边、纵向到底、直接到户、覆盖全员”的综治维稳网络和社会服务管理新格局。

（三）制度建设

作为规则的制度可以确保组织的正常运转。几乎在和谐促进会成立之初，制度设计者就考虑并重视了相关的制度建设问题。如下表所示，和谐促进会大多建立了详略不一的制度，这些制度尽管内容不尽一致，但都紧扣和谐促进会的中心工作和工作方法，可以确保和谐促进会在运行过程中方向正确、人尽其才、信息灵通、方法得当、激励有度。

表4　和谐促进会的制度建设

单位	坎墩街道五塘新村	宗汉街道周塘西村	古塘街道旦苑社区	全市范围
制度	1）学习例会制度 2）走访村民制度 3）信息汇报制度 4）民事调解制度 5）巡逻执勤制度 6）定期活动制度 7）台账、档案制度	1）学习培训制度 2）例会制度 3）情况报告制度 4）群防群治夜巡制度 5）星级和谐促进员积分制考核办法	1）信息报送制度 2）工作例会制度 3）学习培训制度 4）议事制度 5）人员选任制度 6）考核激励制度	1）“六必访”制度 2）情况报告制度 3）矛盾化解制度 4）治安联防制度 5）学习培训制度 6）工作例会制度 7）一案一档奖励制度 8）考核评比制度 9）和谐促进员积分制管理制度

（四）工作机制

和谐促进会都建立了工作流程图，在工作流程启动时就注重发挥和谐促进员的作用，通过和谐促进员、片长、和谐促进会、综治工作室的协调，依靠街道综治工作中心、村党总支、村委会等基层组织的力量，对人口结构急剧变化情况下涌现出来的社会问题实施社会管理和服务，其内容涵盖社会管理服务大局、社会治安群防群治、社会矛盾排查化解、社情民意诉求表达、重点人员服务管理、维稳信息源头获取、突发事件应急处置、乡风文明培育营造等八个方面。

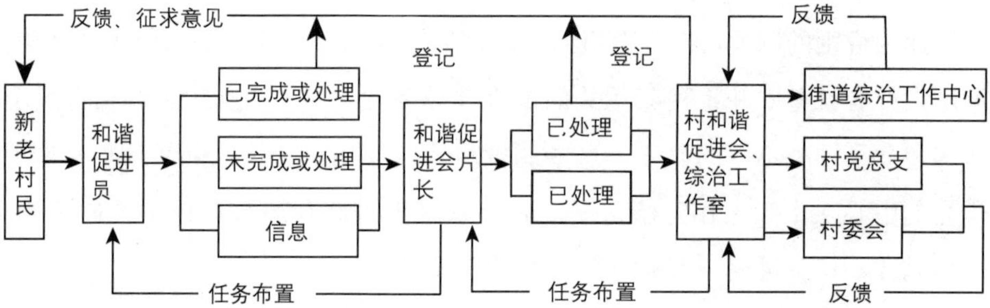

图1　和谐促进会工作流程图

借助上述规范化的工作流程，和谐促进会可以通过“横向到边、纵向到底、直接到户、覆盖全员”的“网格化管理，互助式服务”的治理模式，使传统社会管理模式下不能妥善解决的外来人口急剧增加所引致的劳资矛盾、民事纠纷、威胁社会稳定等问题得到有效解决，从而满足了新生的社会需求，填补了社会管理的盲区。因为在“多网合一、一格多员”的社会管理机制下，和谐促进员采用入户发放宣传资料、召开座谈会、入户走访、户主培训、在片区内公开挂牌、发放联系卡、佩戴徽章上岗等方式[1]，可以将和谐促进会设

1.《市委办公室、市政府办公室关于创建示范基层和谐促进工程的意见》，2010年3月8日。

定的扶贫济困、纠纷调解、联防联治等各项社会服务和管理工作以更加人性化的方式落到实处。

（五）关键人物

和谐促进会旨在解决外来人口大量涌入所激发的社会问题，其核心技巧在于以基层组织与社会组织协同治理的方式建立新老慈溪人之间的信任。而建立新老慈溪人彼此之间的信任需要通过一批具有特殊素质的人群来完成，这批人既要有深谙当地人情世故的本地人，又要有沟通协调亲和能力出众的外地人。从会长、常务副会长、秘书长和副秘书长的人选来源上看，和谐促进会的领导班子称得上是一个地方精英群体，他们在工作和生活中所锻炼出的品格、能力和威望使他们具备了执行和谐促进会各项工作职能的素养。例如，宗汉街道工委在《关于加快推进村级和谐促进会建设的实施意见》（宗街党〔2006〕58 号）中明确建议，“团体会员的企业经理或联村领导聘任为名誉会长，村党总支副书记或村委会主任担任常务副会长，责任区民警、老党员、老干部、优秀暂住人口、企业负责人等分别担任副会长，村治保主任担任秘书长，副秘书长由优秀暂住人口、综治内勤、社区保安等担任。”这份文件还表明，作为和谐促进会领导班子助手的专门委员会主任或片组长等也来自优秀暂住人口、有责任心的房东、社区保安队员。

为了建立彼此的信任，共同解决社会难题，以和谐促进会常务副会长、正副秘书长、片组长为代表的和谐促进员是执行任务的关键人物，而普通和谐促进员也是具有特殊素质的精英群体。在农村，和谐促进员从村民小组长、社区保安、优秀房东、优秀党团员中选聘，在社区，和谐促进员从楼道长、社工或义工中招募，30—50 户左右聘任 2 名以上和谐促进员；在企业，和谐促进员从班组长中聘任。这种人员来源结构有效地保证了和谐促进员履行和谐促进任务的能力。

因为外地人在当地的分布密度不同，不同的村或社区碰到的实际问题可能会有所差异，所以不同的村（社）对和谐促进员的工作职责的规定有不同的侧重点。根据我们所收集到的资料，和谐促进员的工作职责可以摘要如下：

表5　和谐促进员的工作职责

村或社区名	和谐促进员工作职责
坎墩街道五塘新村	1）宣传教育。积极宣传党的路线、方针、政策及国家法律法规，协助村组织落实村规、民约及各项工作。 2）信息采集。倾听群众声音，了解社情民意，精确收集各类信息，及时反映新老村民的意见、需求和建议。 3）民事调解。配合村综治室排查不稳定因素，及时化解各类民事纠纷。 4）平安建设。定期走访村民，加强沟通联系，掌握治安动态。 5）需求服务。协助各需求服务站做好劳动就业、权益保障、子女入学等服务工作。 6）监察督导。对和谐促进会进行监督，督导、制止各种不文明行为。
古塘街道旦苑社区	1）当好宣传员。积极宣传和贯彻法律法规和相关政策，引导广大市民和企业职工等依法维护权利，履行法定义务。 2）当好联络员。密切联系辖区群众或班组员工，做到“六必访”：有婚丧嫁娶必访；有生活困难必访；有思想情绪必访；有生病住院必访；有矛盾纠纷必访；有征地拆迁必访。 3）当好信息员。及时向社区综治工作室（站）反映群众的意见、建议和要求。 4）当好调解员。发现矛盾主动及时调解，积极配合镇（街道）和村、企业干部调解矛盾纠纷。 5）当好陪访员。对难以一时说服坚持上访的信访人，及时联系上级有关部门，全程陪同上访，协调有关部门解决其实际问题。 6）当好协管员。协助社区、企业做好各项社会事务服务管理工作。积极参加各类会议，参与所在地或单位重大事项的决策，并开展监管。

除了明文规定和谐促进员的工作职责之外，和谐促进会还对和谐促进员采取规范化管理，例如实行“一书（聘任书）、一章（和谐促进会徽章）、一卡（连心卡，印有联系方式和工作职责）、一册（《和谐促进员工作手册》）”，并加强了对和谐促进员的培训和考核。

同是和谐促进会的和谐促进员，少数是专职的，例如拥有村（社区）治安主任或保安编制的常务副会长或秘书长，他们有所在镇（街道）和村发放的工资保障，而大多数和谐促进员是兼职的，不拿任何报酬。每个和谐促进员的办事风格和工作重心可能不一样，但其效果却殊途同归。在村级和谐促进会中干出了名气的吴有水和墙兴贵具有代表性。

吴有水，江西弋阳人，现任坎墩街道五塘新村和谐促进会常务副会长兼秘书长。在老家担任过多年村支书的老吴2004年来慈溪打工，在调处一起纠纷时应对自如而被五塘新村党支部书记胡华南看中，成为首家村级和谐促进会的创始人之一。他与同事们将和谐促进会的工作思路概括为“以活动促交流，以参与促管理，以服务促融合”；将和谐促进会的工作方式概括为“教化、感化、同化”；将和谐促进会的工作特点概括为“灵、熟、细”[1]。他说，“和谐促进会最重要的作用是增强了外来人员的归属感，增进了新老村民彼此的信任”。[2]

墙兴贵，贵州遵义人，现任掌起镇陈家村和谐促进会秘书长，“小墙热线”创始人。受姑公做善事益寿延年的启发，墙兴贵立志做一个“受人尊敬的人”。为了扭转贵州人在慈溪当地“蛮不讲理”的形象，他印发“有事就找墙兴贵”的名片，在贵州人和当地人的矛盾调解中逐渐建立了声望。在担任掌起镇陈家村和谐促进会常务副秘书长后，他于2006年8月创办“小墙热线”，在解决劳资纠纷、外来人口就业、就医及子女就学等方面的善举深得当地政府、企业和新老慈溪人的信赖。他说，“帮别人，自己快乐”。[3]

与吴有水、墙兴贵一样，其他和谐促进员，无论是当地村民，还是外来务工人员，他们都有一副热心肠，他们干的也许不是什么惊天动地的大事，但在日常生活和工作中却须臾不可或缺。在一份有关基层和谐促进工程典型事例和

1. 吴有水：《五塘新村和谐促进会工作情况汇报》，2011年11月20日。
2. 黄程：《吴有水：小“联合国”里的“老娘舅”》，载《宁波日报》，2012年9月3日。
3. 《有事就找墙兴贵》，http: //roll. sohu. com/20120614/n345584154. shtml。

典型人物事迹的通报表彰文件中，我们看到，有十多位和谐促进员在外来人口子女义务培训、台风受灾群众安置、爆炸事故抢救、征地拆迁补偿、劳资矛盾平息、夫妻关系调和、民事纠纷处理等日常琐事的处理中无不隽永着“和为贵”的精神，他们“脚勤、口勤，注意方式方法”，“用心，设身处地考虑问题”。

（六）经费来源

和谐促进会章程规定，和谐促进会的经费来源有三项，分别为政府资助、会费、社会和个人捐赠。在实际运作过程中，根据各村财力和会员结构的不同，和谐促进会的经费来源不一。在三项经费来源中，政府资助和社会捐助占了大头。例如，慈溪市掌起镇陈家村 2006 年 8 月成立村级和谐促进会时，陈家村村委会出 5 万元，掌起镇出 15 万元，企业捐赠 15 万元，市政府以奖代补 5 万元，一共筹集了 40 万元的工作经费[1]。

经过多年的摸索，市、镇两级越来越以“以奖代补”的形式支持和谐促进会的工作。这一制度的雏形源自年度星级村（社区）和谐促进会创建活动，对优秀的村级和谐促进会进行奖励。例如，2008 年 9 月，市村级和谐促进会建设工作指导委员会办公室按照年度创建目标和评估标准，对村（社区）和谐促进会进行量化评估，对优秀的和谐促进会分别给予三星级、二星级和一星级和谐促进会的通报表彰，并分别给予 1.8 万、0.8 万、0.5 万元的现金奖励。[2]

此后，市级层面建立了“以奖代补”专项基金，这一专项基金从 2010 年的 300 万元提高至 2011 年和 2012 年的 450 万元[3]，由市委政法委和财政局联

1. 吴珊：《浙江慈溪：外来工融入当地社区的样本调查》，载《南方都市报》，http: //news. sina. com. cn/c/sd/2011 - 07 - 06/095122765966. shtml。
2. 《关于开展 2008 年度星级村（社区）和谐促进会创建活动的通知》，2008 年 9 月 24 日。
3. 需要提到的是，有几个村被划入宁波国家高新区管委会，其“以奖代补”资金不再由慈溪支付，所以 2012 年的“以奖代补”专项基金实质上是相对增加的。

合发文，进行基层和谐促进工程建设以奖代补考评，且规定镇（街道）按1∶1配套使用。基层和谐促进工程领导小组办公室（市综治办）负责和谐促进工程建设的考评工作。在近三年的考评中，每年的考评重心有很大的变化，例如，2010年是对组织建设、队伍建设、制度建设、机制运作、载体建设、工作绩效、工作创新进行考评；2011年是对管理体制完善程度、管理工作扎实程度、管理制度健全程度、管理成效、管理创新进行考评；2012年拟对服务管理体制完善、服务管理网络畅通、服务管理功能健全、服务管理制度规范、服务管理效能、服务管理创新进行评估。从考评重心的变化可以看出，村级和谐促进会的考评工作从考察建章立制过渡到了功能完善程度的评估，从强调管理过渡到强调服务，这一方面表明和谐促进工程在慈溪逐渐走向成熟，另一方面反映出基层社会管理越来越注重服务优先的新动向。

为了促进基层和谐促进工作的积极开展，对和谐促进会的考评实际上采用的是一种竞争性机制，它不同于平均主义式的、撒胡椒面式的资金划拨，而是按照一定的标准进行梯度奖励，这有利于提高和谐促进会的工作质量和创新活力。当然，“以奖代补”办法也引入了奖金金额递增机制，对达到示范标准和优秀标准的和谐促进会的资助力度在逐年增加，例如，2010年考评细则规定，“对达到示范标准的村（社区），市里予以表彰，并奖励工作经费2万元；对考评达到良好及合格的村（社区），市里分别拨付1万元和5000元的以奖代补资金。2010年市财政设定基层和谐促进工程专项资金共计300万元，以后奖励和补助个数每年适当增加，试行一年一评。”[1] 2011年考评细则规定，“对达到示范标准的村（社区），市里予以表彰，并奖励工作经费5万元；对考评达到优秀标准的村（社区），补助工作经费2万元，对运作较好的村（社区），补助工作经费0.5万元。”[2] 2012年考评细则规定，“对达到示范标准

1.《慈溪市基层和谐促进工程建设以奖代补考评办法（试行）》，2010年5月。
2.《慈溪市基层和谐促进工程建设以奖代补考评办法》，2011年11月。

的村（社区），市里予以表彰，并奖励工作经费7万元；对考评达到优秀标准的村（社区），市里予以表彰，并奖励工作经费5万元；对考评达到良好标准的村（社区），补助工作经费3万元；对考评达到积极创建标准的村（社区），补助工作经费1万元。"[1]

以奖代补资金和补助资金数额经市基层和谐促进工程领导小组审定后直接由市财政局核拨给市委政法委，再由政法委发放给镇（街道）。而镇（街道）通常会对以奖代补资金政策进行配套，例如，宗汉街道规定，"按市级有关要求，达到示范基层和谐促进工程建设的村按1∶1比例配套奖励；设立示范志愿者队伍5个，总奖励金额2万元；各村和谐促进工程工作成绩显著、由村首创，得到街道党工委、办事处肯定，并在全街道推广的工作，每项奖3万元；得到上级部门肯定，并获得市级创新争优或单项创新奖的，每项奖励5万元。"[2]

三、和谐促进会在协同治理中的贡献：和谐促进会何为？

在村支部、村委会和村经济合作社之外建立和谐促进会，利用外来人员担当和谐促进员"语言相同、地位相近、情感相通"的优势，挖掘"老乡"这层社会关系所蕴含的社会资本，在"搭搭肩、抽抽烟、聊聊天"中轻而易举地减少了化解社会矛盾的成本；在社区居委会、业主委员会、物业公司之外建立和谐促进会，通过和谐促进活动拉近了邻里关系；在镇或街道建立和谐促进联合会，为村（社区）和谐促进会的工作开展提供了有力的保障平台和更广泛的指导、支持。和谐促进会的工作具体是通过提供服务、举办活动、参与管理来实现的。

1.《慈溪市基层组织和社会组织协同治理暨和谐促进工程建设以奖代补考评办法（讨论稿）》，2012年10月。
2. 宗汉街道：《宗汉街道和谐促进工程建设情况汇报》，2011年11月。

（一）提供服务

服务越来越成为和谐促进会开展各项工作的行动指南。自和谐促进会成立以来，各单位就积极开展形式多样的活动，通过活动凝人心、聚人气，激发散落在民间的社会资本。例如，近些年，宗汉街道成立“和谐促进服务团”，从各办（所）及相关职能部门抽调业务骨干，聘请专业律师、和谐促进会联谊员、特聘调解员、基层法制促进员，组成政策法律咨询组、生产生活帮扶组、矛盾纠纷调处指导组、宣传教育组，[1] 提供扶贫济困、法律援助、矛盾纠纷调解等服务，为减少社会矛盾、提高社会和谐贡献和谐促进员的聪敏才智。宗汉街道周塘西村和谐促进会在 2010 年 10 月组建了千人志愿队伍、“红袖章”志愿团、“老娘舅”志愿团、“六员六必访”志愿团、“居家养老服务”志愿团、“环保自治”志愿团，并于 2011 年 8 月形成了组团式的自治服务，成立了扶贫助困爱心队、公共事业志愿队、平安建设联防队、环境保护监督队、周塘西村老娘舅调解队、新村民生活生产咨询队、和谐促进文艺宣传队、乡风文明培育队、未成年教育服务队、房东关爱房客互助队等十支队伍，[2] 寓服务于管理之中，[3] 拉近了新老村民的心理距离，实现了基层社会协同治理。

古塘街道也积极利用资源优势，成立了由街道各职能部门负责人、法制促进员、全国优秀人民调解员、联谊员、专业技术志愿者等人员组成的街道服务队，在法律政策咨询、生产生活帮扶、矛盾纠纷调处、宣传教育等多方面服务基层，开展邻里互助，新老村民互助，和谐促进员帮扶等活动，为基

1. 宗汉街道：《宗汉街道和谐促进工程建设情况汇报》，2011 年 11 月。
2. 宗汉街道周塘西村和谐促进会：《大力倡导志愿服务理念，开展和谐促进互助式服务》，2011 年 11 月。
3. 蔡旭昶、严国萍、任泽涛：《社会组织在流动人口管理服务中的作用——基于浙江省慈溪市和谐促进会的研究》，载《经济社会体制比较》，2011 年第 5 期，第 199 页。

层群众送信息、送技术、送爱心、维护群众的合法权益和社会的公诉良序。该街道还在推广“需求服务站”的基础上进一步完善便民“百宝箱”服务柜，依托服务中心 81890 的服务平台，为社区居民提供快速、优质的家政、家电和水电维修等服务。[1] 在古塘街道旦苑社区，社区居委会借助和谐促进会的力量，形成了“1 +7”服务通道。“1”是指在社区办公楼一楼设立便民服务大厅，为社区居民提供劳动保障、民政优抚、科普文化、城管卫生、综合治理、计划生育、信访接待等服务。“7”是指七个服务平台：（1）“百宝箱”，包括五金小工具箱、医疗应急箱、计生箱等；（2）共建服务平台，是指和谐促进会整合社区资源和社会资源，与法律服务站、红十字医院、街道科协办、社区共建单位开展法律、卫生、科普、文体等共建服务活动；（3）就业服务平台，是指为下岗工人、大中专毕业生、新居民开展计算机、插花培训，提供就业信息；（4）医疗服务平台，是指为社区新老居民提供社区卫生服务；（5）扶贫帮困平台，是指和谐促进会对辖区内的残、老、病、困党员和居民开展“和谐结对一帮一”活动；（6）志愿者服务平台，招募占社区居民人数 10% 以上的人建立各类志愿者服务队伍；（7）老年人服务平台，设立老年电大、图书电子阅览室、摄影室、棋牌室、健身室等场所，开辟晨练点，为老年人提供方便。[2]

（二）举办活动

具体来说，和谐促进会的工作很多是通过丰富多彩的活动来体现的。活动是促进新老慈溪人交流的有效形式，和谐促进会特别注重这一形式在和谐促进工程中的作用。《市委办公室、市政府办公室关于创建示范基层和谐促进

1. 古塘街道：《古塘街道和谐促进联合会工作开展情况》，2011 年 11 月。
2. 古塘街道旦苑社区：《古塘街道旦苑社区和谐促进会工作汇报》，2011 年 11 月。

工程的意见》(慈党办〔2010〕19号)提出,“要制定和谐促进工程年度活动计划,围绕志愿者活动、村企共建、信息沟通、文娱活动、政治工作等五大工作平台,广泛开展治安巡防、志愿者服务、文体活动、环境整治、公益互助、扶贫帮困、学习交流、技能培训、安全防范教育等各类活动。”

在首批建立促进和谐促进会的坎墩街道五塘新村,以胡华南和吴有水为首的和谐促进会创始领导特别重视举办活动对于和谐促进会的意义。吴有水分析道:

> 和谐促进会成立之前,大家相逢不相识,人与人之间缺乏最基本的交流和了解,更不要说情感与融合了。另一方面,外来务工人员在节假日期间以及八小时以外,由于业务生活单调枯燥,常常是老乡在一起打牌、喝酒,容易滋事闹事。[1]

和谐促进会成立后,该村加强了公益、文化设施建设,新建了演唱台、拓展了活动场所及范围,重组了文体队伍,形成了广场文化;添置了两千余册图书,成立了村电脑培训学校和电子阅览室;召开座谈会、茶话会、民主议事会;开展植树造林、环境整治;[2] 在端午节、中秋节推出“包粽子,赛厨艺”等传统文化气息浓厚的活动;组织“房东与房客生日会”、“房东房客组合家庭文体赛”、“邻里一家亲互帮互助”、“邻里亲情大家谈”等亲情交流活动,旨在通过这些活动来增进新老村民之间的情感沟通,促进社会和谐融合。[3]

在宗汉街道,主管部门也意识到举办活动的重要性,提出“有了平台可以活动,有了活动可以交流,有了交流可以培养感情,有了感情相互尊重,有了尊重遇事好商量,才有凝聚力”。该街道还开展了“文明和谐三百评选”

1. 吴有水:《五塘新村和谐促进会工作情况汇报》,2011年11月20日。
2. 五塘新村:《五塘新村和谐促进会的创建与发展》,2010年4月。
3. 吴有水:《五塘新村和谐促进会工作情况汇报》,2011年11月20日。

活动，即评选百家劳动关系和谐企业、百名优秀外来建设者、百对文明房东房客。[1]

在城市社区，活动的举办在场地、经费、人才和氛围上有更好的潜在条件，这些潜在条件需要通过一定的方式方法去激活，而和谐促进会提供了激活这些条件的绝佳的催化剂和平台。在古塘街道旦苑社区，和谐促进会开展新老村民喜闻乐见、形式多样的文体活动，引导居民群众积极参与活动，让他们在活动中相知、相识、相帮，减少了邻里摩擦，提高了居民的文化修养。[2] 通过这些活动的开展，将企业、外来务工人员与当地人中的优秀分子挑选出来，活跃了社会气氛。

（三）参与管理

慈溪市村级和谐促进会建设工作指导委员会办公室提出，和谐促进会“要采用召开座谈会、议事会、党（团）员组织生活会等形式，吸纳村和谐促进会会员特别是外来建设者会员，参与村事共商、村务共担、矛盾共解活动，充分发挥村级和谐促进会在参与社会管理、维护社会稳定工作中的积极作用。”[3]

第一，村事共商。随着外来人口的涌入与融入，村事的产生、激化和消解不再局限于原住村民。宗汉街道在和谐促进会成立之初，就开展了“和谐促进会建设大家谈”，围绕“团结友爱、安定有序、充满活力、和谐相处”的主题，通过在各个不同群体中召开座谈会、论坛、研讨、体会交流、演讲、征文、报告会等形式，广纳民间智慧，对外地人与本地人如何和睦相处等问题做出预见性的判断，从而确定和谐促进会的工作方向。

1. 《宗汉街道关于加快推进村级和谐促进会建设的实施意见》，2006 年 10 月。
2. 古塘街道旦苑社区：《古塘街道旦苑社区和谐促进会工作汇报》，2011 年 11 月。
3. 《关于开展 2008 年度星级村（社区）和谐促进会创建活动的通知》，2008 年 9 月 24 日。

第二，村务共担。和谐促进会成立后，基层组织借助和谐促进员在沟通、协商、互助和理解方面的优势，在环境整治、征地拆迁、治安联防、扶贫帮困等方面为新老村民办实事。

第三，矛盾共解。和谐促进会普遍建立了网格化的管理模式，这种模式按照村（社区）联片、片联组、组联户的工作机制，通过具有和谐促进能力的和谐促进员队伍，及时发现网格内的矛盾苗头，将各类矛盾纠纷置于可控的范围之内。

通过提供服务、举办活动和参与管理，和谐促进会实现了新老村民的相互交流、理解和互助，有效地弥补了基层组织在新型社会结构下基层社会管理的盲点。

综上所述，和谐促进会的工作有如下作用：一是弥补了“政府失灵”。利用社会组织的群众基础和信息优势弥补了现有基层组织在社会管理和服务上的盲点，弥补了政府在处理某些社会问题时反应慢、效率低的劣势，凸显出社会组织反应灵敏、能动性强的优势，增强了社会自我管理和调节的能力。二是在推行中有核心、有步骤。既坚持了党政干部的主导作用，又充分调动了社会资源，较好地诠释了“党委领导、政府负责、社会协同、群众参与”的社会治理原则。三是减少了基层治理的成本。通过和谐促进会或联合会“以活动促交流，以参与促管理，以服务促融合”的方式，解决了外来人口与本地居民因信任危机带来的社会治理难题，从而锻造了新型的社会信任链条，融洽了外来人口和本地居民、本地居民和本地居民、外来人口与外来人口之间的人际关系，降低了社会不和谐因素，对于当地的经济社会发展起到了稳定器的作用。四是培育了新老居民的公共精神和参与意识。通过和谐促进员队伍的志愿调解活动，提高了社会主体参与公共事务管理的积极性，维护了外来务工人员的利益，增强了新老居民的安全感，加强了企业的社会责任意识。总之，这种新型的基层社会协同治理模式对外来人口较多的沿海发达城市具有借鉴意义和示范效应。

四、基层组织与社会组织协同治理的方向：如何提升和谐促进会？

慈溪市和谐促进会的建立固然是新型社会问题倒逼社会管理模式的创新，但领导的重视似乎不可忽视。2006 年年初，时任慈溪市委副书记、政法委书记的杨胜隽在调研中敏锐地发现了外来人口急剧增加所带来的治安案件增多、矛盾纠纷扩大、环境卫生恶化等社会问题，让他萌生了让外来人员参与基层社会管理，协助村干部做好调解工作的设想，这一设想得到了外来人口增多所致社会问题比较突出的坎墩街道五塘新村、掌起镇陈家村的响应。经过充分的调研、论证，慈溪市在这两个村先后成立村级和谐促进会，随后在全市进行推广。时任市综治办副主任的励冠军全程参与了如何破解流动人口管理难题的调研与和谐促进会组织框架、功能定位的设计，以及试点和推广工作。接任杨胜隽任市委政法委书记的张建人及其所领导的市委政法委在 2008—2011 年间果敢地将和谐促进会提到基层和谐促进工程建设的高度，对和谐促进会进行“网络延伸、功能拓展、作用提升”，提出了基层组织与社会组织协同治理的理念，为和谐促进会的良性发展奠定了坚实的基础。[1]

2011 年 11 月，市委政法委书记张建人调任市委统战部部长，全程参与和谐促进会创建、试点和推广工作的市综治办副主任励冠军也早在 2007 年底便调任市暂住人口管理局副局长。人们一直在担心创新项目是否会因初创人的调任而凋萎。但从目前的发展态势来看，慈溪市和谐促进会的各项工作正稳步前进，并没有因为主管主办领导的调任而失去生命力，而是在新任主管领导的带领下，顺应时代节奏，逐渐从协助基层组织进行社会管理逐渐向与基

1. 感谢慈溪市委政法委委员、市综治办副主任房培志提供的相关信息。

层组织协同提供社会服务的方向发展。之所以如此，用现任市综治办副主任房培志的话说，“和谐促进会是一个好东西，它有百益而无一害”。的确，利国利民或许是创新得以持续并富有生命力的重要源泉。

当然，这并非是说，和谐促进会已完美无缺。事实上，除了在镇（街道）层面成立和谐促进联合会，将和谐促进会拓展为服务型社会组织之外，当地的基层和谐促进工作似乎还应在如下方面做出改进：一是和谐促进会或联合会的工作多为个案式救济或调解，要想从根本上满足外来人口增多所引致的社会需求，还需要基层组织协同各级政府在就业、就医、就学等方面提供全方位的服务，真正让外地人在当地有归属感，共享当地发展的成果。二是如何在流动性较强的外来人口中提高他们参与社会公共事务的积极性，提高他们在自治组织中的地位和话语权，切实维护外来人口的合法权益，真正实现从防控式管理走向参与式管理。三是如何根据社会需求的变化和针对不同辖区的社会需求，不断地微调和谐促进会或联合会的职能，加强基层组织与社会组织的协同互动，实现社会需求与社会服务供给的真正对接。

（第六届中国地方政府创新案例）

社会管理创新视角下的社会组织发展
——宁波北仑区社区社会组织发展的案例研究

周红云
（中央编译局世界发展战略研究部）

党的十六大以来，社会管理与社会建设已经纳入中国特色社会主义建设的总体布局，成为构建社会主义和谐社会的重要战略部署。最近，加强和创新社会管理被提到前所未有的高度，成为各级党委和政府工作的重要议题。然而，社会管理到底是什么，如何进行社会管理创新，理论界和实践界也都还没有清晰的统一认识，甚至还有许多认识上的误区。例如，有人认为，所谓社会管理就是管理社会，社会是管理的对象，政府是管理的主体，减少社会矛盾和冲突，维护社会稳定则是管理的目标，因此，作为政府重要管理职能之一的社会管理，就是政府对社会的管理和控制，达成社会稳定和秩序，而社会管理创新则被理解成政府管理和控制社会的内容、手段和方式等的创新。那么，社会管理到底由谁来管（管理主体）、管什么（管理客体）和怎么管（管理制度和机制）？社会管理创新的实质又是什么？社会管理创新的突破口在哪里？

这些问题都还没有现成的答案。然而，宁波北仑区立足区情与当地实际，紧紧抓住培育和发展各类社会组织这一思路，对这些问题给出了自己的答案，探索出了一条北仑特色但具有普遍意义的基层社会管理创新的路子，值得借鉴与学习。在2011年3月笔者去宁波北仑区作了实地调研。本篇报告是基于这次调查的一个研究成果。[1]

一、引子：社会组织发展是社会管理创新的前提

社会需要秩序，社会需要稳定，社会需要和谐，这是任何一个社会都希望达到的理想目标。然而，与将社会管理看做是政府管理和控制社会的观点不同，我们认为，社会管理至少包括两个基本面向：即社会的自我组织和自我管理以及政府对社会的管理。一方面，社会管理首先应该强调社会的自我组织和自我管理，因为从根本上说，最广泛起作用的、维持社会稳定和社会秩序的自动调节机制必定是公民和社会组织的自我管理。另一方面，社会自治与政府对社会的管理应该是一枚硬币的两面，社会自我组织和自我管理并不排斥政府对社会领域进行的公共管理活动，而且在作为国家机构的政府存在的历史时期内，社会管理必定成为政府不可推卸的重要职责。当然，政府的社会管理职能区别于政府其他管理职能，它更侧重于对公民社会自身无法自我管理和社会事务和社会生活的管理，政府的社会管理职能必须以公民社会自我组织和自我管理为前提和基础。

因此，要很好地理解社会管理和社会管理创新，则必须明确政府与社会之间的关系定位。在社会管理中，在政府与社会的力量对比中，重心必将向社会倾斜，政府与社会的关系也将由“政府本位”向“社会本位”转变，原来政府控制和管理社会的观念必须让位于调控、引导、服务和整合社会的观念，政府对社会的统治观念必须让位于政府与社会的合作治理。因此，重新

1. 本次调研受宁波市民政局和北仑区民政局邀请。在这里，特别感谢宁波市民政局许义平副局长和北仑区民政局胡修勤局长，他们孜孜不倦的改革探索精神深深地感动了我；同时，我也要感谢那些接受调研的许多单位和个人，不一一列举。文责自负。

树立“社会本位”和治理理念，以“社会本位”为原则，逐步培育社会的独立性、自主性和自治性，树立政府为社会服务、政府对社会进行适度干预的理念，实现政府与社会的合作治理，从而使社会管理走向社会治理，才能建立起现代意义上的社会管理，实现社会秩序和稳定。

社会管理创新就是要实现社会管理向社会治理的转变，实现政府对社会单向度的管控向政府与社会对公共事务管理的合作治理转变。从这个角度来说，社会管理创新一方面要求全能政府向有限政府的转变，树立有限政府的理念，切实转变政府职能，释放社会空间；另一方面，培育与有限政府相适应的另一方公共治理主体则成为政府实现职能转移、社会管理走向社会治理的前提条件。

在切实转变政府的社会职能，建立有限政府，进一步剥离政府包揽和直接从事的社会管理事务的同时，积极培育和发展各类专业性的非政府组织和社会组织，发挥公民和社会组织在社会管理和公共服务中的作用，以取代和填补政府退出领域的管理。目前，随着公民社会在完善市场经济体制、转变政府职能、扩大公民参与、推进基层民主、改善社会管理等方面发挥的作用日益重要，政府职能转移和恰当退出、发挥社会组织在社会管理与公共服务中的作用、扶持和培育公民社会的成长已经成为政府面临的重大理论和实践问题。

综上，我们认为，社会组织的培育和发展必然成为社会管理创新的前提。在基层，社区已经成为社会管理的一个基本单元，宁波北仑区基层社会管理和社区建设经验告诉我们，培育和发展社会组织既是破解基层社会管理难题的一把有用的钥匙，也是社会管理创新的一条有效路径。

二、背景：北仑基层社会管理与社区建设中存在的问题

（一）北仑区基本区情

宁波市北仑区因著名的深水良港——北仑港而得名。北仑区原为宁波市

镇海县甬江南岸部分，1984年由镇海县撤县分区后所设，现辖6街道2镇1乡，共有211个村民委员会和35个社区居委会。辖区内陆面积585平方公里，常住人口约78万，其中户籍人口36万，外来人口约48万。[1]

北仑区基层社会管理与社区建设面临怎样的基本区情呢?

第一，城市社区与农村社区并存。北仑区是一个在“在农田上崛起”的新型城区，从1984年撤县划区开始，几经区划调整，北仑区才逐步形成。北仑区不仅下辖211个农村社区与35个城市社区并存；而且，在35个城市社区中，农村整体拆迁安置或村居合并的社区有15个，农居混住的社区有11个，失地农民有15万人。从农村到城市的转变，从村委会到居委会的转变，从村民到居民的转变，过于快速的城市化进程必然带来北仑基层社会管理与社区建设中城市与农村因素的碰撞与交叉。

第二，外来人口与本地人口并存。宁波是外来务工人员比较集中的城市，外来人口已经成为宁波市社会结构和社会管理中不容忽视的重要组成部分，目前宁波市登记的外来人口总数已经超过400万，相当于当地户籍人口的70%，甚至宁波市某些区县的外来人口已经超出了本地常住人口。在北仑，该区劳动密集型产业的快速发展以及快速的城市化进程，流动人口迅速增长，导致外来人口大大超过本地人口，甚至成为宁波首个外来人口超过本地人口的地区。外来人口与本地人口并存的状况必然给流动人口管理和基层社会管理带来巨大挑战。

第三，社区建设成就与问题并存。作为一个在“在农田上崛起”的新型城区，北仑区既遇到一些发展中的问题，但也有一些后发展优势。北仑社区建设就是如此。北仑区社区建设起步于2001年，在社区建设推行初期，北仑区的社区发展面临诸多问题：社区布局规模大小不一、社区管理服务半径不合理、社区公共服务设施配套不齐全、标准落后或不完善、旧城区改造或新

1. 北仑区行政区划和人口情况见：http: //www. bl. gov. cn/doc/blgk/xzqh/2007_7_26/210. shtml。

小区开发过程中社区居委会办公、服务、活动等综合用房面积难以落实等。但因为是新建城区，为了解决上述问题、合理配置公共服务资源，北仑区既立足现有情况，又考虑到了长远需求，并与《北仑新区城市总体规划》相衔接，出台了《北仑新区社区布局规划》，有效地保障了社区的基础设施建设和公共服务配套机制，为社区治理的实现提供了硬件支持。对于北仑区社区建设来说，不仅社区规划为社区建设提供了发展的起点，更重要的是，宁波市的社区直选制度和社区准入制度[1] 的创新在全市各区县全面深入推行，在这种大的背景下，北仑区的社区建设也取得了突出的成绩。2010 年，北仑区获得了全国和谐社区建设示范区的荣誉称号。

然而，成就与问题并存。北仑区基层社会管理与社区建设遇到了如社区行政化、社区居民被动参与、老旧小区管理难、失地农民的转化、外来人口管理以及外来人口与本地人口融合等许多共性与个性问题。

（二）北仑基层社会管理与社区建设中遇到的问题

与北仑区区情相对应，北仑区基层社会管理与社区建设中遇到了如下共性与个性问题。

1. 宁波社区建设中的两项制度创新：（1）建立社区居委会“选聘分离”体制。“选聘分离”体制包含两个制度，一是选举制度，即社区居委会直接选举制度，第二个就是聘用制度，即职业化社区工作者规范化管理办法。“选聘分离”体制的基本操作思路是，社区居委会由本社区成员组成，经居民差额选举产生，社区居委会下设办公室，工作人员由专职社区工作者组成，由社区居委会或街道办事处聘用，政府支付成本，主要承担居委会交办的自治性工作以及政府在社区层面的相关公共管理和服务工作。这一制度让民选者以志愿者的身份真正成为社区居民利益的代言人，让聘任的社工职业化，落实具体的社区管理和服务工作。截至 2007 年底，宁波市所有的城市社区居委会完成了直选，成为全国首个城市社区全部实现直选的城市。（2）建立“社区准入”制度。浙江省 2004 年出台了《城市社区政府工作申报准入实行办法》，规定除法律法规有明确规定以外，政府各职能部门和有关单位，原则上不得在社区内设立行政性机构，如确需在社区内设立组织机构或向社区居民委员会下达工作任务的，必须向同级城市社区工作（建设）协调（领导小组）提出申请，实施准入审批；社区政府工作申报准入遵循政事分开、政社分离原则，凡属政府部门承担的职能不得转嫁给社区居民委员会，政府各职能部门不得以行政命令的方式向社区居民委员会派任务、下指标；对涉及社区居民委员会共作的事务，政府职能部门要充分尊重居民委员会的自主权，支持和帮助社区居民委员会实行自主管理；社区居民委员会对不属于职责范围的事项或不具备工作条件的任务，有权拒绝接受或办理。

1. 共性问题有三：

（1）社区行政化问题。社区行政化是全国社区建设与社区发展中普遍遇到的问题。在我国，长期以来，城市基层社会的组织和管理是通过“街居体制”来实现的，街道办事处作为上一级政府的派出机构，居委会组织虽然法律上定性为“群众自治组织”，但实际上它与街道办事处这一政府派出机构一起承担着相应的行政管理职能，俨然类似于“准行政组织”。伴随着计划经济向市场经济的转变，伴随着社会结构的整体性变迁，特别是单位制的松动与瓦解，“街居体制”面临严峻的管理困境。为此，许多地方进行了相应的改革：一方面，理顺街道与社区的关系，政府职能转换并将政府管理重心下移到社区，相应的政府职能、任务、人员、经费等各方面都在不同程度地进入到社区，并设立承接政府职能的社区工作机构，从而试图剥离出原来居委会承担的行政功能；另一方面，将居委会作为自治组织的民主议事和决策的“议”的功能与承担的协助政府行政和提供社区服务的“行”的功能分开，改变原来集自治、行政和服务于一身的状况，并试图还原居委会自治功能。

然而，我们看到，试图在社区设立工作机构承接政府转移和下沉到社区的行政事务，并使居委会成为独立于政府之外的完全自治性质的组织，这一改革的初衷在实践的过程中因为种种原因甚至加重了社区负担，恶化了社区行政化倾向。从政府职能转移和下沉到社区的过程来看，政府职能转移过多而随意和不规范现象最为明显，“上面千条线，下面一根针”使得社区很难摆脱行政化倾向而走向社区自治的目标，甚至出现由原来的政府包办变为社区包办的倾向，在“责、权、利”失衡的状态下社区不堪重负地运行，即使在一些进行“责随事转”、“费随事转”制度改革的地方，“费随事转”制度运作也很不到位、很不规范，居委会过多的行政事务与社区自治的矛盾并没有因为“费随事转”而得到很好的解决，甚至矛盾更为突出。政府在社会管理和公共服务领域的职能向社会基层的转移和实现，与社区居委会自治地位的回归并增强社区居委会自治能力的提升之间似乎成了一对无法调和的矛盾，社区行政化倾向似乎不可避免。

同样，在北仑，随着社区建设的不断推进，社区服务、社区文化、社区教育、社区卫生、社区平安等功能也不断完善。然而，社区居委会每天穷于应付政府部门的工作而不得不放弃对社区居民的一些服务，久而久之，社区居委会作为群众自治组织、服务居民的功能不断衰减，社区负担越来越重，社区行政化倾向突出。2003 年，北仑区出台了《北仑区社区政府工作申请准入试行办法》，以减轻社区负担，推动社区自治。

（2）社区居民被动参与与参与不足问题。与社区行政化问题相关联，社区居民被动参与甚至不参与问题突出。社区参与程度低，制度化和非制度化参与渠道有限，参与能力不足，是全国社区建设中普遍遇到的突出问题。较长时间以来，我国城市社区基本被单位体制所包围，人们更习惯单位范围内的活动，而很少诉求于社区范围内。当然，随着“单位人”向“社会人”的转变，人们逐渐转向社区，但是，当人们转向社区时发现，无论是制度化的还是非制度化的参与渠道都非常缺乏，同时，无论是政府还是作为居民利益代言人的社区居委会也都还停留在行政化时代，政府社会管理和公共服务职能的实现多以动员方式出现，而没有摆脱行政化倾向的居委会对社区居民没有吸引力，无法代表社区居民利益，社区居民不关心也无渠道关心居民自治事务。在这样的情况下，社区居民参与主动性和自觉性不够，参与能力不足也就成为一个大问题。在基层社会管理和社区建设过程中，北仑区也同样遇到了社区居民被动参与和参与不足等问题。

（3）社会需求的多样化和个性化。政府职能转移也好，社区建设也罢，目标都在于满足社区居民不断增加的各种社会需求。随着人们物质生活水平的提高，社会需求不断增加，而且社会需求向着多样化和个性化方向发展。一方面，政府提供的整齐划一的公共服务越来越难以满足不断增加的多样化和个性化的社会需求；另一方面，面对某些多样化和个性化的社会需求，因为利润空间小甚至没有利润的情况下，市场又不愿意提供。那么，那些政府提供不了、市场又不愿意提供的社会服务由谁来提供，便成为基层社会管理和公共服务中不可回避的问题。

2. 个性问题也有三：

（1）失地农民转化问题。北仑是一个建在农田上的新型城区，快速的城市化进程，农村社区向城市社区转化，农民向城市居民转变，15 万失地农民如何在“洗脚上田”后尽快“洗脑进城”成为一个问题。从自然村落居住的方式到社区集中居住方式的转变；从原来一种大家庭式的亲属邻里的“熟人社会”转变为城市社区互不熟悉的“陌生人社会”；从自给自足的小农经济转变为市场经济环境下的生活方式等一系列变化，让没有了土地和农忙的失地农民有太多的不适应。这许许多多的无所适从与一夜之间变成城市居民的失地农民要求融入城市新社区的强烈需求之间的差距必然带给北仑基层社会管理和社区建设新的挑战。

（2）老旧小区管理难问题。城市社区类型多样，既有高档住宅区，也有普通社区；既有新型社区，也有老旧小区；既有有物业小区，也有无物业小区；既有年轻化的社区，也有老龄化社区。在社区建设和管理中，社区居委会、业主委员会和物业公司之间的关系也常常成为一个棘手的问题。相比较而言，那些有物业、有资源、年轻的高档小区的社区建设与管理相对简单，而那些拆迁安置小区、老小区、无物业小区等普通社区的管理则相对较难。在北仑，老旧小区管理难成为一个问题。

（3）外来人口管理与外来人口与本地人口的融合问题。在北仑，外来务工人员不断增加的事实带来三方面的问题：第一，外来人口不只是简单的劳动力或者治安计生的不稳定因素加以管理控制的目标，他们是城市的建设者和贡献者，也理应成为城市社会发展成果的分享者和参与者，如何为他们提供相应的公共服务？第二，如何满足外来人口的利益表达需求，如何满足外来人口参与社会公共事务的民主诉求？第三，新老市民的矛盾冲突成为社会不安定因素的重要诱因，如何化解社会矛盾促进社会融合？

三、探索：北仑社区社会组织的培育与发展

面对上述基层社会管理与社区建设中的种种问题，出路在哪里？北仑区找到了培育和发展社区社会组织这条有效途径来破解这些难题。

（一）具体做法

目前，北仑区共有依法登记的民间组织259家，其中社团109家，民办非企业单位150家，备案类民间组织1339家，涉及行业管理、科技教育、文化卫生、社会福利、体育保健、农村专业经济、社会公益等领域。在北仑区委区政府的推动和引导下，近5年来北仑区的城乡社区社会组织有了长足发展，在数量上从2001年的47家发展到目前1339家，其中大部分社区社会组织都是近几年成立的。例如，在新碶街道芝兰社区，现有社区社会组织52家，其中45家成立于2006年以后，各类社会组织如雨后春笋般破土而出。北仑区社会组织的快速发展，得益于北仑区社会管理理念的创新，得益于北仑区社会组织培育与发展的制度创新。

面对诸多的问题，北仑区意识到，社区社会组织是推动和谐社区建设的重要依靠力量，是基层社会管理中不可或缺的重要治理主体。针对绝大多数社区社会组织存在的规模小、资金缺、运作不规范等问题，为引导其更好地参与社区建设，北仑区在准入门槛、财力支持、规范管理等方面进行了制度突破和创新，不断改善社会组织生存发展的制度环境，为社会组织参与社会管理和社区建设建构一种强有力的支持环境，不断培育基层社会管理和社区治理的新主体；同时，政府释放基层社会管理的空间，不断加强与社会组织的合作伙伴关系，在加强基层社会管理、推动社区治理、统筹城乡发展方面

探索出了一条新路。北仑区社会组织的培育与发展方面有许多创新做法：

第一，转变观念，重视社会组织培育与发展。在社会组织的培育与发展方面，北仑区委区政府首先转变观念，将其纳入经济社会发展的整体规划之中，并出台相应的政策支持、财力支持、物质支持、人力支持和组织支持等全方位制度，政府在社会组织的培育和发展中起着重要的主导作用，为基层社会管理创新提供最初始的动力来源。

第二，建立基层社会组织备案管理制度。2007 年，北仑区在浙江省率先出台了基层社会组织备案管理制度：降低基层社会组织的管理层次，明确以街道办事处、乡镇人民政府作为基层社会组织的备案机关，授权社区居委会、村民委员会作为业务主管单位；降低基层社会组织获得合法地位的条件，只要会员人数 10 人以上、有负责人和章程、有相对固定活动场所，就可以通过备案制方式获得相应的合法地位，从而使大量原来不符合登记注册要求的社会组织通过了备案、确立了合法地位，并纳入了政府监管，有效促进了社区社会组织的生成和发展。

第三，建立企业定向捐赠税收优惠制度。为解决社会组织资金短缺矛盾，北仑区民政局利用企业向区民政局捐助中心捐赠则可以享受税收优惠的政策，建立了企业定向捐赠税收优惠制度，即以区民政局捐助中心为中介和平台，引导企业定向捐赠公益性社区社会组织，区民政局出具捐赠发票并负责将捐赠款足额转给定向的社区社会组织，此举不仅改善了企业在社区的形象，融洽了企业与社区居民的关系，还给社区社会组织带来可观的公益资金。据统计，两年来企业通过定向捐赠方式向社区民间组织捐款已达 600 多万元。

第四，建立福利彩票公益金项目资助制度和政府向社会组织购买服务制度。为解决公益社会组织发展后劲不足的问题，2008 年，北仑区在浙江省率先启动了福彩基金资助社会组织公益项目。在福利彩票公益金中支出 229 万元，通过立项申报、建设实施、检查验收等系列程序，使公益性社会组织资助转入到正常化、正规化的轨道，推动社区社会组织的发展。另外，北仑区每年提供140多万财政经费，通过政府向社会组织购买服务的方式，帮助贫困弱势群体解决实际困难。目前，北仑区已经向社区社会组织购买了56个服务项目和200个公益性岗位。

第五，加强城乡统筹，培育发展城乡社区社会组织，建设城乡社区协商议事会组织体系。为了促进城乡统筹发展，2010年，北仑区出台了有关培育发展城乡社区社会组织的若干意见，意见规定设立福利彩票公益金扶持城乡社区服务中心项目，建设一个社区服务中心补助10万元。同时，在福利彩票公益金中每年安排100万，用于城乡社区社会组织项目扶持；加强城乡均等的公共服务组织体系建设，对城乡社区卫生服务站进行补助，每建立一个由区财政补助5万元。另外，北仑区加强农村社会组织建设，提高农村社会组织化程度，根据农村社会发展变化的实际，重点建立健全覆盖全体村民、驻村单位、外来人员的和谐共建理事会、和谐促进会等融合性社会组织，加强区域协商议事组织体系建设。区域协商议事组织是推进城乡基层自治管理的协商、协调、议事组织，由区域内村（居）委会、群团组织、经济组织、社会组织以及流动人员等群体的代表自愿发起，自觉结合，是协商公共事务、协调成员利益、化解社会矛盾、促进区域和谐共建的重要平台，也是党组织领导、政府和社会力量共同参与的基层社会治理新机制。

第六，培育与监管并重，以社会组织监管社会组织。在大力培育和发展社会组织的同时，北仑区加强社会组织的规范与监管，以规范促监管，以社会组织监管社会组织。北仑区建立社会组织规范创建制度，成立区社会组织促进会和区社会组织管理服务中心，建立区、街、居三级责任体系和管理网络，对社会组织的章程、财务、自治事务等方面加强指导和监管，引导其规范运作，以区层面的社会组织管理服务中心和社区层面的社会组织联合会这样的社会组织来引导、扶持、服务和监管各类社会组织。2009年，北仑区还出台了《关于开展标准化融合性社会组织创建工作实施意见》和《标准化融合性社会组织创建考核评定标准》，明确融合性社会组织标准化创建要求和考核评定依据，这在全国是首创。

（二）实践价值

从总体上看，北仑大力培育和扶持各类社会组织发展的做法，不仅解决了北仑区面临的失地农民转化、老旧小区管理难、外来人口管理等这些棘手的社会问题；更重要的是，政府在培育各类社会组织发展的同时，真正转变理念，转移职能，释放空间，真正发挥各类社会组织在基层社会管理与公共服务提供中的重要作用，与社会组织建立起合作伙伴关系，形成基层社会管理中政府与社会共治局面，在一定程度上实现了社会管理向社会治理的转变。北仑社会组织的培育与发展具有以下实践价值：

第一，社区社会组织的培育与发展，不仅为社区减负，而且提供社区服务，同时，老旧小区管理和失地农民的转化也在这些组织发挥作用的过程中得到解决。

北仑区通过多种扶持手段，引导和鼓励社会组织充分挖掘整合社区资源，承接部分基层公共服务事务和社区活动，既有效地减轻了社区居委会的日常工作负担，也使社区社会组织在服务实践中得到了锻炼和成长。

北仑区通过发展壮大服务性社区社会组织，提高社区的服务供应能力，特别是社区居民和志愿者自发组建的社区“邻里互助社”等社会组织的广泛建立，不仅整合了分散的社区资源，提升了社区服务水平，解决了许多家庭的实际困难，而且构建了相知相识、互帮互助的新型邻里关系，促进了邻里和睦，使社区越来越成为居民排忧解难的“娘家”。

社区社会组织的发展，破解了老小区、无物业小区管理的难题，把社区居委会干部从物业管理上的困惑中解救出来，社区组织开展准物业服务和社区建立物业管理协作协会，使小区物业管理走上了良性发展。

社区社会组织的发展，还服务于北仑城市化建设，缩短农民向居民转化的磨合期。北仑区社会组织不仅在农村劳动力素质提升和转岗就业方面发挥了重要作用，不仅培训本地失土农民，而且还积极培训外来民工，在使失地农民尽快转变成居民、外来人口尽快融入本地社会中也发挥了重要作用。

北仑社区社会组织的发展，使得北仑社区服务的组织网点覆盖面达到了90%以上，大大提升了社区服务的功能；正是有了社区社会组织的发展，社区的民主选举与重大问题的民主决策，从项目和程序以及效能上，扩大了群众参与、反映群众诉求方面的积极作用，增强了社会自治功能。社会组织不仅成为“自我管理、自我服务、自我教育、自我娱乐”的组织形式，而且真正成为政府在社会建设和服务上的合作伙伴和具体执行者，在从事维权、慈善救助、公益信息传播、社区服务、养老服务、文体活动和环境保护等方面，有力地促进了社会建设全面协调发展。

第二，公益性社会组织的培育与发展，不仅为政府瘦身，还为居民服务，满足多样化和个性化需求。

公益性社会组织正在成为承担政府公共服务的重要载体。北仑区处于东南沿海经济较发达地区，贫困家庭救济式帮助，基本都纳入到政府和社会慈善组织的保障体系之中，救助工作需要从一家一户的贫困救济的模式转化为一种社会救助机制，北仑区探索从对个人的济困转到对公益社会组织的培育和公益项目的支持上来，公益社会组织承担政府转移出来的扶贫济困职能，不仅能够扩大公共服务覆盖面，而且能够将贫困“因子”消化在萌发初期，提高了扶贫的效率和效益。同时，公益社会组织还在养老服务、社区服务、社区建设中发挥出应有的作用。公益社会组织涉及领域多，覆盖范围广，能够发现和满足多样化和个性化的社会需求。

北仑区公益社会组织建设，由于鼓励社会力量自主创新，形成了一种以社会（区）需求为导向、以居民为主体、以自我创造为途径的“一区一品”或者是“一区多品”的个性化发展的生发效应。各类公益性社会组织层出不穷，据统计，北仑区400多个社区社会组织，参与人数已经达20万人，每个社区居民在社区社会组织的活动引领下，参与各项活动的人数总量已占社区居民总量的70%。这些公益、互益性的社会组织，尤其被称为草根的社区社会组织，切实有效地承担了自我教育、自我管理、自我服务的社会功能，起到了政府想做而不能做、个人家庭想做而无力做的补充作用。

第三，社区层面普遍建立起“共建理事会”、“和谐促进会”等融合性社区社会组织，形成城乡居民、外来人员、社会企业共同民主治理机制，为基层社会事务管理和服务注入了新的活力。

大力培育发展基层融合性社会组织，打破传统村级自治模式，把村级自治管理的范围延伸到外来人员，不仅将外来人员纳入有效管理的范围，加强了外来人口管理，而且反映了外来人员参与社会管理的利益诉求和政治诉求，促进了新老村民和谐共处。目前，全区共有村级社区综合服务中心5家，村和谐共建理事会29家，村外来人员管理委员会36家，村和谐促进会126家。

第四，区域协商议事组织，加强城乡统筹。为推进城乡基层自治管理，加强城乡统筹发展，区域协商议事组织广泛动员区域内各类自治组织、群团组织、经济组织、社会组织以及社会团体成员共同参与区域管理，整合区域社会资源，讨论协商区域重大事项，协调解决区域各类矛盾问题，推进区域和谐发展，构建起基层党组织主导下区域各类组织和群体共同参与的区域和谐新机制，形成资源共享、优势互补、条块结合、共驻共建的工作机制，积极探索政府和社会力量共同参与的基层社会治理新路子。

第五，行业协会组织，承担政府转移职能，建立政府与社会组织的合作管理。例如，受北仑区文化广电新闻出版局和北仑区体育局的委托，北仑区文化协会承担辖区内部分文化市场管理职能，充分发挥行业自管自律与行政管理协作的互补功能。

（三）理论价值

1. 社会组织发展与“治理与善治”理论

北仑区培育和发展各类社会组织的实践首先体现并践行了“治理与善治”理论。治理与善治的本质特征，就在于它是政府与公民对公共生活的合作管理，是政治国家与公民社会的一种新颖关系，是两者的最佳状态。在北仑区的实践中，我们看到，无论在城市社区，还是在农村社区，抑或是城乡结合部，不同类型的社会组织参与社区管理和社会服务提供的实际上都是一个多方参与、持续互动、相互协商以达成治理的过程。培育不同类型的社会组织，就是在构建新的社会治理主体，改变过去政府完全主导的运作模式，吸纳民间组织参与，共同行使权威、共同承担责任，以治理来实现基层社会管理与善治，达成社会秩序和稳定。

2. 社会组织发展与“公民社会”理论

治理实施的一个前提条件，是一个独立的、能够跟政府相对应的公民社会的存在。在北仑的实践中，我们看到了一个公民社会的雏形，大量的民间组织发育起来，而且它们有意愿、也有能力参与到公共事务的治理中来。不仅有城市社区社会组织，也有农村社区社会组织；不仅有区域协商议事组织，也有城乡和谐共建组织；不仅有社区流动人口服务管理中心，也有外来人口管理委员会；不仅有行业协会组织，也有各类公益社会组织。这些社会组织不仅承接政府转移职能，减轻社区行政负担，还解决涉及人民群众的利益调整和矛盾冲突，提高了社会自我管理、自我服务、自我教育、自我监督的能力。这些社区社会组织、公益性社会组织、协会组织共同构成了北仑的公民社会，政府与公民社会建立起基层社会管理与公共服务提供中的新型合作伙伴关系。

3. 社会组织发展与“参与民主”理论

在北仑的实践中，还体现了另一种民主形式，即“参与民主”。西方学者提出，民主的实质不再是投票的游戏，而在于公民对公共事务管理的实质性参与。我们知道，在农村社区，普遍实行的村民自治使得村民有机会选择自己的带头人；而在城市，宁波普遍实行的社区直选制度让北仑城市居民有机会选择自己的代言人。然而，无论在城市社区，还是在农村社区，只有公民对于公共事务管理的实质性参与才能真正体现参与和民主的价值。在北仑，我们看到，各种社会组织参与到城乡社区公共事务的治理中来，表达它们的意见、行使它们的权利、施加它们的影响，这相对于过去村（居）的行政化和原来的被动参与来说，是一种更为民主的公共事务治理方式。

治理与善治、公民社会和参与民主的相关理论，让我们认识到，社会组织之所以要培育和发展，政府职能之所以要转移，绝不仅仅是为了克服“政府失败”，也不仅仅是为了减轻行政负担、提高行政效率，而是要实现治理，培育公民社会，实现参与民主。

四、北仑模式：特点与意义

（一）北仑模式的特点

概括地说，我们认为，北仑的基层社会管理创新实践就是以社区为依托，政府强力支持，社会深度参与，城乡统筹发展，政府与公民社会合作治理的新路子，它为社会主义和谐社会建设提供了北仑经验，值得其他地方学习和借鉴。

以社区为依托。社区成为社会管理创新的最基本的载体和平台，因为大量的公共事务和社会管理的许多事情都要落实到社区层面。在北仑，社区建设和社区管理有着很好的基础：首先，因为是新兴城区，社区建设之初就对农村社区和城市社区的发展有较好的规划；其次，社区居委会直选制度和社区工作准入制度在宁波已经深入人心；最后，专业社区工作者制度也有一定基础。因此，社区为北仑区基层社会管理创新奠定了较好的基础。

政府引导支持。北仑区将培育、发展和管理社会组织当做基层社会管理创新的一个重要载体和工作抓手。北仑区构建了一种政府主导、资源激励、合作互补的新型社会组织培育和发展机制。所谓政府主导，就是由政府依法划定空间，政府公平选择对象，政府主动提供资源，政府有效引导方向；所谓资源激励，就是通过资源供给手段，将政府支持谁、选择谁、排除谁的意向明确体现出来，通过资源的提供、激励和监管达到有效约束；所谓合作互补，就是政府主动确立可以由社会提供的公共服务空间，把社会组织推向前台并为他们创造各种合作条件，使社会组织与政府形成有效的功能互补机制，构建起新型公共服务体系。

社会深度参与。在北仑，各类社会组织参与基层社会管理和提供公共服务是社会组织深度参与的基础和保障。北仑区通过对各类社会组织的引导，不仅为各类社会组织搭建平台和载体，为居民提供服务，满足居民多样化和个性化社会需求；而且将公民对社会公共事务的关注和意愿表达纳入制度化、有序化的公众参与渠道，使之成为推进和谐社会建设的积极力量。居民是各类社会组织的主体，社会组织是社会深度参与的载体，没有居民和社会组织的参与和发展，既实现不了政府职能转移和下沉社区的问题，也实现不了社会管理向社会治理的转变。

城乡统筹发展。随着城市化进程加速，传统的户籍制度已经很难适应城市化和现代化的需要，长期以来形成的城乡二元分割体制带来了社会管理的一系列问题，因此，改革二元分割体制和城乡分立状态，必然成为目前我国社会管理创新的一个重要领域。在北仑，城乡统筹发展成为基层社会管理创新重要方面，不仅建立城乡均等的公共服务组织体系，而且建立区域协商议事组织体系与和谐共建组织体系，为推动新农村建设和城乡统筹发展加强基层组织体系建设。

政府与公民社会合作治理。培育和发展各类社会组织，目标在于推动政府职能转移，释放社会空间，实现社会自治，推动政府与公民社会在公共事务管理中的合作治理。在北仑，各类社会组织的培育与发展，不仅形成了政府以外的另一方公共治理主体，而且以各类社会组织为载体，不仅满足公民日益增长的多样化利益诉求，更满足公民参与社会公共事务管理的政治诉求，从而逐步实现政府与社会合作治理的新局面。

（二）北仑模式的意义

北仑的做法是根据当地实际探索出来的一条基层社会管理创新的路子，但是这一模式具有普遍的意义，对其他地方的发展具有借鉴价值。北仑模式至少带给我们三个方面的启示：

第一，基层社会管理创新应遵循“政府与社会共治”原则和“社会本位”原则。

政府与社会共治原则。“党委领导、政府负责、社会协同、公众参与”的社会管理格局是未来一段时间内我国社会管理的基本体制，不仅政府要在社会管理中发挥主导作用，同时也要强调发挥公民社会和公民在社会管理中的作用，逐步建立起政府与公民社会在社会管理中的合作伙伴机制。因此，社会管理不是自上而下的管理和控制，它应该是政府、市场与公民社会对社会公共事务的共同治理，它强调多元主体的合作和互动。政府、社会与公民的共同治理格局应该是我国基层社会管理的基本取向。在基层社区，既强调传统的治理主体，如街道、基层社区党委、社区居委会等的作用，又强调社区自治，强调社区居民作为一个重要主体参与治理的作用，更强调政府、社区与居民的合作治理。

“社会本位”原则。在基层社会，原来的社区行政化要逐步让位于真正的社区自治。真正的社区自治首先强调社区居民作为治理主体参与公共事务的管理，但真正的社区自治也并不意味着政府的完全退出，而是要求政府主动承担为社会服务以及在公共服务基础上的社会管理新职责，要求政府从原来的监督者、控制者的角色转变成为培育社区自主和自治提供条件的引导者和支持者的角色。

第二，社会组织培育与发展对于深化社区管理体制改革的突破口意义。社区管理体制改革的基本目标就是，使政府归位、社会自治，进而培育公民社会。北仑模式告诉我们，政府归位、社会自治的关键在于社会组织的培育和发展，而社会组织的培育与发展对于进一步深化社区管理体制改革具有突破口意义。

在社区，为满足社区不同利益群体的利益诉求，社区共同治理强调发挥政府、社区自治组织和社区居民等多元主体的力量；但是，在我国，社区自治和民主治理也仍需坚持政府主导型自治。所谓政府主导型自治，一方面，坚持社区建设和发展中的自治导向，并不否认和弱化政府的作用，相反，对政府的要求更高；另一方面，政府主导也并不表示政府行政权力的无限扩大，相反，政府要下放权力，培育社区自治组织和社区自组织的发展，形成社区与政府对社区的合作管理，并通过社区自治实现政府对社区的管理和民主治理。从这个意义上来说，政府主导型自治首先需要推动政府职能在社区的转变和归位，同时，面对社区居民多样化的社会需求和利益诉求，政府职能转变、退出和归位之后，日益增长的社会需求和利益诉求由谁来承接便成为更重要的一个问题。

面对上述问题，突破口在于社会组织的培育和发展。一方面，政府职能转变和归位需要社会组织来承接相应职能；另一方面，也只有有了相应的社会组织才能使政府职能转变和归位成为可能。因此，政府职能转变与社会组织的培育和发展是一个相辅相成和逐渐推进的过程。北仑区在社会组织的培育和发展方面已经有了很多很好的做法，例如，社区社会组织备案管理制度、企业定向捐赠税收优惠制度、福利彩票公益金项目资助制度和政府向社会组织购买服务制度、区域协商议事会制度，等等。在现有的基础上，北仑区还可以借鉴英、美、德等发达国家的经验，进一步重视社会组织的作用并加强对社会组织的财政支持和政策支持力度，形成制度化的工作机制，不断探索社会组织培育和发展的有效途径。

第三，社会组织培育与发展对于从社区建设走向社区治理的价值意义。北仑模式告诉我们，在社区建设面对居民参与不足、多样化社会需求难以满足的困境和瓶颈时，必然要求政府单向度的社区“建设”走向政府与社会合作共治的社会治理，而从社区建设走向社会治理，社会组织的培育与发展具有重要的价值意义。

从政府的角度来说，社区建设将满足广大社区居民的多样化利益诉求和需要作为政府工作的出发点和落脚点，这体现了政府提供公共服务并以民生为先的理念；同时，政府将资源下沉到社区，让社区真正有资源和有手段去为老百姓提供服务，满足老百姓的需要；最后，政府还试图通过居委会民主选举和自下而上的社区工作评议等方法，培育社区自治。

然而，总体上看，要满足社区居民日益多样化的利益需求，推动社区发展和自治，光靠政府单方面的努力已经不够，社区的发展已经遇到了居民参与不足、“你政府做得再好居民仍然不满意”、“作为政府满足居民需求平台和载体，很多工作也已经不是社区层面能承载”等一系列瓶颈问题，怎么办?

面对上述瓶颈，出路仍然在于深化民主。目前，北仑区的社区直选、社区工作准入制度、培育社会组织等方面都已经有了很好的探索，为进一步深化民主提供了基础。社区自治和民主治理不只是居民参与居委会的民主海选，也不是选举后居委会组织几个人的自治，不只是社区活动居民参加，也不是政府单方面提供服务居民被动接受，更不是作为单个个体居民的生活实际问题的反映和解决，社区自治和民主治理的载体首先是组织化的居民，是公共利益诉求的表达和满足，需要社区居民对公共事务的管理和参与。从这个角度来说，深化社区自治和社区民主治理首先需要培育和发展社会组织，让居民有机会组织起来，并通过组织的渠道表达公共利益诉求，参与公共事务的管理，在参与公共事务管理过程中，实现自我管理和自我服务，并最终形成与政府在社区层面的合作治理。

五、讨论与结语

北仑模式不仅展示给我们基层社会管理创新的诸多经验，同时它还带给我们许多启示。北仑基层社会管理创新实践首先迈出了社会组织培育与发展的第一步。但是，对于北仑的进一步发展，我们不得不问，社会组织的培育与发展到底在多大程度上实现了公民民主参与公共事务管理的价值目标？抑或社会组织的培育与发展仍然停留在为社区减负、帮助政府解决社会管理难题等工具目标上？政府与公民社会之间的平等合作伙伴关系到底在多大程度上得以实现？

从工具目标来说，社会组织的培育和发展不仅帮助政府在基层社会管理中解决当前社区建设和社区管理、社区服务中许多问题的一个有效途径；从价值目标来说，社会组织的培育和发展也是满足公民日益增长的多样化利益诉求，满足公民参与社会公共事务管理的政治诉求，推动社会自治和民主治理的一个必经途径。从这个角度来说，不论是工具目标，还是价值目标，对于北仑来说，社会组织的培育与发展都还有很长的路要走。

（原载《中共宁波市委党校学报》，2011 年第 6 期）

嵌入与吸纳：基层社区建设的双向互动模式

——深圳市南山区和谐社区建设制度创新研究

唐　娟
（深圳大学当代中国政治研究所）

一、引　言

深圳市南山区地处深圳经济特区西部，东临深圳湾，西濒珠江口，南连香港，北连东莞，和珠海、中山隔海相望，是将香港、深圳、东莞、广州联系在一起的最重要的一个枢纽。辖区总面积 182 平方公里，下辖 8 个街道 98 个社区。全区总人口 138 万人，其中户籍人口 38 万。在中国改革开放的历史画卷中，深圳市南山区拥有浓墨重彩的一页。1979 年，中国改革开放的第一声炮响在南山区蛇口打响，中国第一个工业区在这里建立，“时间就是金钱，效率就是生命”的新型价值理念从这里首倡。

城区建立之初，深圳市将其发展目标定位为工业区和危险化学品储存区，这表明南山区初期的经济结构是以含有大量劳动密集型企业的第二产业为主导的，这导致大量外来劳动力的进入。20 世纪 90 年代中期以后，南山区逐步提升城区发展的目标定位，转换产业结构。《深圳市南山区分区规划》将南山区定位为“全市重要的高新技术产业、现代物流业、旅游业及教育科研基地，生态良好、环境优美、设施完善、富有特色的生态海滨城区”。经过近 30 年的发展，南山区已经成为深圳市经济社会发展的强区、重区，深圳市的四大产业基地——高新科技产业基地、现代物流基地、旅游业基地、教育科研基地均在南山区。2006 年，全区 GDP 总量已经超过 1200 亿元人民币，人均 GDP 已近 2 万美元。到 2007 年，南山区 GDP 达到 1414 亿元，人均 GDP 达到 14. 92 万元，辖区税收总规模达到 193. 4 亿元，地方财政一般预算收入达到 29. 07 亿元，成为一个市场体系完善、产业高度发达、人民生活富足的现代化海滨城区。

但是，南山区依然面临着经济结构继续转型和市场经济高速发展所产生的共性问题，与此同时，还面临着其作为一个巨大的移民城区所产生的个性问题。发达的市场经济既促进了南山区公民社会的发展，也引发了大量新的社会矛盾，其中，比较突出的有三大公共纠纷：劳资纠纷、小区物业管理纠纷、市政管理纠纷。这些矛盾纠纷都直接涉及民生问题，常常引起基层社会秩序失范。

与此同时，传统的单位制的社会整合功能日益式微，而住房体制改革使传统的社区功能发生根本变化，日益成为社会成员生活和利益维系的新的公共空间，这使得社区在政治管理和行政管理中的重要性日益彰显。南山区委、区政府从夯实执政之基、强化基层基础、汇聚力量之源的角度出发，从 2001 年起，逐渐把执政依托和管理重心转移到社区，凭借其公共权威优势创新基层社会整合方式，在向社区嵌入公共资源的同时，又吸纳来自社区居民的公共参与热情和政治智慧，政府与社区在互动、博弈的过程中逐渐搭建起新的相互信任网络，及时消解新出现的社会矛盾，实现利益共赢。2007 年，理论界开始以“南山模式”的术语概括这些制度创新举措。2008 年初，“南山模式”获得了第四届“中国地方政府创新奖”，它的一些重要的制度实践经验目前正在被其他城区、城市复制和学习。

南山区所凸显的问题具有一定的先兆性，它们很可能就是中国未来经济社会发展后会出现的问题，包括：如何应对经济转型和高度发展后的城市社会治理，如何巩固国家政治的合法性基础，如何提高地方政府的行政能力，如何保护公民的合法权益，如何保障公民利益诉求的有序表达及其公共参与，如何提供祥和的基层生活秩序，进而如何促进经济社会的进一步发展，等等。因此，解析“南山模式”制度创新的背景与过程、内涵和实质、属性和特点、创新绩效和依然存在的问题等及其对国家政治秩序建设的意义，显然既具有理论价值，也具有实践价值。

二、制度创新的现实背景：南山区情与基层秩序失范的表现

南山区社会经济发展是中国近30年改革发展的一个缩影。观其现状，有四个特点：一是社会分化特别突出；二是社会结构特别复杂；三是社会要素特别活跃；四是利益关系特别复杂，主要有四对关系：贫富关系、劳资关系、本地人与外地人的关系、本国人和外国人的关系。正是由于如此复杂的社会利益关系，南山区在新世纪以来进入了多元化的矛盾凸显期。其中，比较突出的有三大矛盾：劳资纠纷、市政建设纠纷和物业管理纠纷。这三大矛盾基本上都直接涉及民生问题。

（一）劳资纠纷

1979年9月5日，南山区蛇口招商局与香港宏德机器铁工厂签订合资经营中宏制氧有限公司的协议，新中国第一家外资企业就此诞生，自此，不但所有制结构有了质的变化，一种新型劳动关系也随之产生，劳资双方的矛盾便如影随形。到新世纪初，深圳产权市场97%以上都是非公有制企业，劳资冲突明显增加。2001年，深圳劳动仲裁部门受理劳动争议案件数为6436宗。2004年，这一数字上升为11395宗，增长77%。[1] 在南山区，2004年之前，社

1.《化解劳资冲突中构建和谐社会——深圳建设和谐劳动关系纪实》，载《工人日报》，2005年4月29日。

会矛盾的上访案件中70%是属于劳资纠纷。南山区区委书记叶明辉对此感慨："一些无良的老板一看经营不下去了，把工厂一撂、把工人一撂就跑了，留下一堆问题由政府焦头烂额去处理。"[1]

由于劳资矛盾产生的背景复杂，解决难度很大。稍有不慎，简单的劳资纠纷便有可能演变为急剧的社会冲突。而要从根本上解决劳动者权益保护问题，必须发挥政府的作用，政府扮演着权威公正人的角色，通过立法，加强管理、调解劳资双方的矛盾，使整个社会趋于公平、稳定。[2]

但与此同时，房地产和物业管理纠纷、市政管理纠纷却在上升，其共同的特征是市民维权与城市管理之间的矛盾。尤其是以业主维权为特点的新型社会矛盾在区特别突出，引起基层社会秩序失范。

（二）房地产和物业管理纠纷

从上个世纪90年代末，南山区的房地产业的发展进入了一个新阶段。但由于土地拍卖、招标、挂牌交易等出让和转让方式不够健全和完善，增大了房价中的土地成本，土地交易没有完全按照市场化、法制化的原则来运行，一些房地产开发商的虚假造势，提供了不可靠的购房参考信息，误导消费者，由此引起的房地产投诉纠纷不断。此外，一些住宅区因附近工厂污染，造成业主长期上访。

2003年，有人在分析近年来深圳特区内的房地产纠纷时，总结出这种纠

1. 摘自中共南山区委书记叶明辉在深圳市南山区城市社区和谐治理制度创新学术研讨会上的发言，2007年7月29日—30日。
2. 南山区委、区政府应对劳资纠纷的措施包括：（1）全面推行企业欠薪预警机制。（2）开辟绿色法律援助通道。（3）开展打击恶意欠薪执法协作工作。（4）实施群体性欠薪行为举报奖励制度。（5）指导办事处开展劳动合同签订情况大检查。（6）快速、准确处理重大劳资纠纷。（7）全面推广劳动合同制度和集体协商制度。这些制度运行的结果是，从2004年下半年开始，劳资纠纷的总规模受到了控制，纠纷数量开始有所下降。2007年1—6月，全区劳资纠纷1274起，仅占全市的2.93%。社会治安明显好转，维稳及社会治安综合治理目标考核连续三年全市第一。

纷呈现从东到西纠纷递增的特征，“从盐田区开始往西，罗湖、福田、南山，一个区比一个区的纠纷多。”其中，“南山区的业主年轻人多，公司职员多，一次置业人多。他们冲劲足，团结。但他们没有背景，一切只能靠自己也习惯了靠自己，因此，南山永远也不会像罗湖一样出现青天式的人物。南山的纠纷也是深圳最多的区。南山业主基本没有背景，他们遭受纠纷以后，只有引起各方注意后才能得到解决，南山开发量全市最大，这也致使南山纠纷越来越多，解决方式越来越激烈。”[1]

而随着房地产和物业管理行业的发展，物业管理纠纷也迅速增多，其中，房地产开发商、物业管理企业和业主委员会在发展过程中都暴露出不少问题。

其中，开发商的问题主要体现在：规避国务院《物业管理条例》中的有关规定，逃避其应负的法律责任。如《物业管理条例》第21—31条规定，开发商必须对住宅小区进行前期物业管理，移交住宅楼盘开发建设的相关资料和物业管理用房，并按照规定承担住宅保修期内的保修责任。但开发商由于利益的驱动和法律约束的欠缺，不按法律法规规定履行义务。这主要表现在：

（1）不按规定提供业主委员会办公用房。如鸿洲新都小区开发商不按规定提供物业管理用房和业主委员会办公用房，导致管理处和业主委员会在架空层办公。

（2）不按规定移交档案资料。如西海湾花园业主委员会多次要求开发商提供小区全套建设资料，但开发商迟迟不交，导致业主委员会多次上访。

（3）工程质量问题不及时维修。如祥祺花园因外墙渗水、楼板开裂、砌体砂浆强度不够等问题，引发业主上访。

（4）延期交楼。如蛇口星海华庭因开发商资金问题，不能如期交楼，导致准业主近200人上街游行，围堵区政府大门，要求区政府为他们解决问题。

（5）延期办理房产证。如凯丽花园因开发商延期办理房产证，导致业主

1.《2002年深圳地产纠纷特点剖析》，http: //html. szhome. com/00/049/3863/493863. htm。

委员会引领业主游行，并最终催生2003年区级人大代表竞选风波。

（6）签订的销售合同内容不清。如钰龙园B座业主因开发商就电梯大堂应设在一层还是负一层，以及大堂出入口紧靠地下车库出口存在严重安全隐患等问题发生争议，导致150多名业主多次集体上访市区政府，并围堵市委大门的事件。

（7）不按规定划拨公共设施维修基金。直到2007年8月之前，深圳市普遍存在着开发商不按规定划拨小区公共设施维修基金的现象，房屋“养老金”无从着落。目前一些楼盘已经接近维修期，如何出资维修是小区物业管理的重大隐患。

此外，开发商侵占业主权益的情况也时有发生。如漾日湾畔小区开发商存在着擅自更换物业管理公司、更改小区绿化、道路及围墙施工质量进度不符合要求、一房多卖、延期交房等多种问题，业主与开发商矛盾激烈，拉横幅、喊口号、唱国歌、上路游行、围堵政府大门。

物业管理纠纷是近年来房地产纠纷的新形式，纠纷发生的频率逐年上升。从南山区信访局提供的数据来看，近年来南山区关于物业管理小区的信访量一直居高不下。

表6 近年来南山区涉及物业管理的信访案件有关信息表

年份	全区信访案件总数	涉及物业管理的信访案件									
		总数		其中							
				涉及开发商		涉及物业公司		涉及业委会		涉及其他方面	
	批次	批次	占全区比例	批次	占物业信访比例	批次	占物业信访比例	批次	占物业信访比例	批次	占物业信访比例
2003	1188	426	35.86%	136	31.93%	131	30.75%	124	29.11%	35	8.22%
2004	1516	565	37.27%	233	41.24%	186	32.92%	98	17.35%	48	8.5%
2005（1—9月）	1440	700	48.61%	310	44.29%	253	36.14%	116	16.57%	21	3%
合计	4144	1691	40.8%	679	40.15%	570	33.71%	338	19.98%	104	6.15%

资料来源：南山区信访局，数据只包括到区政府上访的情况。

表6显示，自2003年开始，在小区信访案件中，涉及开发商和物业管理公司的信访量和比例都在逐年迅速上升。物业管理小区的矛盾纠纷已经成为影响社会稳定和社区和谐的一个重要因素。

小区业主与房地产商、物业管理公司、业主委员会或者地方政府主管部门间的矛盾纠纷的表现形式主要有四种：一是集体上访，二是重复上访，三是越级上访，四是采取破坏性手段或暴力行为上访。近年来南山区小区业主上访方式统计见下表：

表7 近年来南山区小区业主上访方式统计

年份	集体上访		重复上访		越级上访		采取破坏手段或暴力行为上访	
	批次	人次	批次	人次	批次	人次	批次	人次
2003	31	852	81	338	14	121	15	225
2004	38	1801	94	217	11	103	18	1410
2005（1—9月）	36	921	76	251	10	269	11	136
共计	105	3574	251	806	35	493	44	1771

上表显示，自2003年以来，小区物业管理中的矛盾和冲突成为基层社会秩序失范的重要表现形式，2006年上半年，南山区法院民事三庭新收案件1428宗，其中群体性纠纷案件1042宗，占73%，又其中，房地产纠纷群体性案件处于持续上升态势。因此，化解房地产和物业纠纷已经成为考验政府行政能力的大课题。

（三）市政建设纠纷

近年来，因市政建设引发的各类矛盾纠纷呈逐年上升的趋势，而且纠纷主体通常表现为群体与单位、或政府之间，涉及面广，影响巨大，极具复杂性，极易引发集体上访事件，如“南头半岛环境保护事件”、“深圳鼎太风华事件”、“西部通道侧接线环评事件”等，类似事件成为影响南山区社会稳定的不利因素。下面的案例反映了因此类事件导致秩序失范的表现形式、程度、性质。

鼎太风华是深圳市南山区一个优雅的居民小区，楼价不菲。开发商鼎太公司自2002年初开始，在属于市政路建设用地[1]的26米红线内修建花坛、喷水池、一楼花园围墙等设施，与红线外的小区环境连成一体，使小区环境看起来十分优美。

2004年伊始，深圳市政府深入实施“净畅宁工程”、“梳理行动”和“清无行动”，大力拆除违章建筑。是年4月初，首先是《深圳商报》登载的一篇文章引起了小区业主的不安，该报道说小区门口的大花坛是违章建筑，小区间的道路属于市政道路，正在以1800万元的价格招标修建。接踵而来的情况使业主喧然骚动：4月11日和12日，开发商把大花坛拆除干净；13日开始，中标者的推土机入场，转眼间，花坛和喷水池成为废墟，毗邻道路K栋一楼花园围墙被推倒，阳台离红线只有2米多。楼房市价也从当时的7000元高价迅速跌至4000多元。出行安全和噪音也成为小区业主的公共问题。而让业主更为不解的是，花坛、喷水池、红线外的围墙等作为违章建筑已存在2年多，国土行政部门在验收房屋时为什么视而不见。

业主们在愤怒中寻找对策，最后决定强行阻止修路，让有关部门来找业主，从而得到对话机会。4月15日晚，约500名业主阻止了正在连夜施工的施工队。施工队请示南山区工务局的领导，但该领导的答复没有使业主满意。于是，300多名业主走上了港湾大道，使道路受阻约3小

1. 有关该道路规划的行政决策已于1999年确定，但小区开发商在开发小区时未披露这一公共信息。

时。4 月 16 日，《深圳特区报》报道，鼎太公司因违建误导消费者、造成政府与业主关系紧张、影响施工，被深圳市规划国土局处以罚款 10 万元。但这并没有消弭业主的情绪，业主要求对当年小区道路规划的知情权。4 月 29 日，城管执法人员要求业主撤下反对修路的横幅，遭到拒绝，双方发生言语冲突，期间一业主老人受到一城管人员推搡，手受伤。该城管人员因此被众业主包围，后被街道派出所公安人员解围。当日晚间，200 多名业主到南山街道派出所和南山区委、区政府门前示威。5 月 22 日，约 200 名业主到市政府集体上访，并扯着横幅，沿深南大道机动车道游行至上海宾馆，造成交通堵塞。6 月 9 日，施工队开始修路，百余防暴警察和百余保安，在工地四周围上栅栏后，守成一圈，防备业主阻挠。当晚，约 1000 名业主走上街头，从鼎太风华步行经前海路、桂庙路游行，途中众人高呼"反对修路"、"严惩贪官"、"还我家园"等口号，并在滨海大道和南山大道交汇处堵塞四个方向的车道约 3 个小时，并堵路约 3 个小时，至晚 11 时才集体退场。6 月 11 日至 12 日，约有近 500 名鼎太风华的业主集体到广东省委、省人大上访，其中不少业主开着奔驰、宝马，在省委、省人大共滞留 35 个小时。6 月 13 日，业主与施工队发生激烈冲突，业主拆掉施工围板，施工人员与业主发生群殴。16 日，6 名业主被传讯，3 名被拘留 15 天。此后，鼎太风华业主维权风波渐息。

总之，劳资纠纷、房地产和物业管理纠纷、市政建设纠纷等频繁发生，重大群体性事件和信访案件进入集中高发阶段，个体自发行动转向集体有组织行动，市民维护单纯的经济权益转向维护社会政治权益，市民对行政事务的知情权和对政府决策的民主参与权要求越来越高，这些都是南山区在社会转型期所面临的新情况、新问题。这使南山区委、区政府深刻地认识到，基层民主快速发展，传统的领导方式正在失去权威，原有的管理模式必须加以改革。另一方面，在处理不同的社会矛盾时，南山区委、区政府认识到：政府的决策权力与公民的民主权益之间，一旦出现分歧，需要沟通而不是较量，需要对话而不是对抗，必须用民主的方法在法律的框架内解决问题。

三、制度创新的过程和内容

（一）公共权威资源嵌入社区：自上而下

1. 南山区社区基本情况

南山区共有98个社区工作站，其中农城化社区28个。98个社区全部设立党组织，其中社区党委3个，社区党总支12个，社区党支部83个，社区党组织书记与社区工作站站长"一肩挑"的89名，社区党组织负责人中具有大专以上学历的有63名。全区组织关系属区委管辖的街道社区党员总数为7431名，另外还有居住在南山区而组织关系不在南山区的党员10191名、驻社区单位组织党员19402名。全区共有住宅区504个，具备成立业主委员会条件的小区349个，其中已成立业主委员会的218个，未成立业主委员会的131个；全区共有楼栋4922幢（不含农城化社区原村民私人住宅），配备了1330名楼栋长，其中193名公职人员。

2. 制度创新的四个阶段

南山区和谐社区建设制度创新起步于上个世纪90年代末，共分为四大阶段。

第一阶段，健全组织、完善制度阶段（1998年底—2001年6月）

从1998年底开始，南山区对原有的社区管理体制进行新的探索，进入健全基层组织、完善各项新制度阶段，采取各项措施推进基层社区组织建设。在制定措施之前，南山区政府对街道社区党建、社区体制改革、人口管理体制改革等进行了调研，挖掘出了和谐社区建设面临的几个主要问题：一是基层组织建设问题，主要是居委会设置和管理混乱的问题。二是居委会人力资源管理中存在的问题。三是居委会建设的规范化问题。

为解决上述社区自治组织建设过程中存在的问题，南山区委、区政府采取了以下几项措施：①统一规划，以街区、道路以及人群特点为主要标准，调整了各个居委会的管辖范围及其职能设置，协调居委会的管辖范围与公安派出所的管辖范围，规范各职能交叉点，初步建立了完善的基层组织体系。②在全市率先实行区直机关与居委会挂钩结对，各挂钩单位发挥各自的职能优势，积极帮助居委会解决实际问题。同时，推进新型基层工作队制度，大规模开展居委会人员培训。③推行以“四民主两公开”为主要内容的基层民主建设，修订居委会政务财务公开制度、干部岗位目标责任制、居民民主评议制度、干部廉洁制度等规章制度36个。④实施“青少年文明工程”、“普法工程”、“科普工程”等十大文明工程，建立全区三级文化工作网络，制定《南山区创建文明社区标准》。⑤以培育“家园意识”为目标，实行出租屋和暂住人口“常住化”管理，落实出租屋业主管理责任制，分层次对单身租住户实行重点管理、公开管理与秘密管理相结合，实行责任区民警负责制，确保管理到位。

上述措施取得的绩效主要表现在：健全了基层组织，调整和规范了居委会的设置，落实居委会办公场地、经费及人员配备等一些基本问题，居委会组织建设得到加强。

第二阶段，规范管理、优化服务阶段（2001年7月—2003年底）

2001年7月，深圳市委、市政府以南山区为全市社区建设试点，进行基层管理体制改革。以此次试点为契机，南山区建立了“社区优先建设”战略，以强化社区管理、优化社区服务为重点，稳步推进社区建设。开展了基层经费管理、基层管理体制改革、农城化改革后存在的问题等调研，主要解决了以下几个问题：一是社区资源整合问题，使全区资源力量向基层社区倾斜。二是社区党组织建设问题，消除党建“盲区”。三是城市管理问题，创建“生态南山”、“绿色南山”和“平安南山”。

在此阶段，南山区政府所采取的措施主要包括以下几项：①开展社区建设试点工作，实行“居改社”改革。根据有利于服务管理、有利于社区自治和有利于社区资源共享的原则，并考虑地域性、居民认同感和归属感等社区构成因素，在保持原街道办事处行政区划的基础上，以分布管理为前提，保证管辖范围的整体性，防止交叉管理，合理调整居委会规模，以调整后的居委会辖区作为社区地域命名社区居民委员会[1]，并统一社区工作标准。②加强社区党组织建设，实现了“一社一支部”的目标，街道一级建立了党建工作协调委员会，各街道党工委加强社区流动党员的管理，成立了相应的流动党员党支部。③按照“统一预算，费随事转，落到基层，实现低成本、高效益”原则，加大社区建设经费投入，并实行统一监督管理。④整合社区资源，将社区居委会、安全文明小区、物业管理、无毒社区、辖区警务进行“一体化”管理，在街道设立社区服务中心、社区居委会实行“一门式”服务。

通过该阶段的努力，南山区社区建设试点工作得到了广东省和深圳市两级政府的肯定。2003 年 8 月，全省社区建设暨“星光计划”工作现场会在南山区召开，会议肯定了南山区社区建设的经验和做法，并在全省推广。

第三阶段，全面开展和谐社区建设阶段（2004 年初—2006 年底）

在这一阶段，南山区调整了全区社会经济发展的战略目标，以落实科学发展观、建设社会主义和谐社会为统领，确立了建设和谐南山、创新南山、效益南山和最适宜创业发展安居的现代化海滨城区的目标。围绕该目标，2005 年，南山区就基层建设问题开展了专题调研，并按照广东省提出的“管

1. 南山区将原有的 111 个居委会整合为 80 个社区居委会（以后根据城区发展需要又增设了 18 个），形成了大社区、大党建、大服务的格局。同时，根据社区的不同功能，将社区划分为不同类型：以政府开发的或以房地产商开发的大型住宅区为主的“住宅性社区”；以农村城市化后的原村民居住区为主的“农转居型社区”；居民区和商业区混合的“混合型社区”等等。保证每个社区有一个社区服务站，一个社区康复中心，一个社区文化广场(公园)，一个图书馆，一条文明建设示范街（路、巷）。

理好、自治好、服务好、风尚好、环境好、治安好”平安和谐社区建设标准，全面开展和谐社区建设。

该阶段的主要做法包括：①在全市率先实现“居站分社”。在各社区居委会设立了社区工作站，构建由社区工作站承担政府管理、服务职能，社区居委会履行自治职责的工作新格局。②创新群众利益诉求表达渠道，建立起人大代表与居民群众的沟通桥梁。2003 年，招商街道设立人大代表工作室，以创新人大代表接访窗口为突破口，逐步形成了接访[1]、走访[2]、约访[3]、代表全面参与、人大代表联络员专门跟进[4] 等五种行之有效的工作模式。③实施社区干部人才“升级、优化、替代、置换和储备”五大战略，开展“大规模、全方位、多层次、高水平”的全员培训。④探索社区司法信访工作模式，建立司法所与信访办合作办公制度，建立社区法律工作站和基层调解组织，推动信访工作进社区、进企业，通过运用“行政调解、司法调解、人民调解”三

1. 代表接访制度的内容包括如下七个方面：①公示接访代表信息，包括代表照片、姓名、单位、职务、联系方式等公布在公示栏中，以便居民了解和联系代表以反映问题。②在街道社区服务中心设立居民意见箱，设置代表电子邮箱，居民可通过意见箱、电子邮箱随时向代表反映意见。③公示代表接访日活动安排。年初召开代表座谈会，商定代表接访年度安排表，并在每次接访活动前一周在《蛇口消息报》和蛇口电视图文台发布公告，公布接访时间、地点、参加接访的人大代表姓名、人大代表联络员姓名及其电话等，做好接访的各项准备工作。④代表定期定点接访居民。每月最后一个星期三下午，安排两位人大代表（并安排专人协助代表）在街道社区服务中心接访居民群众。对于现场能够解答的问题，代表当场答复；对居民反映的各种问题都进行笔录，代表在《人大代表接访登记表》签署处理意见。⑤接访事后督办。接访日后，街道人大代表工作室根据代表的处理意见，填写《招商街道人大代表接访交（转）办件》，将群众反映事项交街道有关科室承办，一般在 10 个工作日内将办理情况报人大代表工作室。由代表工作室将办理情况反馈给来访人，并及时征求他们对办理情况的意见。⑥设立人大代表工作室公函。对于居民反映的代表自身无法解决的问题，由人大代表工作室分类登记，按照代表签署的处理意见，填写《招商街道人大代表工作室公函》，发往相关部门协调解决并在一定的期限内给予答复和处理。代表工作室再将处理结果及时反馈给接访代表和来访人。⑦创办代表工作简报。接访后，由人大代表工作室对居民反映的问题进行汇总，以简报的形式向人大代表和有关单位通报有关接访情况和接访事项处理结果，同时将代表的其他活动和有关信息编入简报。
2. 代表走访制度的内容是：在走访日当天，组织辖区的全体人大代表回到各自选区，了解社区工作情况，走进居民家庭，视察社区环境，尤其对一些重点人群、老上访户进行重点走访。
3. 代表约访制度的内容是：人大代表工作室在电视、报纸等媒体上公布工作室联系电话、联系人、电子信箱，由代表联络员随时接待来访居民群众，记录所反映意见转交有关代表，并视情况需要为来访人约见代表面谈。
4. 招商街道人大代表工作室配备了 1 名专职联络员，属于公务员编制，此外还配备了 1 名兼职联络员，同时在 11 个社区工作站设立人大代表联络员。人大代表联络员作为人大代表与居民沟通和联系的纽带，既帮助代表收集居民意见，又负责为代表深入社区联系居民提供服务和帮助。

级调处机制，把绝大多数信访问题解决在基层、化解在萌芽状态，同时，把人民信访与人民调解相结合、把矛盾排查与矛盾化解相结合、把信访救济与司法救济相结合、把法制教育与法律约束相结合。⑤创新社区服务机制，推行政府购买社会服务。南山区 15 大项公共服务项目采取了政府“购买服务”形式，该经验被广东省民政厅推广。

第四阶段，提升品质、树立品牌阶段（2006 年下半年至今）

在该阶段，南山区委、区政府在全面回顾和总结前三个阶段的社区建设经验教训的基础上，对全区 98 个社区进行了专题调研，形成了 11000 多字的调研报告，就社区的不和谐因素概括出 37 个问题，并提出了 30 条对策。

具体做法包括：①创新组织机构，成立了区和谐社区建设领导小组及办公室，由区委书记领导，副书记专管。设计了创建“六好”、“十无”、“两满意”[1] 平安和谐社区的指标体系及平安和谐社区建设“三年行动计划”。选择 8 个社区作为创建和谐社区的示范社区。②初步建立了具有南山特色的和谐社区建设工作体系，出台了“1 +6”文件体系，从工作目标、工作任务、部门责任、工作步骤、落实措施、评价标准以及工作载体等方面，对和谐社区建设问题进行了系统的阐述和规范。③扎实推进社区党建工作创新。按照南山区委实现社区党组织、党员管理和服务、党员作用发挥“三个全覆盖”要求，各街道、社区创新社区党建工作机制，切实把党组织建到基层各角落。④强力推行携手共建和谐社区“十百千万行动”。2007 年 3 月，南山区和和谐办印发《关于在全区开展携手共建和谐社区“十百千万行动”的通知》，开展“十百千万行动”。⑤构建社区和谐文化，做到“一社区一特色，一社区一亮点”。各街道突出地域特点、突出人群特点，以文化引领和谐。如粤桂社区着力于校园文化和本土文化的交融，创造性地把校园文化与社区文化结合起来，

1. “六好”：班子好、自治好、风尚好、邻里好、环境好、治安好；“十无”：楼栋无矛盾、邻里无纠纷、群众无上访、小区无火灾、校园无违法、青年无吸毒、卫生无死角、生产无事故、交通无违章、居民无邪教；“两满意”：社会各界满意、居民群众满意。

把社区建设成为“大学生文化园”，北头社区兴建了村史陈列馆，成为村民“致富思源、富而思进”的思想教育基地。花果山社区根据老年人多的特点，建设以“孝行天下”为主题的文化园，受到居民群众的好评。

（二）以制度化渠道吸纳民间参与

南山区在和谐社区建设过程中，除了公共权威资源自上而下嵌入社区、综合民意和表达民意之外，来自民间的自下而上的利益表达渠道也正在由非正式制度转变为正式制度。其中，月亮湾片区由社区业主担任工作人员的“人大代表联络工作站”即具有这种制度探索的意义。

月亮湾片区人大代表联络工作站的建立与该片区的公共环境问题密切相关。月亮湾片区地处深圳市南山区南山脚下，与深圳市重要集装箱码头妈湾码头紧密接壤。片区内有月亮湾花园、月亮湾山庄、太子山庄、南山花园、山海翠庐、山水情、观峰阁、丰泽园、青青山庄、太子苑等12个住宅小区，5万多居民。由于历史原因，月亮湾片区存在大量污染工厂，同时由于其位于蛇口、赤湾、妈湾三大港口的疏港大道旁，随着近年来社会经济的日益发展，月亮湾片区成了一个集交通、污染、治安等多种难点问题于一身的问题社区。由于片区内居住环境的日益下降，片区居民不满情绪日益加深，多年来与周边工厂企业纠纷不断。但是，由于地处偏僻，社区外来人口多，群众有问题政府有时因客观原因不能全面了解，解决矛盾有时不及时，导致部分居民曾爆发过比较激烈的集体行动，加剧了社区问题的复杂性。2002年5月，获悉原位于西丽的垃圾发电厂将搬迁到月亮湾附近，当地居民反应强烈，自发组织起来进行抵制，演化出了上访、明文抗议等对抗行为。南山街道办通过发动当地的人大代表到社区居民当中，了解情况，通过人大渠道向有关政府部门反映问题，加强政府部门与居民的沟通等措施，多方开导，颇费周折才平息了事件。

2002年底，出于解决社区内各种公共问题的需要，借鉴当年5月份人大代表在参与解决片区问题、沟通居民与政府部门、反映片区问题的成功经验，在南山街道办的支持下，以荔湾社区居民敖建南为首的5名热心人士当上了义务联络员，开始以月亮湾片区“人大代表工作站”的名义开展公益性活动。其主要功能是加强社区居民、人大代表、政府部门之间的沟通，将社区居民的意愿反映给人大代表、政府部门，利用本社区人大代表的作用，向有关政府部门开展工作，以使政府部门决策有利于社区居民。同时也向居民传达政府部门的信息，帮助政府部门做社区居民的工作。

自从以月亮湾片区“人大代表工作站”联络员的身份开展活动以来，以敖建南为首的联络员就社区内普遍反映的公共问题，经常到社区、居委会、物业管理处约见走访群众，认真听取群众的意见和建议，对群众所关心的热点、难点问题及时转交给人大代表，乃至政府的相关部门；并组织有关部门及人大代表多次视察现场，拓宽履职渠道，为人大代表知政、督政创建平台。在联络员的多方奔走下，“工作站”做了大量的工作，为居民解决了诸如道路交通、治安治理、环境保护、社区规划等等大量问题，取得了明显的成绩，得到了各方面的认可。到2005年4月25日，南山街道办给“工作站”正式挂牌，作为街道办“人大代表工作室”在月亮湾片区的延伸，由敖某担任“工作站”的站长。此举得到了南山区人大的默许。南山街道为其提供了办公场地、设施，联络员也增至13人。与此同时，一套较为完善的“工作站”制度规范也逐步建立了起来。

工作站实行站长负责制，13名人大代表联络员轮流值班，全天候向月亮湾片区12个住宅区的所有业主开放，业主可以随时前来叙说问题，也可以通过电话、传真、邮件等方式反映问题。工作站的责任包括：每月组织人大代表和居民交流；受人大代表委托把社区内一些公共问题提交政府职能部门解决，并追踪、督察办理进度；针对热点问题、重大问题，组织业主并联络有关组织、政府有关职能部门、公共舆论部门以及学术部门进行讨论协商，促使问题妥善解决。

2008 年 1 月，深圳市南山区以其在和谐社区建设中的制度创新举措，赢得了第四届“中国地方政府创新奖”，其中“人大代表工作站”是制度创新的重要内容。此后，深圳市和广东省两级人大常委会对人大代表工作站给予了高度肯定。2008 年 4 月，深圳市人大及六区人大在人大代表工作站创始地南山区召开会议，向全市推广人大代表工作站制度，市人大于 5 月完成人大代表工作站推广方案，6 月正式开始实施，每个区至少建立一到两个人大代表工作站。每个工作站设联络员一人，由居委会、社区工作站或业主委员会人员兼任，联络员属于义务工作，没有津贴。另外，市人大要求人大代表工作站必须对群众开放，而且每两个月至少集中接访群众一次；市、区人大常委会要定期举办询问会，或集体约见政府见面会，由代表向政府机关了解情况，不过，代表和联络员不直接处理问题。深圳市人大常委会的这一决定，是“人大代表工作站”制度发展历程中的一个质的飞跃。这标志着一个以新兴业主群体和业主组织为社会基础的、新的公共空间正式被纳入现行体制。

（三）小　结

深圳市南山区通过近十年的社区建设探索和制度创新，已经确立了“一个模式”、“两大创新”。一个模式就是“党委统筹、政府主导、双向互动、多元共治”的治理模式。所谓“党委统筹”，是指社区建设是在区委的统一规划、统一部署下展开的，体现了党对基层社会秩序的政治整合功能和策略。所谓“政府主导”，就是发挥政府的行政主导作用，加强政府的行政执行力。所谓“双向互动”，就是政府与社区居民之间的自上而下和自下而上的沟通、协商。所谓“多元共治”，即多种主体相互依存、公平竞争，创新多种方法在多种社区中共同发挥作用。

"两大创新"是指：第一，在社区内实现党对社会的领导方式创新。自2001年以来，具体采取了如下新的制度举措：实行党员属地化管理；党员和公职人员挂点社区；实行社区党建"三个全覆盖"；构建党员"四个负责"机制；实行携手共建和谐社区的"十百千万行动"。在这些制度创新中，最重要的就是让党员站出来代表社区居民的利益。第二，在社区内实现人大代表履职机制的创新。南山区于2002年创建了南山街道月亮湾片区人大代表工作联络站、2003年创建了招商街道人大代表工作室。联络站聘用热心公益的业主担任人大代表联络员，搜集社情民意，受代表委托对社区内的一些公共问题进行调研，通过代表形成提案，提交政府职能部门，并跟踪办理进度。工作室由区人大和街道党工委安排人大代表定点定时接访、走访社区居民，及时转办居民反映的问题。人大代表工作室和联络工作站，已成为南山区居民利益表达的一项基础性制度。

在上述制度创新的推动下，近年来，南山区的城区面貌、环境质量和公共服务水平均得到了极大改善，社会更加安定祥和。特别是各类矛盾纠纷自2005年以来逐年下降，连续三年获得深圳市维稳综治考核第一名。2007年6月，南山区委、区政府委托深圳大学对8个社区的居民进行和谐社区满意度调查，居民满意度平均达87.07%。

四、南山区制度创新的特点和启示

南山区和谐社区建设制度创新的历程是政府与社区双向互动、建构合作型基层秩序的典范，它的形成体现在一系列典型的地方故事中。其一系列建设制度创新的亮点和重要特征是：一方面，将体制内的组织资源"嵌入"到社会，实现社会服务与治理的网络化；另一方面，将体制外的资源"吸纳"到体制内释放，实现各种自主参与的有序化。具体体现在：它是执政党开发基层执政资源、实现社会再整合的新机制，它为基层人民代表大会制度的有效运行、从而推动人民民主的发展提供了操作层面的新经验。

南山区的制度创新历程也同时表明，随着“发展机遇期”利益的快速分化组合，各种新形态的社会矛盾将不断出现。如何有效应对这些矛盾和问题，关系到党的执政能力和社会主义和谐社会的建设，也是各级党委和政府面临的一个十分紧迫的现实问题。除了继续发挥各级党委和政府的政治优势、组织优势之外，在社会矛盾化解和处理应对的思路、体制和机制上也亟须进一步丰富和调整。要更加重视公民社会的建设，充分发挥社区力量在社会矛盾应对过程中的重要作用，从而构建起政府—社会合作共赢的新的政治整合与社会（社区）治理模式。

具体来说，南山区的制度创新在党对社会的领导方式改革、人大代表履职制度和社区治理发展三个方面提供了理论研究价值和制度实践的启示：

（一）创新党对基层社会的领导方式，是新的时代背景下巩固政治合法性基础的根本保障

传统党建中党的领导的实现，在很大程度上是依赖“资源高度垄断的计划经济体制”和“行政一体化的单位制度”，即共产党首先把韦伯所说的两种“最基本权力”——国家行政权力和财富权力紧紧结合起来，从而在整个社会中实现党对各级各类“单位”的绝对领导地位，而后再由各级各类单位控制“单位人”的分配、户籍、档案、服务，使所有“单位人”牢牢地被束缚于各级各类单位，实现“单位”对“单位人”的绝对领导。这就是党长期采取的“党—单位—单位人”的领导模式。但是，社区建设的推进从根本上打破了党的这种传统领导格局。首先，党和单位间由于党政分开、政企分开，从而摆脱了依附和被依附关系。其次，随着“单位”功能日益下放到社区，则原先那种个人对单位的依附也随之在消减。这样，在“小政府大社会”、“单

位组织社区化”的新形势下，党在城市社区中要继续保持领导地位，无选择地只能进行领导方式的改革和创新了。

社区发展所面临的新的政治生态促使各地社区党组织的领导方式在诸如领导手段、组织形式、活动载体、工作内容、工作形式等问题上寻求创新。但这仅仅是问题的一个方面。在另一个方面，我们更要注意到党在社区中领导方式的创新必须在与社区互动过程中，即在促进社区健康发展的前提下探索社区党的领导方式的创新，而决不能损此益彼。

构建社会主义和谐社会，正确处理利益关系，化解社会矛盾，重心在基层，最终也要落实在基层。这就真正把党的意思贯彻到每个党员身上需要发挥基层党组织凝聚人心、推动发展、促进和谐的作用。党的基层组织是党对构建社会主义和谐社会实施领导的重要载体。化解各种社会矛盾接纳群众利益诉求等大量社会管理工作都在基层，党的凝聚力和战斗力最终要落实到基层组织和个人身上。革命战争年代，我们党提出要把党组织建在连队，今天“支部建在连上”的党建经验仍然值得吸取。广大党员尤其是基层党员广泛分布在各个领域、各个行业、各个阶层和各个群体，他们置身于社区，他们不仅同各个方面的群众保持着密切的广泛联系，而且本身就是人民群众的重要组成部分，因而对广大人民群众的利益要求和各种愿望有着最直接、最真切的感受和了解。党员是防范和化解各种社区矛盾的“第一道防线”。南山区把基层党组织建到社区、楼栋，充分发挥了基层党组织的作用，强化党对基层社会的渗透力、影响力和控制力，将和谐社会、党的建设很好地结合起来。

（二）充分发挥人大代表的功能，疏通民意表达的制度管道

如今，深圳市已经在全市推广“月亮湾片区人大代表联络工作站”的模式。该工作站作为一个由热心社区公益事业的居民自发成立的民间志愿者组

织，以人大代表联络员联席机制为基础，具有接受片区人大代表委托和授权，代理人大代表履行日常的社区民情调研，收集和反映社区民意、撰写提案等职能，在化解社会矛盾、构建和谐社区、引导公民有序参与、完善人民代表大会制度建设等方面发挥了独特的作用，为民间组织如何有效参与和谐社区建设提供了有益的借鉴。“人大代表联络工作站”是民间组织积极介入社区建设的突出案例。民间组织由于其民间性、公益性、自治性、志愿性、非营利性等特征，在社区治理中具有不可替代的作用，和谐社区建设必须整合民间资源，充分调动民间组织的积极性，使其成为社区治理的重要力量。

更广泛地看，南山区人大代表履职制度创新还具有如下意义：

第一，推动了人大制度的发展。月亮湾片区人大代表联络工作站依托在人大体系下，为当地的人大代表履职做了很多服务性工作，是人大制度自我发展和完善的有益尝试，具有一定的意义。深圳市人大领导曾对此做出了积极的肯定，认为可以将“人大代表联络工作站”的经验向全国、全省推广。不管“人大代表联络工作站”的实质如何，其对于人大制度的发展意义都是无疑的。

第二，向社会传播了热心公共事业的精神。人大代表联络工作站的一个重要成绩，就是其向社会传播了热心公共事业的精神。这种传播是通过那些由普通业主担任的人大代表联络工作站工作人员身体力行向外界传播的，甚至是其直接教导的。

第三，对其他地区的启示作用。人大代表联络工作站的发展意义，超出了月亮湾片区，甚至深圳市的范围，在其他地方得到了一定的回响。2006 年上半年，南京秦淮区人大派出考察组对月亮湾片区人大代表联络工作站进行了考察，随后也建立了“人大社区工作站”，“工作站成员由区域内人大代表和片区联络员组成，通过定期召开与选民见面会、在社区设立‘人大代表联系箱’等方式，加强人大代表与辖区居民群众的联系、沟通；还将牵头组织社区内省、市、区三级人大代表及区有关部门领导开展咨询、答疑、会办活动，及时解决群众关心的热点、难点问题，并提出工作建议”[1]。

总的来说，从各个方面看来，月亮湾片区人大代表联络工作站保持目前的运作状况仍将持续下去，并且会随着社会发展日益走向开放，对外界发挥更多的外部性意义。

（三）构建合作型秩序，形成社区多元共治的新格局

南山区制度创新的经验表明，构建政府主导下的政府—社区合作型秩序、形成多元主体合作共治的社区治理模式是符合时代发展趋势的。兴起于20世纪90年代中期的治理理论强调一种多元的、民主的、合作的、非意识形态化的公共行政，重视政府和公民社会关系的重新调整，在政府—市场—公民社会三维组合中，寻求不同以往的、更为有效地提供公共服务、实现共同利益的道路。因此，治理理论指向的是政府向社会分权、鼓励并促进社会力量参与地方或社区的公共事务管理。

一方面，公共事务管理主体的多元化。政府并不是唯一的公共事务管理主体，实际上，许多社区公共服务基本上具有市场的特质，这就说明在社区层面上，公共事物的管理主体并不是单一的，而可能是多样化的。同时，由于企业、第三部门在社会服务的提供和管理上有自己的独特优势，包括创新优势、贴近基层的优势、灵活优势、效率优势等，社区公共事务管理更需要第三部门的参与。因此，社区公共事务的管理主体既可以是公共机构，企业和第三部门也可以参与进来，还可以是公共机构与企业、第三部门的合作，并因而建立政府—市场—公民社会之间的互动合作网络。另一方面，在社区公共治理的过程中，可以有效地运用多样化、混合式和局部安排等方式，从而形成以政府的行政机制为主导，企业的竞争机制和第三部门的自治机制共

1.《新华日报》，2006年7月20日，A02版。http: //xh. xhby. net/html/2006 - 07/20/content_4780778. htm。

同参与的多种方式并存的机制，以此来提升公共治理的质量和效益。

多元机制的首要体现的是政府的行政机制。这是由于某些公共事务的管理必须由政府主导，如社区行为规则、社区公共秩序等的提供，这方面企业或第三部门往往存在供给不足或失灵的情况，因此，政府是多元机制中最重要的一元。政府机制存续的重要性就在于其权威关系的运作，能够为公共治理提供制度环境，并因而形成公共治理的良好秩序，以此来调控市场竞争机制和第三部门自治机制对公共服务的有效供给。

总之，在南山区和谐社区建设的过程中，党和政府整合了各方面的资源，通过制度创新设计，统筹和协调政府与不同群体及其成员的关系等方面发挥关键作用，最终达到社会共识，使各利益群体之间的关系得到协调和规范，从而很好地维护了社会的和谐稳定。

（原载俞可平主编：《中国地方政府创新案例研究报告（2007—2008）》，北京：北京大学出版社 2009 年版）

社情民意集聚回应与社会管理创新

冯　涛（浙江财经大学财政与公共管理学院）
郁建兴（浙江大学公共管理学院）

建立健全社情民意集聚回应机制、切实维护群众权益，事关社会秩序与稳定大局，是当前我国加强和创新社会管理的重大议题。在其中，既要畅通群众诉求表达渠道，集聚社情民意，又要不断完善诉求回应体系，预防和化解社会矛盾纠纷，及时解决群众反映难题。

本文试图立足中国国情与现实，揭示民意表达与政府回应诉求的可能性以及现实中存在的问题，并基于宁波市海曙区白云街道和杭州市上城区湖滨街道的案例研究，提出政府有效集聚并回应社情民意的重要条件。

一、社情民意集聚回应的分析框架

（一）当前我国的社情民意集聚回应

在社情民意集聚回应研究中，西方学者多从选举制背景出发，倾向于将参加选举视为公众表达诉求的主要手段，并且认为，竞选压力将自然而然地促使政府及其官员关注民情，主动拉近与社会的关系。[1] 在他们看来，官员的竞选压力是确保政府听取民意，并为之做出回应的必要条件。

然而，也有研究发现，公众权益诉求表达不仅限于参加选举，选举制也并非是实现政府集聚并回应民意的唯一选项。[2] 有论者就选举制之外的政府与社会沟通可行性进行了充分论证。[3] 在这些学者看来，要让政府更好地集聚并回应公众诉求，并非一定要专注于官员竞选问题，相应的行政体制改革及治理方式创新也可提高政府对公众的回应性。[4] 相应地，在当代中国，政府通过制度设计、组织结构调整等方式，主导构筑公众诉求表达平台也有可能。但是，当前我国社情民意集聚回应领域存在着一定的制度性缺陷。有学者对信访等诉求渠道开展研究，指出这种制度安排在客观上成为国家政治认同性流失的重要渠道。[5] 在现行制度安排下，不仅利益表达者是弱势群体，处于消极、被动地位，政府方面的处境同样也是消极、被动的，甚至部分地方政府行为还因此而出现了“异化”现象。[6] 而且，如果制度性参与无法解决现存问题，就可能迫使社会力量采取“抗争性”手段来维护自身权益。[7] 在“干群博弈”模式下，地方政府也不可能置之不理，而会采取合理或者不合理的手段予以回应。在这种模式下，问题觉察及政府回应行为的消极性、被动性与滞后性特征显著。而且，利益诉求方一旦采取极端手段表达与争取利益，将对社会稳定和秩序带来冲击。此外，还有研究指出，中国事实上还存在着大量的半官方或者准官方的社会组织，[8] 但这些组织“行政

1. ［美］约瑟夫·熊彼特：《资本主义、社会主义与民主》，吴良健译，北京：商务印书馆 1999 年版。
2. Verba，Sidney and Norman H. Nie，*Participation in America* ，New York: Harper and Row，1972.
3. Kuklinski，James H. and John E. Stanga，“Political Participation and Government Responsiveness: The Behavior of California Superior Courts”，*American Political Science Review* ，1979 (4)，p. 1090 - 1099.
4. Riggs，Fred Warren，*Administrative Reform and Political Responsiveness: A Theory of Dynamic Balance* ，Thousand Oaks，London& New York: Sage Publications，1970.
5. 于建嵘：《中国信访制度批判》，载《中国改革》，2005 年第 2 期。
6. 封丽霞：《应纠正地方维稳工作中的“异化”现象》，载《学习时报》，2011 年 3 月 7 日。
7. O' Brien，Kevin J. and Li，Lianjiang，*Rightful Resistance in Rural China* ，New York: Cambridge University，2006. 于建嵘：《当前农民维权活动的一个解释框架》，载《社会学研究》，2004 年第 2 期。
8. 张静：《法团主义》，中国社会科学出版社 2005 年版，第 2—3 页。

化”色彩浓厚，它们与体制的间距较短，便于向体制内传递诉求信息，但它们往往被行政体制“吸纳”并“消解”意愿，利益表达与争取功能相对较弱。[1]

可以看到，我国实际存在着公众表达利益与政府回应诉求，但现行体制的问题与不足较为严重。十八大报告指出，要加强和创新社会管理体制机制，建立健全党和政府主导的维护群众权益机制，畅通和规范群众诉求表达、利益协调、权益保障渠道。基于这样的认识，我们试图提出新的理论假设，即政府可能通过完善制度设计以及治理体制机制的创新，畅通社情民意信息渠道，实现公众与政府的良性沟通。

(二) 新分析框架

社情民意集聚回应是政府与社会相互“博弈”与“联动”的过程。建立完善社情民意集聚回应机制，既离不开社会力量的成长和参与，又离不开政府治理改革和创新。

集聚社情民意首先离不开社会力量的成长和参与。当前，我国公民权益意识不断觉醒，并以监督、批评，甚至抗争等方式表达并维护私权，这可视之为社会进步的表现。但是，维护私权并非是公众权益诉求的全部。经济社会的快速发展催生了一系列公众共同关心的问题，即公共问题，而公共问题增多一方面可能将政府推向不可治理的困境；[2] 另一方面，也将改变社会“原子化”状态，公众不仅重视私权，而且还要关注共同话题，并经过辩论形成妥协和广泛的同意，在体制外发展出“一致”，影响政府决策。[3] 可见，在当

1. Fu, Diana, “A Cage of Voices: Producing and Doing Dagongmei in Contemporary in China”, *Modern China*, 2009 (5), pp. 527 - 561.
2. 王诗宗：《地方治理在中国的适用性及其限度——以宁波市海曙区政府购买居家养老政策为例》，载《公共管理学报》，2007 年第 4 期。
3. 张静：《法团主义》，中国社会科学出版社 2005 年版，第 13 页。

代，公众诉求内容已不仅限于因维护私利需要而产生的消极、批评声音，还包括积极的建设性意见。

集聚社情民意也离不开政府治理方式改革。除了社会主体表达利益诉求，政府也需要以比较主动的方式排查社会问题与社会矛盾，一方面，借助基层政府组织与部门，直接调动政府力量来获取民情信息；另一方面，社会协同政府治理是社会力量参与的可行路径。[1] 为此，政府需要调整自身与社会的关系，激发社区、社会组织、公民等社会力量，协同政府更加全面、准确地集聚社情民意。

集聚社情民意的最大意义在于支持政府及时处理信息，有效回应诉求，唯有这样，才能更好地激励民意表达，激发民间智慧。无疑，任何一个社会都面临各种挑战，但政府应付挑战的资源是有限的。[2] 而且，现代政府有着一定的职责边界，而非面面俱到地应付所有的问题与挑战。因此，政府首先要分类处理相关信息，以差异化方式回应不同类别的问题（如下表所示）。

表 8　社情民意类别与回应方式

社情民意类别		政府	社会
非政府职责范围内的问题。		持中立的第三者态度，除非社会机制失灵，才予以协调。	社会力量自我组织、自我协调、自我解决。
政府职责范围内的问题。	政府可与社会合作共治来解决的问题。	与社会力量开展合作。	社会力量协同政府解决问题。
政府职责范围内的问题。	本级政府可直接解决的问题。	直接由本级政府给予解决。	社会监督、评议、反馈。
政府职责范围内的问题。	超越本级政府权限范围的问题。	领导包案、机关下访，上下级政府协调、部门间联动等方式，解决问题。	社会监督、评议、反馈。
政府职责范围内的问题。	普遍存在，但无先例可循、无政策可依的问题。	列入政策议程，制定出台相关公共政策。	社会监督、评议、反馈。

1. 郁建兴、任泽涛：《当代中国社会建设中的协同治理——一个分析框架》，载《学术月刊》，2012 年第 8 期。
2. 王绍光：《中国公共政策议程设置的模式》，载《中国社会科学》，2006 年第 5 期。

这就是说，政府要恰当、有效地回应社情民意，首先需要厘清自身职责边界，根据问题性质和类属，分门别类地给予落实处理，而非包揽所有社会问题。在此过程中，政府系统内部需要进行相应的行政体制改革与创新，完善科层结构，实现不同层级间、不同部门间的沟通和协调，提高整体行政效率。同时，政府还需要在重构自身与社会关系的基础上，创新治理机制，充分发挥社会力量在回应社情民意中的积极作用。

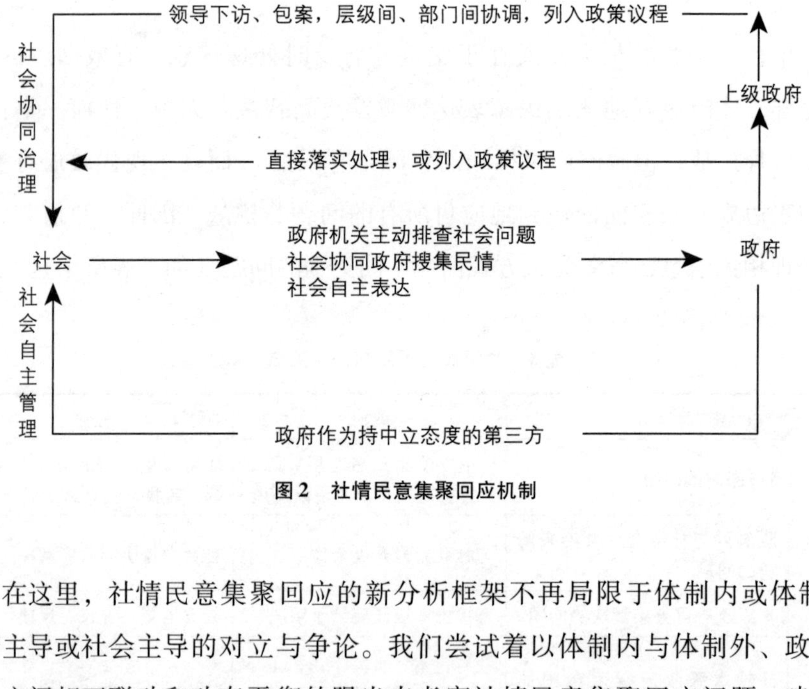

图2 社情民意集聚回应机制

在这里，社情民意集聚回应的新分析框架不再局限于体制内或体制外、政府主导或社会主导的对立与争论。我们尝试着以体制内与体制外、政府与社会之间相互联动和动态平衡的眼光来考察社情民意集聚回应问题。建立完善社情民意集聚回应机制的过程，即是社会力量成长和参与的过程，也是政府治理变革和创新的过程。那么，这样的分析框架能否在现实中得以检验？社情民意集聚回应机制的正常运转是否存在着适用条件？针对这些问题，我们将通过案例研究验证并拓展这一分析框架。

二、宁波市海曙区白云街道的案例[1]

海曙区位于宁波市中心，白云街道位于海曙区中心，总面积 6.6 平方公里，下辖 10 个社区，39 个小区，总人口 6 万余人，已完全实现城市化。伴随着经济社会转型、利益格局深刻调整，社区居民利益诉求日趋多元，需求更加多样，社会状态更为活跃，以民生问题为主要内容的社会矛盾日益增多。而且，与经济社会发展和人民生活水平提高相联系，居民的服务需求不断增长。白云街道通过建立完善社情民意接待服务站来化解日益加大的社会建设与社会管理压力。

（一）社情民意接待服务站的形成

白云街道 2008 年 6 月在浙江省率先成立了社情民意接待服务站，它是街道党工委、办事处在维稳工作室基础上，整合信访、综治、人民调解等相关职能，并吸纳了“两代表一委员”共同参与的“大信访”、“大调解”窗口平台。同时，区政法委还专门开发了社情民意信息系统软件，为受理、解决社情民意提供网上工作平台和技术支撑，支持社情民意接待服务站建设。

在建立社情民意接待服务站的基础上，2011 年，白云街道又率先启动了“组团式、零距离”服务，按照“民意传导零距离、解决落实零距离，督查评议零距离”的工作理念，从完善组织设置、整合各方力量、畅通民意渠道、构建调处机制、健全激励考核等要求出发，以组织网络、民意传导、解决整改、督查评议和满意测评等五大机制为支撑，在区域内建立起了较为完善的

1. 参看郁建兴等：《让社会运转起来：宁波市海曙区社会建设研究》，北京：中国人民大学出版社 2012 年版，第六章第二节，这里作了改动并更新了相关数据。

社情民意“收集——受理——处置——反馈”体系，组团开展“零距离”服务。

(二) 社情民意接待服务站的运行模式

社情民意接待服务站整合多元力量，通过四级体系开展社情民意接待服务。具体而言，第一级力量以 300 户居民为基本单位，由包片社工为组长，由楼群支部书记、居委会成员、业委会成员、和谐促进员、责任医生、协管员等成员组成的片区网格服务团队；第二级力量以社区为基本单位，由社区党组织书记为组长，街道联居干部、城管、律师、民警、物业、“两代表一委员”和各类志愿团队等成员组成的社区服务队。第三级力量，由街道党工委邀请与居民生活密切相关的城管、环保等部门组建成白云街道“组团式、零距离”服务团队，共同服务辖区居民。第四级力量是针对社情民意疑难杂症的定期会商制度，由区级领导定期下访基层解决问题。

社情民意接待服务站通过架设多元渠道，拓宽社情民意表达途径，主要表现在构建“一线、一网、一册、一日、一恳谈”为核心要素的社情民意收集体系。“一线”就是开通一条电话服务热线，对于群众提出的问题做到 5 分钟内响应，能即时答复的当场答复，不能当场答复的问题则明确最后答复期限或提供相关信息。“一网”是指设立一个民情在线网站，面向辖区所有群众开放，基本做到所有受理问题 24 小时全程受理，规定时限答复。“一册”即街道、社区工作人员人手一本“民情日记”手册，走访居民，了解民意、记录民情。“一日”是区级领导每季度一天到基层接访群众；街道班子成员每周六在社情民意接待服务站接待群众；街道班子每月一天开展民情分析，联居领导每个月固定一天到社区现场办公。“一恳谈”就是由街道党政班子邀请工商、环保等相关部门，每季度开展一次现场社情民意大接待活动，与居民进行面对面交流恳谈。

社情民意接待服务站还着手构建多元处置机制，确保问题有效解决。由街道党工委牵头，协调区级职能部门、辖区单位、社会组织等力量共同参与，通过三个层面解决民众反映的问题。在社区层面，由社区党委牵头，建立社区民主议事厅，定期组织召开民情碰头会——民情恳谈会——民情分析会——党群联席会，化解社区内部各类矛盾纠纷，强化社区的民主自治。在街道层面，对于较易解决的社情民意，当场给予答复、办理；对于相对复杂的意见建议，由街道联系居委会的领导包案，限期解决。对于街道无法解决的疑难杂症，则由区级领导或街道主要领导牵头，会同区级相关职能部门专题研究，包案处置。

合理的监督评议机制与责任追究机制是确保服务质量的必要条件。为此，白云街道不断完善多元督查评议机制与责任追究机制，提升服务绩效。首先建立及时反馈机制，每件社情民意都有明确的包片联户社工、责任科室和责任领导，并由专人上门将办理进程和办理结果向当事人进行反馈，随时接受居民群众的询问和质询。对于一时无法解决的问题，及时与当事人进行解释说明，取得理解。其次，建立时效督查机制，成立专门的“组团式、零距离”服务督查组，每月定期督查街道干部、社工“社情民意”走访情况和社情民意限期办结情况，并定期将督查结果向街道党工委班子和社区居民代表报告。再次，建立社会化的服务成效评价体系，成立由党代表、人大代表、政协委员、居民代表和当事人组成的义务监督员队伍，全程参与社情民意受理处置监督，通过网上评议、绩效评估等多种方式客观公正地评议服务成效。上述评议结果也是街道相关人员年度考核的重要指标之一。

（三）社情民意接待服务站的成效

自2008年成立社情民意接待服务站以来，公众反映情况更加便捷，信息反馈更加灵敏，矛盾纠纷化解更加及时，化解社会矛盾与调解社会纠纷成效显著。截至2012年底，白云街道社情民意接待服务站共收集居民意见建议587件，内容涉及交通混乱、违章搭建、小区环境脏乱、教育咨询等各方面。587件意见建议中，已经顺利解决581件，解决率达98.9%。近年来，街道呈现“两个上升”、“两个下降”趋势，即街道受理的社情民意数量、信访数量逐年上升，赴区、市信访的数量、群体性事件逐年下降，已连续4年没有发生赴省进京信访事件，街道历史遗留的信访积案全部化解。

同时，群众对街道党委政府满意度不断提高。为正确评估服务水平和成效，2011年白云街道引入第三方进行民意调查。调查结果显示，街道社情民意接待服务站成立后，96%的居民对社区服务环境、服务态度、服务效率表示满意，92%的居民对街道工作人员工作作风和工作质量表示满意，95.3%的居民对街道党工委总体工作表示满意。

2008年以来，白云街道社情民意接待服务站在密切联系群众、服务群众、调处社会纠纷等领域积累了丰富的经验，并得到包括中央政法委在内的高层党政领导人的肯定和赞赏。基于白云街道的成功经验，海曙区于2009年9月向全区推广“白云经验”，全区各街道社区先后建设了社情民意接待服务站（室），社情民意诉求及处置体系在全区范围内初步形成，并取得了显著成效。截至2012年底，全区范围内社情民意接待服务站（室）受理案件共计2467件，解决率约98%。2012年，海曙区成为宁波全市唯一的省党代会期间实现“零上访”、全国“两会”和党的十八大期间实现“零进京”的城区。

三、案例分析与分析框架的验证和拓展

（一）案例分析

相比于信访等传统维权模式，白云街道社情民意接待服务站所获取的信息不仅包括民众对政府消极、负面的意见，而且包括来自民众的积极、正面

的建议。比如在白云街道联丰社区，小区群众经由社情民意接待服务站向有关部门反映老小区消防设施陈旧，安全隐患严重，并因经费紧张而又无法及时维修或更新。该意见引起了宁波市住房和城乡建设委员会等部门的重视，最后决定专门为老小区设立“公共物业维修基金”。可见，社情民意接待服务站工作机制不仅激发了公众关注“共同问题”、贡献民智的热情，而且经由政府系统内的协调和联动，将“共同问题”列入政策议程，最后形成公共政策，从根本上解决问题。

课题组的实地调研发现，海曙全区社情民意接待服务站（室）受理的2467件案件中，民间纠纷类案件所占比重最大，超过60%；其次是治安类问题，占22%左右；与此相比，政策建议类、批评意见类案件所占比重较小，两项总和不足2%。此外，经济纠纷、社会保障、城市管理和咨询服务等类别案件也占有一定的比重，这在客观上有助于畅通政府与社会沟通渠道，有利于公共政策的宣传普及。但不可否认，在已有的社情民意诉求中，社会对政府积极、正面的建议数量还是偏少，消极、负面意见仍占多数。

另外，党委政府主导是社情民意接待服务站（室）体系的重要特征。在海曙区，这样的社情民意集聚回应工作机制有助于政府不同层级间、部门间的沟通与协调以及资源的快速调动，确保回应的及时性与有效性。但是，政府力量过大往往会压缩社会力量的作用空间，社情民意集聚回应领域也不例外。这将会造成民情信息内容的片面性与狭隘性。而且，社情民意接待服务站所集聚的部分社会问题与社会纠纷实际上并非政府职责，但迫于社会评议与上级考核的压力，街道不得不以各种方式介入其中，从而浪费政府资源，影响行政效率，并且在客观上挤占社会力量成长和参与的空间。

作为一个比较，这里可以提到杭州市上城区的“湖滨晴雨”工作室。杭州市上城区于2009年底整合“社会舆情信息直报点”、“社情民意直报点”、“草根质监站”、“老钱热线”等民情民意平台，在湖滨街道成立“湖滨晴雨”工作室，通过打造公民参与平台，构建起党委政府、新闻媒体、专家学者、市民群众等四界联动的社会管理复合体。与社情民意接待服务站不同，“湖滨晴雨”工作室是政府引导下的半紧密型社会组织。相比于白云经验，“湖滨晴雨”工作室的特点在于它注重调动党员骨干、社区居民、辖区企业等非政府组织和个人积极参与到社情民意的收集、处理、处置及反馈过程中，推动社会管理朝着参与、协商、共治的方向发展，并取得了一定成效。2012 年，“湖滨晴雨”工作室收到社情民意、舆情信息共计 1615 条，并向市委办公厅、市委宣传部等部门上报专题信息 156 篇，当年全区信访下降率 25.2%。但是，与党委政府主导的社情民意接待服务站（室）体系不同，“湖滨晴雨”工作室乃一社会组织，回应功能相对较弱。

（二）分析框架的验证与拓展

与信访等现有制度安排相比，白云街道（和湖滨街道）案例中所集聚的社情民意不只是民众对政府的消极、负面意见，它还包括了民众对开展基层社会管理、提升基层政府社会管理能力的积极、正面建议。因此，建立完善社情民意集聚回应机制对于政府听取民意、汲取民智、改善民生具有极其重要的意义。同时，畅通民意渠道、尊重群众意愿、发挥群众主体作用又促使基层管理者转变工作思维和角色，从传统的“为民做主”转变为现代的“民众做主”，从过去被动的信息“接受者”转变为主动的信息“搜集者”。

同时，上述效应的产生离不开相应的工作机制创新。白云街道和湖滨街道的工作机制创新在一定程度上都激发了居民、志愿者、社区和社会组织等多元社会力量自我组织、自我协调、自我解决问题的意愿和能力，而且两地都力图整合多元社会力量，充分发挥社会机制在获悉民情与回应诉求领域中的协同治理作用。此外，联丰社区的故事还告诉我们，白云街道工作模式具有较强的回应性正取决于海曙区政府不同层级间、部门间良好的互动与协调，或者说，这正得益于当地政府系统内行政管理体制的改革。

毋庸讳言，无论白云街道或是湖滨街道，它们的经验都存在着某些限度。作为社会组织的“湖滨晴雨”工作室不可避免地与体制内的决策者之间存在着一定的“距离”，这决定了工作室所反映的民意诉求未必能引起相关领导重视。相比于“湖滨晴雨”工作室，白云街道社情民意接待服务站的“体制内”特征决定了它所获悉的民情信息更容易进入政策议程，而相应的监督评议与责任追究机制又决定了它更易引起相关部门和领导的重视。然而，社情民意接待服务站的“体制内”优势在一定条件下也可能转化为劣势。政府可能挤占、压缩社会力量作用空间，一方面，导致了它所获取的社情民意具有一定局限性，纠纷类、维权类案件仍占多数，而积极的、正面的建议所占比重不高，另一方面，这样的工作机制导致政府疲于应对所有的社会问题，包括部分非自身职责范围内的问题，客观上造成政府“越位”现象的发生。

由此可见，案例研究结果验证了分析框架的预设。建设完善社情民意集聚回应机制既需要社会力量的成长和参与，也离不开政府在厘清职责范围的基础上，重构自身与社会间、政府不同层级间、不同部门间的关系，变革和创新治理之道。同时，案例研究还发现，现实经验的复杂程度远胜于理论预设，社情民意集聚回应机制的正常运转还离不开若干适用条件。

在白云街道，社会力量协同参与是确保社情民意接待服务站工作机制有效性的重要条件。在海曙区，政府层面早就意识到“政力有限而民力无限”，发掘并培育社会力量，构建集成化社会力量联动体系。2008 年，海曙区启动了“基层和谐促进工程”项目，出台《关于加强社区和谐促进员队伍建设的实施意见》等文件，敦促各街道社区挖掘社会力量，组建了一支由 1.3 万名和谐促进员组成的队伍，并在企业、楼宇、社区、街道成立和谐促进小组（或和谐促进联谊会），由社区党组织负责人、社区民警或企业领导担任负责人。与此同时，海曙区还专门出台《社区和谐促进联谊员队伍专项工作经费管理办法》等文件，规定和谐促进员队伍的人员经费和工作经费每年约 500 万元，由区和街道两级财政给予全额保障。此外，区一级政府还制定了《关于全面推广“和谐促进工程”的实施意见》，进一步创新管理体制机制，加强和谐促进员队伍的规范化和制度化水平。此外，通过出台《和谐促进工作考核及记分考核标准》、《和谐促进员队伍工作规范化建设五项标准》等文件，以记分量化方式加强对和谐促进员各方面工作的考核激励。可见，海曙区政府通过确定负责人人选、经费支持、完善管理规范与激励考核方式等途径，培育社会力量，建设集成化社会力量联动体系，从而更好地促使社会力量协同政府获悉民情与回应诉求。

当然，在海曙区，政府的作用一方面有助于拉近社会力量与体制内领导人的“距离”，增强政府回应性，但是，这也可能导致社会力量对政府依赖性过强，而自主性较弱，并造成社情民意集聚回应机制部分“失效”，比如民情信息内容狭隘、政府职责边界模糊等。在上城区，作为社会组织的“湖滨晴雨”工作室与政府之间存在着一定的“间距”，但也不可避免地发生某些“失效”现象，即政府可以选择不予重视、不予回应。因此，社会与政府之间的合理关系是实现社情民意集聚回应机制有效运作的又一重要条件。基于当前我国社会力量与政府力量失衡的现实，可以看出，只有提高社会“博弈能力”，将社会与政府间“距离”保持在合理范围内，才能改变当前局面，而这又离不开相应的制度设计和创新。在海曙区，包括社会力量、当事人在内的多元参与监督评议机制和责任追究机制，在某种程度上倒逼着相关部门重视民情信息，打开了社情民意进入体制内的大门，提高社会力量的“博弈能力”，增强社情民意接待服务站的回应性。

此外，要有效地回应公众诉求，确保“体制外”声音能够引起相关部门重视，并经由“体制内”协调和互动，最终实现政策产出，也离不开政府系统内行政管理体制的改革和创新。在海曙区，围绕建设“基层和谐促进工程”的要求，政府不断完善区政法综治领导管理体制，配齐配强街道综治委（办）领导和综治工作人员，并落实相应待遇；同时，完善各级党政主要领导和分管领导工作述职制度、实绩档案及责任考核、责任追究制度；此外，还特别构建了“三级联动”的信息上报处置机制及层级式矛盾过滤处理机制，确保民情信息得到及时处理。可见，唯有政府体制改革以及“科层组织”整体结构的日趋合理与完善，才能确保政府不同层级间、不同部门间的沟通与协调，从而强化社情民意接待服务站回应功能。

可以看到，社情民意集聚回应分析框架的适用性取决于一系列现实条件。具体而言，只有社会力量的健康成长，才可能协同政府获取并回应民情；社会力量与政府之间必须保持合理的“距离”，才能更好地发挥社会力量自我发现问题、自我协调并处理问题的作用，也只有这样，才能更好地明确政府职责边界，节约行政资源、提高行政效率；要有效地回应公众诉求，需要政府不同层级间、不同部门间的沟通与协调。相应地，政府既要通过加大财政资源、行政资源等支持，培育社会力量，促进形成社会力量协同政府治理的局面，又要改革和创新监督评议机制与责任追究机制，提高社会力量“博弈”能力，改变社会力量与政府力量对比失衡的现状，同时，政府还要厘清自身职责范围，退出自身职责边界以外的领域，充分发挥社会力量自我治理功能。

四、结　论

民意表达方式并不只限于选举，官员竞选压力也并非是政府回应公众诉求的唯一条件；制度建设和治理体制机制创新亦可实现有效的社情民意集聚与回应。当前我国实际存在着公众表达与争取利益的方式方法，但从实际效果看，已有方式方法有着明显的问题与不足，对政府合法性与社会稳定都带来了挑战与冲击。建立完善社情民意集聚回应机制的重要性和紧迫性凸显，它对于创新社会管理、维护社会和谐意义重大。

与以往“打压”式、“治标”式工作方法不同，社情民意集聚回应机制应实现标本兼治。源头治理、治本管理，说到底，就是以民生为重点，实现制度安排的公平正义，让发展成果惠及全体人民。社情民意集聚回应机制应体现源头治理、治本管理的要求，通过创新工作手段与工作方法，全面集聚民情，及时回应诉求，应对可能出现的社会问题与社会风险，从而有效实现治标与治本的有机结合。

与以往消极、被动的管理方式相比，通过建立完善社情民意集聚回应机制，公众表达不只是对政府批评、负面的意见，更包括了公众对开展基层社会管理、提升基层政府社会服务能力的积极、正面建议。这对于政府听取民意、汲取民智、改善民生具有重要意义，而且，这也有助于推进公共决策科学化和民主化，为政府公共管理赢得更多的合法性支持。

与以往单向、强制的管理方式相比，民众意愿的充分表达、民众主体作用的发挥是建立完善社情民意集聚回应机制的必要前提。相应地，政府工作思维和角色需要从传统的“为民做主”转变为现代的“民众做主”，从过去被动的信息“接受者”转变为主动的信息“搜集者”，与此同时，政府职责范围需要明晰，政府职能及其治理方式需要改革和创新。

事实上，建立完善社情民意集聚回应机制是加速社会力量成长壮大的重要契机，它有助于加强公民权益意识，调动社会力量广泛地参与到社会管理中来。同时，政府必须不断地转变社会管理理念，超越现有治理方式，创新治理体制机制，从而更好地集聚并回应公众诉求。可见，社情民意集聚回应机制建设过程是一个动态过程。经历这个过程，政府与社会力量关系将变得更加合理，政府治理也将变得更加科学化、民主化。

社会管理创新的杭州经验与启示*

周红云
（中央编译局世界发展战略研究部）

社会管理创新就是要实现社会管理向社会治理的转变，实现政府对社会单向度的管控向政府与社会对社会公共事务管理的合作治理转变。杭州复合治理实践就是政府不断培育社会，并与社会共同实现公共事务的合作治理。从这个角度来说，杭州的复合治理实践是社会管理创新的典型做法。同时，杭州复合治理实践带给我们一个重要启示：社会管理创新绝不是简单的政府管理社会的内容、方式或者手段的创新，其实质是一场政府改革。

* 笔者曾多次到杭州作调查，本文是在多次调研成果的基础上完成的。特别感谢在多次调查过程中给予调研帮助和接受调研的许多单位和个人，不一一列举。笔者也感谢我的同事刘铎博士，我们不仅一起参加调研，一起讨论问题，文中的一些观点和文字也是共同讨论的结果。文责自负。本文曾作为会议论文提交2011年6月28日中国人民大学可持续发展高等研究院和中国人民大学农业与农村发展学院共同主办的杭州社会管理创新研讨会。

一、杭州复合治理实践[1]

(一) 杭州复合治理探索的三个阶段

随着社会主义市场经济和民主政治的深入推进，对政府治理的改革要求变得日益迫切。杭州作为我国经济最发达的都市之一，也抢得了民主治理改革的先机。从本世纪初开始，杭州市就着手进行政府的治理改革，至今大体经历了三个阶段。

一是寻找民主治理目标。本世纪初，杭州就率先认识到，“国家之间的竞争、城市之间的竞争、企业之间的竞争，往往首先表现在理念、思路的竞争上。”谁的理念先进、思路超前，谁就能在竞争中赢得主动，占领发展的制高点。于是，杭州市委、市政府将中央精神与杭州实际相结合，在杭州的治理实践中努力探索具有杭州特色的治理目标。经历多年探索，杭州先后提出了“精致和谐、大气开放”的城市人文精神，“和谐创业”的杭州发展模式，“生活品质之城”的城市品牌战略。这些治理理念的提出，是杭州把中央精神和地方实际紧密结合的产物，在特定阶段从经济、政治、文化、社会、生态等方面整体性地推动杭州的发展。

二是培育治理主体、完善治理结构。在提出了新的治理观念和明确了治理改革的目标之后，杭州市也认识到政府不应该成为城市发展的唯一主体，杭州的发展必须培育新型治理主体，完善治理结构。于是杭州创造性地提出“社会复合主体”的概念，强调以事业发展、项目带动为立足点，积极鼓励和

1. 关于杭州复合治理实践更多资料可参考：周红云、刘铎：《政府职能转移：新的理论基础与路径创新——杭州市“社会复合主体”实践的启示》，中央编译局课题组，2008—2009 年，内部报告；《完善新型治理机制，提升城市善治水平——杭州市“民主促民生”的创新实践》，中央编译局课题组，2009—2010 年，内部报告；杭州市课题组：《社会复合主体培育和运作机制研究——关于培育和谐社会新型创业主体的探索与思考》，内部资料；以及杭州市发展研究中心：《杭州社会管理创新调研报告》，2011 年 4 月，内部资料。

推进党政界、知识界、行业界、媒体界等社会主体之间的互动，形成多方参与、主要以协商方式解决所面临问题的合作形式。截至 2008 年末，杭州共培育社会复合主体 20 多个，从杭州与浙江大学的校际复合主体开始，陆续完成了西湖、西溪、运河三大综保工程，培育了大量行业联盟，创造了西博会、动漫节、休博会等多个金牌会展，实现了城市的全面发展。

三是完善治理机制。在培育社会复合主体的过程中，杭州市进一步认识到，解决民生问题，政府的作用很重要，但仅靠政府的力量显然是不够的，政府不可能包揽民生。改善民生，最终还需要发挥民众自己的积极性、主动性和创造性。由此，杭州进入了完善治理机制的新阶段。2009 年以来，杭州通过建立健全“民主促民生”的工作机制，不断拓宽民主参与渠道，创新民主参与方式，健全民主参与制度，为有效改善民生、促进社会和谐提供了机制保证，努力践行中央所要求的“发展为了人民、发展依靠人民、发展成果由人民共享、发展成效让人民检验”。

（二）杭州复合治理实践的具体做法

杭州政府的治理改革可以归纳为“复合治理”实践，它是一个系统工程，由“构建社会复合主体”、“民主促民生”、“开放式决策”等一系列相互关联、相辅相成的改革举措构成。

1. “构建社会复合主体”

杭州市在城市发展中，积极借助民间组织的力量；但是，政府并不是通过简单的把政府职能外包出去的做法，而是吸纳民间组织，与政府组成“社会复合主体”，整合多种资源，促进特色行业发展，推进重大项目建设，发展文化社会事业，提升城市发展层次，共同实现对城市公共事务的治理。

从提出社会复合组织至今，杭州市大致形成了 20 多个代表性的社会复合主体。社会复合主体与其他社会组织一样，都有一定的组织使命和明确的组织目标，但是，总体来说，社会复合主体属于一种松散化的组织，人员专兼结合、运行机制具有灵活性的特点。社会复合主体设置往往针对特定工作、特定项目，随着项目变化可转换组织结构和运作模式。在设立时往往采取常设机构与临时机构相互支撑、人员交叉兼职的方式，弹性较大。总体来说，社会复合主体具有三个明显特点：

一是架构多层复合。社会复合主体在架构上呈多层联结、纵横交错、条块互渗的网络状，形成既发挥分层活力、又注重整合运作的有机体。

二是成员多元参与。社会复合主体由党政界、企业界、知识界和媒体界联动运行，你中有我，我中有你，彼此关联、资源整合。

三是功能互补融合。社会复合主体往往既具有引导、协调、管理职能，又具有创业、开发、经营职能，各种职能互补衔接。

2.“民主促民生”

民主促民生，是杭州市在贯彻落实党的十七大精神、践行科学发展观和提升城市治理水平过程中推行的一项重要改革创新。通过一年多的探索，杭州市明确了“民主促民生”的重要意义、指导思想、主要目标、基本原则，建立起“民主促民生”的决策机制、执行机制、评估机制和保障机制，在推进党政决策科学化、民主化，规范民生工程的民主参与机制，以及发挥媒体的宣传引导和舆论监督作用这三个重要领域形成了完善的治理机制和具体的工作形式，取得了丰硕的成果。其中，以下四个方面的创新尤其值得称道。

一是提出“以民为先”。在“以人为本”的基础上，杭州创造性地提出了“以民为先”的新理念，把实现好、维护好、发展好最广大人民群众的根本利益当做是建立以民主促民生工作机制的根本出发点和落脚点。做任何工作、办任何事情，都要坚持以群众呼声为第一信号，以群众利益为第一追求，以群众满意为第一标准，努力做到“发展为了人民、发展依靠人民、发展成果由人民共享、发展成效让人民检验”。

二是提出“三位一体”。杭州创造性地提出党政、市民、媒体“三位一体”是建立以民主促民生工作机制的主要力量。在推进改革发展特别是实施民生工程中，充分发挥党政主导力、市民主体力、媒体引导力，搭建民主协商平台，引导市民以民主协商的方式解决不同利益个体、群体之间的矛盾，实现发扬民主与改善民生的相互促进。

三是提出“四问四权”。杭州提出“四问四权”是建立以民主促民生工作机制的程序保证。在推进改革发展特别是实施民生工程中，杭州市委市政府坚持问情于民、问需于民、问策于民、问绩于民，“干不干”让百姓定，“干什么”让百姓选，“怎么干”让百姓提，“干得好不好”让百姓评，切实落实人民群众的知情权、参与权、选择权、监督权，做到大家的事大家来办。

四是提出“关注少数”。在继续强调“服从多数”的基础上，杭州创造性地提出要“关注少数”。“服从多数、关注少数”成为以民主促民生工作机制必须遵循的民主原则。在推进改革发展特别是实施民生工程中，要坚持服从多数，不因为少数人的意见而动摇决心，不因为少数人的利益而影响多数人的利益。同时要关注少数人的诉求，建立完善民主协商机制，促进社会公平与正义。

3.“开放式民主决策”

开放式民主决策是杭州“民主促民生”战略中的重要改革举措。党的十七大报告提出，要保障人民的知情权、参与权、表达权、监督权，增强决策透明度。“民主促民生”战略通过“四问四权”，形成了一种开放式决策的新模式，变追求“最优决策”到力争“人民满意”，是公共事务决策机制的重大转变。

一是从“封闭决策”向“开放决策”转变。过去，政府决策是政府的事情，跟人民群众没有关系。杭州市政府创造性地提出“四问四权”，真正让政府决策向社会开放，让社会参与到政府决策中来。民主促民生战略，就是通过各种民主渠道充分了解民情、民意，党和政府从人民群众那里得到第一手信息，正确判断需要解决的民生问题，真正实现“情为民所系、权为民所用、利为民所谋”，并从时间上分清民生问题的轻重缓急程度，科学确定解决民生问题的先后次序和途径方法，真正解决人民最关心、最直接、最现实的利益问题，满足人民群众最紧迫的需求，保障人民的基本权益，避免了主观臆想决策、情绪化决策和相互推诿和不负责任，避免官僚主义和形式主义。

二是从“最优决策”向“满意决策”转变。过去，政府决策的指导思想是最优决策，但是最优决策通常是一种理想，在现实中往往难以实现。这既因为政府了解社会需求信息的不对称，也因为人民群众本身就是一个利益不可能完全一致的群体。民主促民生，正是通过民主机制解决民生中一系列决策和执行的问题，充分调动了人民群众积极性，使民众诉求和表达得到落实，使“民主”成为城市管理科学决策、手段创新、改进作风、提升服务水平的重要手段之一。民主促民生，努力让群众成为决策的主体，变政府替民做主、为民做主、代民做主为“让民做主”，决策的根本原则从追求“最优方案”演变为力争“人民满意”。

二、对杭州复合治理经验的分析

杭州市复合治理的实践，走在我国民主治理改革的前列，有着重要的示范意义。下面对杭州复合治理实践的不同方面进行简单的学理分析。

（一）杭州复合治理经验的实践价值

杭州市构建“社会复合主体”、“民主促民生”和“开放式决策”等一系列改革举措在政府与社会之间构建起一种新型合作伙伴关系，在不断培育和提高社会自我管理、自我服务、自我教育、自我监督等自治能力的过程中实现了社会管理创新，从而逐步实现社会管理向社会治理的转变。

首先，“社会复合主体”是政府职能转移的创新路径。

通过构建“社会复合主体”，吸引民间组织主动参与，承担政府职能，杭州市实行了政府职能转移。比如在丝绸女装复合主体中，政府充分发挥行业协会、专业设计师、商会、商户的积极性，让它们参与制定行业发展规划、开拓行业发展空间等，既大大减轻了政府负担，又取得了良好的发展效果。

与传统的政府职能外包相比，在社会复合主体中，政府并没有完全退出，而且作为复合主体的一个重要分子，发挥其应有的作用。在复合主体中，政府的地位与行业协会、专业设计师、商会甚至商户的地位都是平等的，大家在复合主体这个平台上共同谋求行业的发展壮大。

通过构建社会复合主体，充分发挥不同主体的积极性，政府既保证了不缺位，即政府保留了更适合政府履行的职能（如规则的制定等），同时大部分的职能实现了转移，这是政府职能转移的一种新路径。

其次，“民主促民生”是中国特色民主治理模式的新探索。

在杭州，市民的民主意识、深厚的民主文化、多样的民主参与方式等民主因素，无不渗透在人们日常生活的方方面面。“发展民主”是政府积极推进的目标。杭州市政府清醒的认识到“民主是时代呼唤、人民要求”，创造性地提出了“民主是一种生活方式、一种创业路径”，把推进民主政治的战略目标具体落实到现实的制度设计上，努力探索一条推进中国特色民主治理的现实道路。这一探索具有以下两个基本特点：

一是以民生为依归的民主。民主和民生不能割裂，尤其是在我国政治经济社会文化发展的现阶段，脱离民生搞民主，是空洞的民主。以民生为依归的民主，是用民主的程序切入民生的问题，既体现了民主的重要意义，也真正提高了人们的生活品质。民生问题关系到每一个社会成员的生存发展，涉及公民的基本权益问题，具有基础性、广泛性和多样性。以民生为主题，充分调动了人民群众的参与意识。通过构建民主促民生工作机制，杭州的民生工程从“进景区”、“进大街”扩大到“进小巷”、“进小区”、“进家庭”，让“生活品质之城”的阳光洒到杭州的每一条背街小巷、每一个住宅小区、每一处庭院和楼栋、每一户家庭、每一位杭州人和“新杭州人”，人民群众真正成为民生工程实施的参与者、监督者和受益者。伴随民生工程的开展，人民群众的参与意识不断提高。围绕民生问题推进民主建设，是社会主义民主政治建设和社会建设的一个最佳结合点。

二是以协商为特色的民主。以民主促民生，畅通了干群沟通渠道、创新了干群沟通机制，党员干部与人民群众在现场交流、同台对话、互动沟通、平等协商的过程中，交流了思想、增进了理解，大大拉近了干群之间的距离。“民主促民生”把协商民主提到了人民群众的日常生活当中。

最后，“开放式决策”是拓展公民有序参与的新渠道。

一是公共事务民主决策。围绕背街小巷改善、危旧房改善、庭院改善、农贸市场改造提升、“停车新政”、“免费单车”等一系列重大民生工程，杭州不断拓宽民主参与渠道，创新民主参与方式，健全民主参与制度，保证人民群众当家做主，使发扬民主成为改善民生的动力，成为推动科学发展、促进社会和谐的保障，促进了城市公共事务的民主决策。

二是扩大公民有序参与。通过民主促民生战略的实施，杭州充分实现了扩大公民有序参与的目的。如在“光复路148号厕所分配问题”的案例中，危旧房改善工程中只涉及3户人家的一个偶然事件，经媒体披露后在短短3天里就收到上万份热心市民对解决方案的投票，充分证明关系老百姓切身利益的民生问题是市民关注的焦点，也是民主参与的热点。

开放式决策以组织为载体，以协商为手段，充分保证了政治参与的有序性。杭州市政府通过培育社会复合主体，造就了一大批各种形式的社会组织，初步培育起一个理性的公民社会，成为人民群众有序政治参与的基础。民主促民生的实施，进一步促进了社会组织的健康成长，同时在政府和社会之间建立起协商民主的基本框架，充分保证了社会力量参与政治的有序性。

（二）杭州复合治理实践的理论价值

1. 杭州复合治理实践与“治理与善治”理论

杭州复合治理实践首先体现并践行了“治理与善治”理论。“治理”是各种公共或私人的个人和机构管理其共同事务的诸多方式的总和。它是使相互冲突的或不同的利益得以调和并且采取联合行动的持续的过程。它既包括有权迫使人们服从的正式制度和规则，也包括各种人们同意或认为符合其利益的非正式的制度安排。善治的本质特征，就在于它是政府与公民对公共生活的合作管理，是政治国家与公民社会的一种新颖关系，是两者的最佳状态。

在杭州复合治理的实践中，我们看到，任何一个项目，实际上都是一个多方参与、持续互动、相互协商以达成方案的过程。在这个过程中，我们看到“咨询”、“听证”、“协调”等典型的治理机制在发挥作用。构建社会复合主体，就是要改变过去政府完全主导的决策和运作模式，吸纳民间组织参与，共同行使权威、共同承担责任，以复合治理来实现政府职能的转移。

2. 杭州复合治理实践与“公民社会”理论

治理实施的一个前提条件，是一个独立的、能够跟政府相对应的公民社会的存在。改革开放以来，随着社会主义市场经济和民主政治的发展，各种各样的民间组织大量涌现，一个相对独立的公民社会正在中国迅速崛起，并且对社会的政治经济生活发生日益深刻的影响。中国公民社会的兴起，是中国社会整体进步的重要表现，它不仅有助于推进中国特色的民主政治和政治文明进程，而且也有助于市场经济的健康发展，有助于提高中国共产党的执政能力，有助于构建社会主义和谐社会。

民主促民生战略的实施，除了进一步促进了各类社会复合主体的发展，如各类行业协会等等，还积极鼓励基层社区探索建立“居民自治小组”、“住户协商会”、“义务监督员巡查小组”等社区社会组织，通过社区社会组织来解决涉及人民群众的利益调整问题，提高了社会自我管理、自我服务、自我教育、自我监督的能力。这些协会组织和各类社区社会组织共同构成了杭州的公民社会，公民社会和政府通过构建复合主体和健全“民主促民生”机制，建立起新型合作伙伴关系。

在杭州复合治理实践中，我们看到了一个公民社会的雏形。大量的民间组织发育起来，如行业协会、商会等，它们有意愿，也有能力参与到公共事务的治理中来。当然，我们也应该认识到，杭州社会复合主体中的民间组织，很多还不是真正意义上的草根民间组织，很多是所谓的官办的或者半官办的民间组织，但是，这些组织至少在目前构成了公民社会的雏形，在治理中起到了积极的作用。以后，随着制度环境的改善和政府的积极培育，必然会出现更多的草根性民间组织参与到治理中来。

3. 杭州复合治理实践与“参与民主”理论

在杭州复合治理实践中，还体现了另一种民主形式，即“参与民主”。金耀基认为，中国式的民主，更容易在“治道”（治理）中产生，而不是“政道”（政治）中产生。这是根源于中国人自古就更关注于“治理”的问题，而不是“政治”的问题，即中国人对政府如何管理社会等“治理问题”非常关心，而对于选举等“政治问题”则关心较少。西方学者也提出，民主的实质也不再是投票的游戏，而在于公民对公共事务管理的实质性参与。

在杭州复合治理实践中，我们看到，各种民间组织参与到公共事务的治理中来，表达它们的意见、行使它们的权利、施加它们的影响，这相对于过去政府“一言堂”式的公共事务的决定模式来说，是一种更为民主的公共事务治理方式。

治理与善治、公民社会和参与民主的相关理论，让我们认识到，政府职能之所以要转移，政府之所以要首先改革，决不不仅仅是为了克服“政府失败”，也不仅仅是为了提高行政效率，而是要实现治理，要培育公民社会，要实现参与民主。

三、启示：社会管理创新的实质是政府改革

杭州的复合治理实践不仅展示给我们社会管理创新的诸多经验，同时，它启示人们：社会管理创新绝不是政府管理社会的内容、方式或者手段的创新，它首先要求政府自身的改革，主要表现在以下几个方面：

首先，从全能政府到有限政府的转变。转变政府职能，树立有限政府的理念，是社会管理走向社会治理的首要步骤。在我国传统社会，国家占据了整个社会的空间，或者说整个社会被完全包纳在国家范围之内，整个社会生活在一个全知全能的强大国家和政府之下。传统社会管理通常表现为政府凌驾于全社会之上，习惯于包揽一切社会事物，习惯于对社会成员的控制而非服务，习惯于替公民做主而非共同治理。改革开放后，随着社会主义市场经济体制的建立与深入，一个相对独立的公民社会已经在中国迅速崛起，市场的发育和（公民）社会的初步形成意味着市场、社会从国家和政府中逐步分离出来，政府、市场和公民社会各领域的职能也相应分离。因此，转变传统社会管理理念，树立政府与社会共治的新理念，必然要求加快政府体制改革，厘清政府的职能定位，解决好管什么和怎样管的根本问题。政府角色转换和职能转变不到位，必然出现政府在社会管理中的越位、错位和缺位，必然出现政府管了不该管和管不了，而该管却没有管好的现象。要强化政府制定规则和进行监管的“掌舵”功能，科学设置政府的社会管理机构、划分政府的社会管理部门的权限，避免出现政府在社会管理中走向“总揽一切”或“过渡退让”两个极端，避免政府对那些管不好也管不了的社会事务进行直接干预和管理，避免政府社会管理部门之间管理权限的交叉和重复，以免造成社

会管理效率低下和成本提高等。

在切实转变政府的社会职能，建立有限政府，进一步剥离政府包揽和直接从事的社会管理事务的同时，积极培育和发展各类专业性的非政府组织和社会组织，发挥公民和社会组织在社会管理和公共服务中的作用，以取代和填补政府退出领域的管理。目前，随着公民社会在完善市场经济体制、转变政府职能、扩大公民参与、推进基层民主、改善社会管理等方面发挥的作用日益重要，政府职能转移和恰当退出、发挥社会组织在社会管理与公共服务中的作用、扶持和培育公民社会的成长已经成为政府面临的重大理论和实践问题。杭州的“社会复合主体”建设为杭州社会管理创新创造了前提条件。

其次，从管制政府到服务政府的转变。变管理为服务，推动政府公共服务体制改革是从社会管理走向社会治理的必经路径。社会管理创新要求政府必须坚持公共服务是社会管理的前提，没有社会服务，也就谈不上社会管理，建立服务政府的理念，改变原有的自上而下的控制式管理模式，而注重社会服务、社会发展和社会建设，建立公共性财政体系，从满足公民社会需求出发，大力进行社会发展和社会服务的投入，逐步从管制走向服务。

公共服务体制创新就是要建立以政府为主导、多元化的投资体制与管理体制，以打破政府垄断，激励市场、社会组织和个人作为公共服务的提供主体共同参与到社会服务过程中，形成公共服务多元供给体制；实现基本公共服务均等化，建立人人共享的基本公共服务体系；改善公共服务绩效，从而最大限度地满足人民群众不断增长的公共需求。杭州以“民主促民生”的做法最生动地实践了管制政府向服务政府的转变。

最后，从权力政府到责任政府的转变。坚持公民社会理念，建设权利性社会，树立责任政府的理念，是社会管理向社会治理转变的必然要求。所谓权利性社会是指政府的根本责任在于保障公民权利，并使公民享有各种政治、经济、社会和文化权利，达到社会合作和社会互助的一种社会政治状态。在社会管理领域，社会管理创新要求政府坚持公民社会理念和权利社会理念，从权力政府转变为责任政府。在社会管理中，政府的责任主要表现为：坚持社会公平正义，促进人民群众享有基本公共服务的权利平衡和机会均等，维护公民各项基本权利，切实保护社会弱势群体的利益；培养公民的参与意识和参与能力，促进公共参与的发展，真正体现和维护公民参与国家各项管理的基本权利，促进社会的自我管理、自我服务和独立发展。

权力政府向责任政府的转变还要求政府在社会管理中坚持市场手段与法治手段相结合。政府要把经济生活“总指挥”的角色让位给市场机制，通过市场机制的作用实现资源的最优配置，政府职能从以前重生产建设、重经济干预转变到社会发展和社会管理的职能上来，从全面控制经济领域的管理中腾出精力和空间来完成那些因市场失效而需要政府加强的社会管理职能，并且通过制定社会政策和法规，通过法治的手段管理和规范社会组织、社会事务，调节和平衡社会利益，化解社会矛盾和社会冲突，维护社会公平和正义，促进公民的基本权利，达成社会秩序和稳定。“开放式决策”的探索则明确体现了杭州对从权力政府向责任政府转变的不断追求。

（原载《中共杭州市委党校学报》，2011 年第 5 期）

地方政府公共服务供给主体培育的路径选择

马　瑞
（中央编译局世界发展战略研究部）

2012 年 1 月 8 日，第六届“中国地方政府创新奖”选拔和颁奖大会在北京举行。经过专家组严格的评选，浦东新区民政局申报的公益服务园项目从全国各地申报的 213 个项目中脱颖而出，荣获第六届“中国地方政府创新奖”。下面就此案例作个分析。

一、浦东公益服务园的创立背景及动因

（一）社会转型的历史大背景

小至浦东公益服务园、浦东新区，大至上海、中国，其发展的舞台跳不出社会转型这个历史大背景。这种社会转型是随着中国社会从农业的、乡村的、封闭的半封闭的传统型社会，向工业的、城镇的、开放的现代型社会转型，是中国的社会生活和组织模式即社会实践结构不断从传统走向现代的转型。这个转型过程在欧洲历时上百年、历经几代人的艰辛历程，在中国历时

仅30多年时间，在一代人的时间里基本完成。社会结构的超快速转型不仅超出了人们的想象力，也远远超出了社会的承受能力，形成了社会进步与社会代价共存、社会优化与社会弊病并生、社会协调与社会失衡同在、充满希望与饱含痛苦共生的矛盾现实；带来了城乡面貌、利益格局、社会关系、次级制度、社会控制机制、价值观念、生活方式、文化模式、社会承受能力等社会生活各个领域的矛盾与无序。[1]

寓于社会转型之中的社会的结构形态、动力机制和管理模式与体制的深刻变化，使社会结构发生了由“国家—市场”二元结构向“国家—市场—社会”三元结构的转型，这种转型导致了公民社会雏形在中国出现。由于中国公民社会作为副产品产生，因此天然具有某种被动性，这也决定了其推动力将主要来自于国家，政府在这一过程中将承担主导作用。这要求政府转换自身的角色，从高度集权走向合理放权、分权。改革重塑传统社会层级结构及其“官本位”的权力运作体制。

（二）社会管理和政府的公共服务供给的需要

社会转型必然对社会治理方式转型提出要求，不可否认的是，无论是主观自愿还是客观被迫，政府单一的行政化管理已不同程度地发生松动，政府、企业、社会组织等共同参与的多元治理也为人们所接受，在社会管理中社会组织的主体地位作用也逐渐得到深入的理解和承认。表现在现代社会管理体制的基本建设目标也不断修正，十八大报告提出，“要加快形成党委领导、政府负责、社会协同、公众参与、法治保障的社会管理体制”。这意味着摒除政府对社会的单向度管理和控制，意味着社会管理权力（和权利）的重新界定和组合，意味着社会管理的创新趋势是主体的多元化发展，从国家这个唯一

1. 郑杭生：《改革开放三十年——社会发展理论和社会转型理论》，载《中国社会科学》，2009年第2期。

主体转向政府、社会组织、社区组织、公众等多元主体共同管理，加快建立和完善公共参与的制度框架，促进政府与社会的合作互动。

这种转型所导致的变革，带来的社会管理方式的变革，不独发生在中国。在世界范围内，对于公共服务提出来两方面的要求：一方面，公共服务供给方式由垄断供给走向合作供给；另一方面，公共服务权力结构由等级权力走向共享权力。

就第一方面而言，为变革传统的垄断供给，新公共管理下的多元供给主张将私营部门的管理方法和市场机制引入公共部门，以提高公共管理的有效性，促进公共服务供给方式由政府垄断供给向多元供给转变。实践中主要表现为公共服务的市场化与社会化、政府职能的公共政策化。过度市场化中的政府责任缺失、过度竞争与合作程度低下引致公共服务供给的“碎片化”等问题。因此，在多元供给基础上，新公共服务更为强调公民在公共服务供给中的主体地位，主张通过政府与公民的合作生产来实现公共服务供给目标。新公共服务提高了合作程度、公民主体地位，但是由于缺乏制度化的合作机制，从而使合作生产的普及推广难以实现。目前，公共价值管理进一步提出以网络化治理为基础的合作供给。具体包括，公共服务供给主体应是由政府、市场、志愿组织、社区组织、公民等组成的复杂网络，共同承担实现公共服务供给目标的责任。政府建立开放的、关系型的、灵活的公共服务供给网络。多元主体之间应建立起相互信任与合作的关系，以维护公共服务供给网络的整体功效、运作机能，并实现公共服务供给网络的良性运转。

另一方面，公共服务权力结构由等级权力走向共享权力。传统公共行政认为政府是公共服务供给的唯一主体，新公共管理下形成以“中心—边缘”结构为基础的多元权力，新公共服务下形成以公民权为基础的共享权力，公共价值管理下形成以网络化治理为基础的共享权力。

中国的现实是，社会需求多元，社会问题的解决已经无法依靠单一的行政干预手段和传统的资源动员模式。政府主导社会建设，需要尽可能调动多方积极性，依靠社会力量，集聚民间资本，这既是社会建设坚持群众路线的要求所在，也是政府管理理念和执政方式转变的具体体现。而且要想实现政府职能的转变，构建一个高效、廉洁、公正的服务型政府，政府必须寻找承接原先从政府中转移出的公共服务事务的组织载体，整合社会资源，以满足日益多元化的社会需求。因此，政府和社会组织之间建立合作伙伴关系不仅是可能的，而且也是必要的。[1]

社会转型和风险加剧无疑使国家福利角色得到强化，但是，强化的是组织者、动员者和资金管理者的功能，也就是说国家作为福利组织者而非直接提供者的角色强化，福利供给的多元化不可逆转。总的说来就是，一方面要不断提高政府社会管理的能力和成效，另一方面要加快社会的自我发育，增强社会自我管理的能力。

（三）社会组织发展的需要

社会组织为了进一步获得生存和发展所必需的空间，必须寻求与政府的合作，配合政府提供公共服务，为与政府密切合作；社会组织因其特性和优势，能够在政府之外，有效契合更为多元化和个性化的公共服务需求，弥补政府的缺位，因此开放社会管理的边界，积极吸纳社会组织参与公共服务的供给成为必然。这也是世界范围内继市场失败、政府失败、社会失败后得出的经验。

第三方治理理论则指出，与社会组织相比，政府能提供更可靠稳定的资源，可以通过民主政治程序确定公共事务的优先次序，通过建立权利而非特权来部分抵消家长式作风，建立质量标准来保证公共服务的质量。而与政府相比，社会组织提供服务更人性化，运作范围更小，可以根据特定公众需求

1. 车峰：《我国公共服务领域政府与 NGO 合作机制研究》，中央民族大学博士学位论文，2012 年 5 月。

而非政府部门的结构来调整服务，还可以带来服务提供者之间的竞争。在这种情况下，社会组织和政府之间不是替代关系而是具有合作互补性。因此要想整个社会达成帕累托最优，政府有必要将直接提供公共服务的职能下放，并承担起资金支持和服务监管的责任，而社会组织则主要负责服务的提供，这种依据各自的优势进行有效的分工合作可以使双方的功能达到最优，有利于提高公共服务的效率和质量。[1]

问题的复杂性超出了任何单一部门的能力界限，政府虽然是公共服务的主要生产者和承担者，但公共服务不一定都要由政府本身来提供，市场和各类社会组织也可以发挥作用。而目前的问题在于，由于我国社会管理体制不顺畅，社会组织总体上比较弱小，还无法完全承接政府转移出来的职能，因此加快社会组织的培育，提升其能力成为题中应有之意。浦东公益服务园作为上海、乃至全国第一个以公益组织为主体的、一个多部门（政府、企业和社会组织）合作的平台，就是在以上背景下创立的。

二、浦东公益服务园的运营机制与创新所在

浦东公益服务园是浦东新区民政局为了推进社会管理创新，支持社会组织发展而实行的一项社会创新。目的是整合公益服务机构力量，将公益园打造成为社会组织创新、合作、成长的“生态园”。

浦东新区 2008 年起开始筹划建立浦东公益服务园，2008 年年底启动该项目，选址于浦东新区大陆家嘴区域的峨山路 613 号，原上海东星手帕厂，开园总面积为 3200 平方米，后拓展为 4200 平方米。2009 年 12 月 15 日正式开园，公益服务园秉持“公益服务社会、合作促进发展”的核心理念，以“培育公民意识　分享公益理念　建设和谐社会”为其使命，从一开始政府就确

1. 车峰：《我国公共服务领域政府与 NGO 合作机制研究》，中央民族大学博士学位论文，2012 年 5 月。

定了“企业提供办公用房和物业服务、政府提供财政补贴和入驻标准、社会组织自我管理和服务”的运作思路；确定了入驻的社会组织要具有枢纽型、支持型、专业型、孵化型四类标准，意在使园区内的社会组织真正发挥对浦东公益事业的示范引领作用。具体而言，入驻园区的有能够承接政府社会服务的组织，有政府希望重点培育与发展的组织，有能为社会组织提供服务的专业组织，还有能为社区组织提供服务的组织。因此，园区积聚的是在浦东新区具有一定代表性的公益性社会组织。它们均可享受政府提供的办公补贴和运营补贴，并享受财会代理、法律咨询等服务。而政府则通过这种积聚得以有效地对社会组织加以孵化培育，进行资源整合，实现服务共享，促进社会组织参与社会管理和公共服务。但是更重要的是公益组织之间能够实现资源共享，共同进步。这些组织积聚在一起，成为当地公益组织的大本营和指挥部。向社会展现了公益组织在社会领域中的巨大能量，打造了多个公益品牌，形成了比较成熟的运作模式，产生了突出的成效。浦东公益服务园是全国第一个旨在扶持公益性社会组织的公益服务园区，是中国首个公益组织集聚办公并提供多种共享服务的园区。

（一）公益服务园的运营机制

在园区内没有传统意义上的园区管委会，无论是公共空间的使用，还是管理制度的制定，都是由入驻的公益机构共同商定并且依此执行。社会组织入驻园区办公后不久，自发组建了“浦东新区公益组织项目合作促进会”，推动社会组织自我管理、自我服务。经过三年的运作，形成了“专业孵化、规范引领、人才输送、公共服务、项目发展、供需对接”六大机制，发挥了很好的示范引领作用和溢出效应，已经成为具有良好公益发展生态的公益性社会组织的孵化、集聚基地，成为加强政社合作、开展公益项目供需对接和成果交流的创新服务平台。

落户在浦东公益服务园的社会组织，像浦东非营利组织发展中心、浦东社会工作者协会、上海映绿公益事业发展中心等一批社会组织，不仅依托公益服务园发展壮大自己，而且也提升自身的品牌和形象，生动地诠释了公益服务园“公益服务社会，合作促进发展”的核心理念。

第一，最主要的是专业孵化机制。浦东公益组织发展中心选择创新性强、有发展潜力的组织入壳，通过提供场地、小额补贴等扶助初创期公益机构成长。社工协会以团队组建、能力建设、参与理事会治理等方式培育 8 家社工类公益机构。NPI（上海浦东公益组织发展中心）正是其中之一。

NPI 是上海浦东政府正式注册的民间非营利组织，以“政府支持、民间力量兴办、专业团队管理、政府和公众监督、民间公益组织受益”的模式进行运作，旨在为初创和中小型民间公益组织提供关键性支持，积极探索在中国公益事业发展的初级阶段，非营利组织的支持性组织的发展道路。NPI 的主要职能有孵化器、公益创投、能力建设、社区服务平台和基金会业务，其中最为人熟悉和称道的，就要属公益组织孵化器。

公益组织孵化器项目由 NPI 于 2006 年设计成型，孵化器的使命是专门培育新的有创新性的公益组织，发现和支持有潜力的社会人才。特别是对初创和中小型社会组织提供关键性的支持。2007 年 4 月在浦东新区支持下正式运行，通过申请、评估等一套严格的程序，为创新性强、有发展潜力的社会组织，提供办公场地、办公设备、能力建设、小额补贴、注册协助等；给被孵化机构提供专业的指导，减少它们在后勤、办公方面的困难；让优秀的项目赢得时间和机会去成长，探索自己独立发展的道路。

“公益孵化器”的对象是本土的初创和中小型社会组织。NPI 的“孵化时间”在一至一年半，主要是帮助初创期的 NGO 化解最关键的问题，包括场地、资源、专业人才、能力建设、身份注册等。同时也会发掘、培育有志投身公益领域的“社会企业家”和公益“职业经理人”。“以专业团队对‘孵化器’里的 NGO 进行一对一的能力建设，包括战略规划等，……”

几年下来，NPI 已从最初的“找项目”，变成了“选项目”。想要“入壳”的项目都是经过层层筛选，至少也是“十里挑一”。多背一公斤、新途、青翼等社会组织已经成长为业内的知名公益组织。浦东公益组织孵化器模式不仅已向全市其他区县推广，同时已成功复制到北京、深圳和成都等地，拓展了社会组织培育的新路。在园区，同样肩负“孵化”任务的还有浦东新区社工协会。社工协会的针对性更强，已成功“孵化”出乐群、乐耆等一批“乐”字辈的社工组织，服务各类弱势群体。

公益组织“孵化出壳”后，一旦独立，就要自负盈亏，公益组织在新生阶段力量薄弱，浦东新区公益组织项目合作促进会（一个团结和服务公益组织的机构）“通过财务咨询、招投标代理等方式为公益组织提供服务，推动其健康、规范发展。”帮助它们提升能力和壮大力量。为服务提供方找项目，为服务需求方找组织，是促进会一项重要服务内容。促成有需求的政府部门来购买公益组织的服务，政府和公益组织之间顺利对接，为发展中的公益组织赢得更充裕的经费支持。

第二，规范引领机制。公益服务园是公益界行业标准和规范的诞生地，浦东居家养老评估和指导中心、福苑养老事业发展中心等机构，通过实践与研究，发布多项行业标准或服务规范，对于规范行业、引领公益发展起到重要作用。

第三，人才输送机制。公益园内从业人员以高学历、高素质年轻人为主，使公益园成为一个人才汇聚，新思想、新理念交汇的场所。映绿公益事业发展中心、四惟社工培训中心等专业机构通过培训及与高校合作建立实习基地，为园内园外培养和输送人才，并为社会组织提供能力支持。

第四，公共服务机制。园区为入驻机构提供场地开展创业扶持、经验分享等活动，通过公益展厅、公益网等进行公益机构及项目宣传。促进会针对机构需求推出财务咨询及托管、招投标代理和注册代理等公共服务，制定公共服务制度。

第五，项目发展机制。公益园优先吸纳具有项目发展能力的社会组织入驻。社会组织通过开发适应社会发展、满足社会需求的服务项目获得社会认可。新途社区健康促进社、公益社工师事务所等机构所提供的社会服务已涵盖10多个领域，20几个项目。

第六，供需对接机制。公益园为政府和社会组织的项目合作提供了对接平台：一是通过浦东公益网和公益活动月等载体发布供需信息，二是通过项目推介会、公益招投标、参观接待等形式促成供需对接。

浦东公益服务园正日益成为公益理念的发源地、公益动力的补给站、公益组织的大本营，以及公益人才的大家庭，通过覆盖公益产业链的上、中、下游，构成完整自治的公益生态圈。

（二）公益服务园的创新之处

具有决定性的创新是政府战略认识的创新。浦东公益服务园率先探索建立“政社合作、政社互动”的新型关系，加快培育与“小政府”管理体制相匹配的“大社会”，加快打造政社互动的工作平台，有力地促进了政府调控机制与社会协同机制的互联、政府行政功能与社会自治功能的互补、政府管理力量与社会调节力量的互动。在浦东公益服务园集聚的不仅仅是社会组织，而是政府、企业和社会组织三个部门的集聚。这种交汇使来自各个部门的资源能够融合在一起，产生聚合效应和新价值。使公益服务园成为向社会输出管理模式和公益理念，引领浦东新区社会组织发展方向的风向标。浦东探索“政社合作、政社互动”、培育“大社会”的新意在于，新区政府与各类社会组织之间形成的新型关系，既不是传统的行政隶属，也不是松散、平等的各自为政，而是在政府大力支持、社会组织积极参与背景下的互动式合作，政府通过社会组织提供的需求信息制订科学的政策，社会组织则通过精确把握政府的政策方向来确定自己的服务重点，从而建立起良性的、相互促进的互动式合作关系。

其创新主要有：

第一，专业孵化，园区集聚是最大的制度创新。园区集聚整合集结了群体力量，有利于公益组织间的合作、公益资源的整合以及公益力量的壮大。使相互合作、整合力量的公益理念已在园区形成共识，成为常态。专业孵化是浦东新区积极探索社会组织培育新模式的创新之举，它推动了公益社会组织由单一的行政培育模式向社会共同培育模式转变。社会培育在专业性、灵活性、适应性等方面具有一定的优势。

第二，组织形态的创新。把发展单一的服务性组织拓展到探索、支持、推动枢纽型、支持型、专业性的社会组织，打造一个多层次、多样化的公益生态园，以枢纽性、支持性、联合性社会组织为主体的公益共同体。

第三，服务功能的创新。把简单的场地、资金的扶持拓展到机构孵化、能力提升、文化培育、业态完善、人才高地、供需对接等多个要素，发挥多元化、复合型的服务社会和社区的引擎功能。通过多部门合作和社社合作，园内机构不断提升和拓展其服务能力，发挥了多元化、复合型的服务社会和社区的功能。

第四，其创新还表现在构造完整的要素支持系统，打造公益生态链，实现并促进了可持续发展。公益服务园为社会组织提供资金、场地、资源、孵化器，形成了一套完整的要素支持系统。除了服务各类公益组织，园区还有一些特殊的机构，负责孵化培育公益组织，整合公益资源。孵化、扶持、整合，以及后续的宣传缺一不可，形成上中下游环环相扣的“产业链”，在整个公益“产业链”为公益组织保驾护航，实现浦东公益服务园的长远效益。

第五，打造浦东基金会服务园解决资金问题。作为公益服务园的配套机构，浦东基金会服务园已经开始试运营，和公益服务园一样，它将基金会集中到一起，充分发挥其筹资的能量，为公益组织解决资金难题。这是打造公益生态链的重要一环，缓解公益组织的资金困难，可以使其更多关注服务。

第六，政社分开的社会管理机制创新。实现直接管理到间接管理、再到社会组织的自我管理，寓管理于服务之中，把“党委领导、政府负责、社会协同、公众参与”落到实处，充分尊重各方的主体性，充分发挥社会组织的创新力。打造了一个多部门社会管理合作的平台；实现了从直接管理到间接管理，再到社会组织的自我管理的转变。从管理方式的转变来看，公益服务园转变了政府原有的行政化管理方式，创立了一个可以让政府、企业、公益组织和社区获得共赢的新协同模式。浦东公益服务园，正是浦东创新社会组织管理和培育新机制方面的缩影，形成了新型社会组织发展模式。

公益园为公益组织提供了一个良好的创业和发展环境，形成了公益共同体和公益生态圈。以多部门合作为基础，公益园打破了政社之间原有的疏离和隔阂，创建了一种政社间的新协同机制。充分发挥了政府、企业、社会组织各自的比较优势，汇聚了多部门的智慧、创新意识和资源。为公益创业和发展创造一个有利的制度环境。

三、成效与成功的原因分析

（一）成效分析

浦东公益服务园对于政府来说，促进了政府职能转变和效益的提高。不仅实现了从官本位向民本位，从政府本位向社会本位，从权力本位向权利本位，从全能政府向有限政府，从“权力政府”向“责任政府”的转变，而且大大提高了政府管理和服务的效能。政府由公共服务的直接提供者，变为公共服务政策的制定者、购买者和监督者，实现了社会权力的回归和政府角色的转换。政府欲推出的一些与社会组织相关的政策、措施，也可以很快在园区得到反馈，也深化了多部门社会管理的合作。注重社会组织的培育和发展，通过拓展社会组织的服务管理功能，承接部分政府惠民利民项目，降低社区管理成本，满足社区居民多元需求，增强社会组织的认同感、归属感，为保障和改善民生，健全了社会组织发展支持体系，推进社会组织管理体制的改革和发展作出了积极贡献。

对于社会组织而言，园区的孵化、扶持等支持不仅使它们专注于服务，而且由于能力的大幅度提升，也提升了公益机构的能力和影响力，通过政社合作、社社合作、社企合作和一个可以依托的物理载体和通路，营造促进社会组织发育和发展的微观环境，促进多部门的合作，从而利用和汇聚各个部门的资源，产生聚合效应和新的价值。此外，公共服务由社会组织来提供，不仅仅因为其机制灵活、社会动员力强而具有更高的效益，更重要的是这样做促进了社会生长，提供了公民的参与权，改善了社会治理结构。

对于社区及社区居民而言，人口众多且层次不一，社区服务需求各式各样，有些服务政府无力提供，社会组织却可，与政府提供的共性、普惠、托底公共服务不同，公益社会组织提供差异化、多样化、个性化的服务。园区的公益机构通过专业方法和技巧直接或间接地为弱势群体和社区居民开展服务，解决和缓解了许多棘手的社会问题，专业、精细的服务满足了社区日益多样化多元化的服务需求，促进了公共服务质量和水平的提高。社会组织具有的专业化知识和柔性化的工作手段，更容易化解矛盾、解决问题；同时，作为公民自治性的组织社会组织通过自我协商、相互沟通，有利于提升公民的民主素质和自我解决问题能力，促进社会自治。

强大的示范引领和溢出效应。公益服务园的受益者不仅仅涉及上述直接的利益相关者，也通过其示范和溢出效应而波及到浦东内外的其他类似的公益园区、公益机构、政府部门和相关服务对象。各地政府、公益界纷纷学习效仿。例如杨浦区与大学校区、科技园区、公共社区合作建立7家公益性社会组织孵化园，并设立区级社会组织公益创新实践园，形成“1+7”的社会组织孵化园格局，为机构发展和日常运作提供财务管理、项目开发、人事代理等全方位、全过程服务；出台社会组织培育扶持政策，对社会组织、社工机构提供降低注册资金、开辟绿色通道、开办经费补贴、记账代理援助等服务。

（二）成功的原因分析

浦东公益服务园的成功并不是偶然的。如果分析它成功的原因，首先，浦东公益服务园的成功是有历史积淀做基础的。

（1）早在2005年，浦东新区作为国家综合配套改革试验区就按照国务院提出的要着力转变政府职能，在一些重点领域和关键环节取得了初步突破。浦东新区一直是社会组织发展、社会建设领域先行的探索者，拥有内地最早由民间发起、自主运作的社会工作者行业管理机构——浦东新区社会工作者协会，作为全国第一家社区服务行业协会和社会工作者协会，积极推动社会组织承担政府委托的社会服务事项，包括社会工作者专业队伍的招募、培训、管理和评估工作，在学校、医院、社区等开展社工服务、专业培训等事务。特别是，浦东创立的全国社工服务标准得到国家民政部的认可，上升为全国标准。

（2）内地第一家民间社会工作服务机构——上海乐群社工服务社，内地第一个公益组织孵化器——上海浦东公益组织发展中心也都最早在浦东发展成长。

（3）搭建多层面的政社合作平台，使政社合作有的放矢。为增强社会组织服务功能，在大力培育社会组织的同时，浦东早在2006年就建立了全市第一家区级市民中心，并将其作为政社合作互动的物理平台，为社会组织提供多元化的服务。市民中心的建立旨在创新政府管理的理念和实现方式，搭建政社沟通互动的平台，政府重大决策、重大事项征询社会组织和社会公众的意见，市民中心已经成为市民的天地、社会的平台、政府的窗口。浦东充分利用浦东市民中心、新区民间组织服务中心、街镇社区事务受理中心等有形平台，以及新区政务网站、区长网上办公会等网络平台，搭建起政府与社会组织多元渠道沟通、即时信息互动的政社合作平台。

(4) 依托政社合作平台，新区政府积极拓展多种形式的政社合作方式。率先探索政府购买服务的政社合作提供公共服务新模式，将涉及政府公共服务、事务性强的部分事项，通过公开招标、项目发包、项目申请、委托管理等方式，由政府购买社会组织的服务，建立起以项目为导向的契约化管理模式。

(5) 制度设计上最早建立了基本完整的政府购买服务制度体系。早在2007年，浦东新区就出台了《浦东新区关于政府购买公共服务的实施意见(试行)》，首次以专门文件予以明确规范。把向社会组织购买服务纳入创新社会管理和公共服务的总体布局之中，起步早、标准高、规划细、覆盖广。而上海各级政府出台相关文件17件，有力地推动了购买社会组织服务工作向制度化、规范化方向发展。

其次，确定了政社分开，政社合作的“小政府、大社会”的战略方针。“小政府”指的是机构编制精简；“大社会”则是指根据社会发展要求，相应健全社会服务机构并增强其服务功能。一个有形的物理平台助推了政社合作，促进了公共政策的不断完善；园区各社会组织的实践中发现新的需求又推动相关政策的产生。从一开始，政府就明确认识到面对多元化社会需求，政府不可能大包大揽。必须转变战略认识，转变政府职能，走群众路线。为营造“小政府、大社会”不仅要转变政府职能，社会建设方式也要转，必须积极培育社会组织并向他们购买服务。在新的形势下，政府主导社会建设，要尽可能调动多方积极性，依靠社会力量，集聚民间资本，掌握“杠杆原理”，学会“四两拨千斤”。这是社会建设中的群众路线，这也是政府管理理念和执政方式的深刻转变。

再次，社会管理改革到位。浦东新区领导、各职能部门定期与各社会组织开展沟通和互动、面对面交流，致力于形成政府与社会组织的长效交流机制。就社会管理创新发展、政府职能转变及政社合作机制、社会组织自身能力建设、社会组织人才培养机制及发展中的困难进行沟通交流，政府和各类社会组织的共同努力，进一步推动了“党委领导、政府负责、社会协同、公众参与”的新型社会管理体制的实现。根据国家和上海市对浦东的战略定位，把拓展社会组织培育发展路径平台，不断增加社会组织参与社会建设，为社会组织发展营造更好的环境提上战略议程。

第四，社会组织管理改革到位。一改怀疑和排斥，予以扶持和优惠，形成互惠互利的共赢局面。随着一系列扶持和优惠政策的出台实施，全社会对社会组织的接受度日益增加，新区社会组织进入快速发展时期。目前，新区共有社会组织1332家（其中社会团体353家，民办非企业单位979家），约占全市社会组织总量的1/7，且每年仍以超过10%的速度增长，这些组织涉及劳动、民政、教育、科技、文化、卫生、体育等多个领域，为推动浦东经济发展、科技进步、扩大就业、缓解矛盾、促进和谐等方面发挥了重要作用，已成为构建和谐社会的一支不可或缺的力量。同时，保证“社会”健康生长，避免草根组织被政府“收编”。此外，扶持的同时监督社会组织加强公益理念、强化专业理念，提升公信力从而优化公益形象；通过规范化评估规范社会组织内部治理，提升社会组织服务社会的能力。

第五，健全政社协同机制，促进社会组织健康发展。新区民政局提出，扩大社会组织无业务主管单位登记管理范围。按照民政部社会组织登记管理制度改革的要求，探索对公益慈善类、社会福利类、社会服务类社会组织履行登记管理和业务主管一体化管理，支持、引导社会组织更好参与社会管理和服务。加强供需对接平台建设。深化公益类项目招投标工作成果，积极协同相关委办局和街镇，开展项目发布、展示、洽谈、推广等一系列服务，引入购买服务的竞争机制、选择机制，探索购买服务的价格发现机制、绩效评估机制，促进政社合作、社社合作、社企合作。打造浦东公益品牌。继续开展“浦东公益文化周”活动，使其成为传播公益理念、交流公益精神的平台。依托浦东公益服务园、基金会服务园，建立集能力培训、制度建设、项目实践、信息共享、孵化示范于一体的上海公益社会组织示范基地。

第六，优化整合，加强社会管理各类队伍建设。新区民政局、人保局提出，要重点加强三支队伍建设：(1) 加强社工人才队伍建设。建立健全社工人才队伍体系，构建为社工人才服务的体系。搭载社工登记注册的平台，实现互动，团结社工，服务社工，推进社工的发展。(2) 加强社区工作者队伍建设。完善社区工作者多元化招录和职业化培训机制，健全社区工作者的薪酬体系、考核体系，不断提升居民区干部的素质能力。加大从优秀居民区党组织书记、优秀居委会成员、优秀社工中定向招录街道公务员、事业编制干部的力度。(3) 加大协管员队伍的优化整合力度。

四、问题和应对之道

宏观上讲，浦东公益服务园区所遇到的问题正是中国社会管理和社会组织管理中问题的体现。

首先，不可否认，虽然政府与社会组织之间建立了互动关系，但是由于政府拥有强大的行政力量、控制力和资源，导致社会组织自主性缺乏，社会组织与政府之间更多的是一种从属性的合作关系，是在政府引导和管理下社会组织积极参与到公共服务中来的合作关系，离平等的真正的合作伙伴关系尚有距离。如何做到既实现政社合作，又保持相对独立在长期都将是一个课题。

其次，人才危机。社工专业人才稀缺问题是一个全国性的问题，需要出台配套政策加强专业社工人才队伍建设。例如，可以制定实施社工考核激励（薪酬补贴）办法，对在公益性社会组织和专业社工机构工作的一线社工给予薪酬补贴；启动社工素质提升计划和社工督导培养计划，通过开展分级、分层的继续教育，以及聘请有丰富社工实务经验的高校教师和境外社工专家担任外部督导，不断提高社工专业能力和服务水平，等等。

再次，资金问题。目前，公益服务园区内大部分草根组织的资金来源主要是政府购买服务，即使实力相对雄厚的乐群，其承接的项目中也有70%来自政府。因此，草根公益组织需要进行能力建设，否则，就只能是一个项目组，是不可持续的。全部都是政府购买，那就成为政府的包袱了。

另外，需要搭建科学规范的政府购买社会组织服务平台。制定出台政府购买社会组织公共服务实施办法，明确政府向社会组织购买服务的领域、购买方式、购买类型和操作程序，确保政府购买社会组织服务程序和机制更加合理、公开、透明。

在未来，首先加强社会组织规范化建设，建立和完善竞争机制和评估机制。就浦东社会组织发展和建设工作：一是坚定信心，为社会组织发展营造更好的环境。要拓展社会组织培育发展路径平台，努力形成布局合理、功能健全、诚信自律、作用显著的社会组织发展体系和多方参与、监督有力、科学规范的社会组织管理体系。二是强化自律，优化社会组织的公益形象。要强化公益理念，更好地实现公益追求和公益目标；强化专业理念，更有力推进从业人员的专业化、职业化，在提升服务绩效和社会信誉的同时，显著增强社会组织的自律自治能力；要深化品牌理念，推动社会组织科学发展。浦东公益服务园要在原有基础上，以社会管理创新为立足点，积极探索实践。在工作目标上要有更高的要求，将浦东公益服务园、公益街、基金会服务园、塘桥社会组织服务中心功能有机整合，建设"全国公益示范基地"，打造浦东公益服务品牌。在功能定位上要立足于体现三个力：使浦东公益服务领域对有志于从事公益事业的人员具有吸引力，使浦东公益服务项目对全国、全市具有影响力，使浦东社会组织具有可持续发展的生命力。

提升社会组织发展水平。重点做好社会组织的培育发展，鼓励发展服务民生的社区公益性社会组织、枢纽型社会组织、支持型社会组织。依托浦东公益服务园，开展项目发布、项目展示、项目推广等服务，引入购买服务的竞争机制、选择机制，探索购买服务的价格发现机制，促进政社合作、社社合作、社企合作。依托浦东公益服务园、基金会服务园，建立集培训、制度建设、项目实践、信息共享、孵化示范于一体的上海公益社会组织示范基地。

（第六届中国地方政府创新案例）

“桐庐百姓日”：尊重人民主体地位，建立公众参与机制

任泽涛　郁建兴
（浙江大学公共管理学院）

经济社会发展水平不断提高，人民生活质量不断改善后，地方政府仍然面临群众幸福感、满意度下降，社会问题、社会矛盾不断增多且日益复杂化的倾向。“桐庐百姓日”意在突出“百姓的节日”，让全县所有百姓通过一系列内容丰富、形式同样的活动，在节日氛围中增强“桐庐属于百姓，百姓归属桐庐”的集体认同感、情感归属感，增强“欢乐百姓日、幸福桐庐人”的心理幸福感和自豪感，更好地促进干群关系融洽，提升群众幸福指数，营造和谐的社会发展环境。考察桐庐创新实践，其成功经验在于：以开展活动为载体，提高公民素质，唤醒公共精神；以文化传统为根基，融合现代文明，培育共同价值；以举办节日为契机，畅通参与渠道，建立参与机制；以政府开放为窗口，打造透明政府，建设服务政府。与此同时，其局限性又在于公民定位不明晰、社会组织不发达、参与机制不健全以及运行机制不成熟。如何推进“桐庐百姓日”健康永续发展，从长远来看，需要基于现代公民力量的培育和社会组织的发展，进一步畅通参与渠道、建立健全参与机制，戮力

形成政府、社会组织和公民力量三者之间互联互通、协调配合、良性互动的社会治理运行机制。当下“桐庐百姓日”活动要进一步突出“政府开放、群众参与、百姓共享”三个重点，致力于形成常态化的政府开放活动、发展多样化的文体活动、打造品牌化的民生共享项目以及建立长效化的组织运行机制。

一、“桐庐百姓日”的实施背景和主要目标

桐庐县位于浙江省西北部，钱塘江中游。县境内土地总面积1829平方公里，属浙西北丘陵山地。全县土地面积构成中：山地丘陵占86.3%，平原占10.4%，水域占3.3%，形成“八山半水分半田”的土地结构。桐庐县地处中北亚热带过渡区，温暖湿润，光照充足，雨量充沛，冬夏季风交替明显，气候四季分明。自然资源丰富，土壤资源、水资源、非金属矿产、旅游资源、生物资源等自然资源丰富，成为桐庐县社会经济发展的重要基础。改革开放特别是“十一五”时期以来，桐庐经济社会取得了较快发展，主要表现在以下方面：

一是综合实力不断增强。2011年，全县生产总值达233.51亿元，比5年前增长近70%；财政总收入达30.3亿元，比5年前增长了1.5倍，其中地方财政收入17.19亿元，比5年前翻了两番；全县工业销售产值达到629.21亿元，比5年前增长86.7%。销售产值10亿元以上的块状经济有8个，亿元企业达到了85家。

二是城乡面貌日新月异。桐庐打造了全省首个县级商务区——迎春商务区，以及入城口景观、精品示范街区、滨江沿江景观，等等，一个精美现代化中等城市的英姿初步显现。另外，桐庐美丽乡村建设正在如火如荼地推进，且处于全省领先地位。

三是社会事业蓬勃发展。近五年来，县财政投入社会事业的发展资金达

到了54亿元，建成了体育馆、图书馆、博物馆、叶浅予艺术馆、叶浅予中学、第一人民医院新院区等一批设施。特别是乡村卫生服务一体化管理工作，新建站室190个，基本达到每个行政村都有一个卫生站室。而且每个新建站室全部实行基本药物零差率销售，药品平均价格下降30.5%，较为有效地缓解了群众看病难、看病贵问题。桐庐还实施了“清洁桐庐”三年行动，配备1700多名村保洁员进行长效管理，并对生活垃圾处理实行“户集、村收、乡镇中转、县处置”的一站式处理模式，农村环境卫生治理成效显著。

四是民生福祉明显改善。近五年来，城镇居民人均可支配收入从16353元增加到27130元，农村居民人均纯收入从7590元增加到13460元，翻了将近一番。投入近6000万元，建成廉租房、经济适用房、人才公寓等保障性住房2.6万平方米，解决了500多户低收入家庭的住房困难。完成农村困难家庭危旧房改造24万平方米，惠及群众1589户，平均每个困难家庭可以享受到约3万元的危旧房改造财政补助。连续几年实施农村安全饮用水工程，农村受益人口达26万余人，让大部分农村百姓喝上了安全的自来水。从2009年起，桐庐还共投入专项资金2亿多元，完成150个行政村农村生活污水处理和150个农家乐污水处理工作，走在了全省乃至全国前列。

五是政府服务不断优化。近几年来，连续开展机关满意单位评比活动，让群众来评议机关和干部的服务等次，以此推动机关效能和干部作风的提升。设立县长信箱和12345县长公开电话，建立群众投诉、受理、交办、督办、评议机制，真正对投诉事项做到“受理一件办理一件、办理一件解决一件、解决一件答复一件。”不断推进行政审批制度改革，成立审批服务中心，把全县分散在各个部门的所有行政审批事项全部集中到一个大厅，统一受理、统一办理、统一监督、集中评议，审批事项的办理办结时间从法定平均时间21.9天压缩到2.33天，审批效能大幅提升。

然而，在巨大的经济社会发展成绩背后，桐庐同样面临诸多社会快速转型带来的新问题和新挑战。突出表现在，人民幸福感下降，社会矛盾增多，官民关系疏远，政府公信力降低，等等。在新形势下，如何以新理念提出新思路、以新举措应对新情况、以新办法解决新问题，显然是桐庐和当代中国面临的共同课题，也是各方为之努力的共同目标。“桐庐百姓日”无疑先行一步，结合桐庐社会实际和具体情况，对破此难题作出了富有自身特色的探索。

简言之，举办“桐庐百姓日”的主要目标即在于：一是希望桐庐人民更加幸福。活动的主题就是“欢乐百姓日、幸福桐庐人”，其中的每一项子活动，比如在县城各大广场和乡镇村举办天然大舞台、发放42000张免费旅游券组织幸福家乡欢乐游，在全县183个村开展“敬老爱老幸福餐”活动等，每一项活动都与普通群众息息相关，都是围绕老百姓而开展的，都以桐庐人民为主角。此外，桐庐在2012年春节前向全县每位60岁以上的老年人发放300元春节慰问金，今年又将城乡居民基础养老金提高了100元，将县内住院医疗费报销比例提高到70%，“桐庐百姓日”当天下午还举行了“大病致贫困难群众帮扶公益金”成立仪式，并向大病致贫的10户困难家庭发放了45万元公益金，桐庐政府还提出了要打造幸福桐庐，等等，所有这些工作都只有一个目的，即希望桐庐老百姓的生活更加幸福，心情更加愉悦。二是希望桐庐社会更加和谐。由于种种原因，一些地区经济发展了，但干群关系疏远了，数字上去了，但群众支持度下来了。对于县一级党委政府来说，可以说最重要的就是做好三篇文章：其一密切干群关系，促进社会和谐；其二立足本地优势，推动区域发展；其三着眼长远利益，保护生态环境。而密切干群关系、促进社会和谐是执政的基石，更是第一责任。而“桐庐百姓日”活动中的政府开放日活动，就是一个很好的载体，让更多群众了解政府部门的工作，在相互理解、相互支持、相互包容中增进干部和群众之间的感情，消除部分群众心中的隔阂和误会，从而使桐庐的社会关系更加轻松、更加融洽。同时，在“桐庐百姓日”活动中，每一项活动都围绕着群众转，都以群众为主角，让老百姓了解家乡近年来的发展变化，享受桐庐的发展成果，增强对桐庐这座城市的认同感、归属感和自豪感，从而让更多的人参与到桐庐改革发展中来，营造出和谐、欢乐、祥和的城市环境。三是希望桐庐干部更加亲民。有句话说得好，“只有我们把群众当亲人，群众才会把我们当亲人，只有我们把群众放在心上，群众才会让我们坐在台上。”百姓日，顾名思义就是百姓的欢乐日，公职人员的服务日。因此，百姓日当天桐庐公职人员全部上班开展服务工作，不仅公务员如此，还包括所有财政供养人员，即凡是吃财政饭、拿纳税人钱的人都要发挥各自所长，为普通老百姓办一件实事。这样做的目的就是要告诉所有公职人员，拿着纳税人的钱就是群众的勤务兵、就是老百姓的办事员，就是要服务，不仅仅在“桐庐百姓日”活动中要全心全意为群众办实事，更要在日常工作中转变作风、亲民爱民，坚持眼睛向下看，身子往下沉，拿出更多的时间和精力到基层去、到一线去，尊重群众、爱护群众、服务群众、贴近群众。

二、“桐庐百姓日”的基本情况

为了更好地贯彻杭州市党代会“打造东方品质之城、建设幸福和谐杭州”的重要精神，全面践行“幸福和谐”观，推进“三城三区”建设。桐庐县将5月6日桐庐解放之日定为“百姓日”，意在突出“桐庐的生日”即“百姓的节日”，旨在以“我们的节日”来铭记历史、增强共识、凝聚人心。2012年5月6日首个“桐庐百姓日”，该县围绕“欢乐的节庆、百姓的日子”活动主题，开展了“百姓日启动仪式”、“政府开放日”、“天然大舞台”、“幸福家乡欢乐游”、“名特产品大展销”、“公益事业大开放”、“公职人员齐奉献”、“义工联盟大行动”、“民俗文化大巡游”、“全民运动大聚会”、“市民夜赏富春江”等10+1项主题系列活动，让全县所有百姓在热烈、喜庆、欢乐、祥和的节日氛围中增强“桐庐属于百姓，百姓归属桐庐”的集体认同感、情感归属感，增强“欢乐百姓日、幸福桐庐人”的心理幸福感和自豪感；更好地促进干群关系融洽，提升群众幸福指数，营造幸福和谐的发展环境。

总体而言，"桐庐百姓日"内容丰富、形式多样，共创设了政民互动、幸福体验、文体展示、志愿奉献等四大系列十大主题活动，各乡镇、街道、开发区也结合自身特色，开展了一系列活动：

政民互动系列。首创了"政府开放日"活动，以群众现场观摩体验和互动的方式，提高政府工作的透明度，使政务公开之门进一步向老百姓敞开。由全县各行政村（社区）按一村（社区）遴选 1 人的办法征集了 202 名市民代表，主要包括创业能手、先进典型、劳动模范、文明家庭、烈士家属、革命前辈、少数民族和新桐庐人代表。当天，所有代表参观县四套班子主要领导办公室，参加政民恳谈会，与县领导合影、共进午餐，在与县领导零距离接触中，亲身感受开放、务实、亲民的政府形象；还参观了县公安局 110 指挥中心、数字城管信息处置中心、电视台等机关办公场所，进一步增进对政府机关工作的了解。在县级层面开展"政府开放日"活动的同时，分水镇、凤川街道、横村镇等也相继开展了不同方式的政民互动系列活动，进一步密切了政府与百姓之间的关系。

幸福体验系列。相继举行了"幸福家乡欢乐游"、"名特产品大展销"、"公益事业大开放"、"夜赏富春江"等四大主题活动，其中："幸福家乡欢乐游"活动不仅面向全县百姓发放了 42000 张免费游览预约券，还开辟了 2 条旅游专线，由乡镇（街道）、开发区各组织一辆旅游大巴前往景区免费游览；"名特产品大展销"组织了全县 28 家工业企业和 29 家农业企业参展，并根据"让利于民、惠民于利"的原则进行统一展销；"公益事业大开放"活动中，不仅全县 27 条公交线路和全部农村客运线路免费乘坐，24 个场次的电影免费领票，各类文化场馆免费开放，公立医院免收挂号费，还邀请了一百余名省九三学社医委会、各合作医院专家和我县医疗专家一起到县、乡、村举办大型义诊及咨询活动，并举办了免费的"敬老爱老幸福餐"，为全县 7 万多 60 周岁以上的老人送上了党委、政府的关爱；"夜赏富春江"活动组织了 200 多位市民代表观赏了富春江美丽夜景，其中不仅有老干部、优秀党员、劳动模范、优秀外来务工人员、三八红旗手，还有部分网民、社区居民和15位杭州市民代表。除了县级层面以外，各乡镇、街道、开发区也在当天开展了一系列“幸福体验”类活动：如桐君街道的“我与桐庐同生日”活动，旧县街道的“爱我家乡幸福游”活动，新合乡的春季商品交流会，富春江镇的公益单位免费开放活动，钟山乡的省名医专家义诊活动，瑶琳镇的新瑶琳人景区免费游活动，百江镇的镇村干部与10名留守儿童结对活动等。

文体展示系列。重点举办“天然大舞台”、“民俗文化大巡游”、“全民运动大聚会”等三大主题活动。其中：“天然大舞台”在中心广场、桐君广场设置了2个主舞台，并开展了“龙生股份”大舞台文艺表演、“中通之夜”百姓欢乐夜文艺演出等5场演出，相继表演了近80个舞蹈、歌曲、越剧等节目。同时，开展了“劳动最光荣”职工摄影展，百幅书画作品进入百姓家等活动，吸引了全县数万群众前来参观；“民俗文化大巡游”组织了分水龙凤呈祥、江南深澳高空狮子、莪山中门布龙、城南天井坞露台、合村岭源竹马、桐君阆里棕龙共6支队伍，在启动仪式结束后沿着县城主干道进行踩街巡游；“全民运动大聚会”活动组织了首届中心镇农民篮球友谊赛，分水镇、横村镇、富春江镇、江南镇等4个中心镇组队参赛。同时，组织了自行车骑游活动，邀请了4支队伍80位自行车运动爱好者，沿着县城进行骑游。在此基础上，各乡镇、街道、开发区也举办了多场文体活动，其中：城南街道举办了“全民运动会”；江南镇举办了“女子腰鼓展风采”、“百姓趣味运动会”等活动；合村乡举办了“争当优秀团员，共建最美合村”主题演讲比赛；开发区举办了职工健身走、自行车慢骑、台球和拔河比赛。一场场精彩的文体活动让城乡各地都成为欢乐的海洋。

志愿奉献系列。主要举办了“公职人员齐奉献”、“义工联盟大行动”活动，其中：由县直机关党工委牵头开展的“公职人员齐奉献”活动，共有67个机关部门和5家在桐通信企业、14家在桐金融机构开展各种形式的无偿志愿奉献活动，有8248名公职人员参与。活动当天，有42家单位参加广场志愿服务活动，有49家单位开展小分队志愿服务活动；除了公职人员全员奉献以外，社会各界也积极参与到“桐庐百姓日”活动中来，团县委组织了“幸福桐庐·志愿先行”系列义工服务活动，招募了415名志愿者开展了文明交通、美化市容、关爱空巢老人和福利院儿童、“桐庐百姓日”活动引导咨询、便民志愿服务等5大行动。同时，县商务局组织了以阿富足道、樱花足浴、豪盛足浴为代表的足浴企业总计150名技师进入老干部活动中心为老人提供免费足浴服务，还安排了2名足浴协会特邀的养生专家在活动现场随时为咨询人员解惑。另外，“桐庐农村合作银行大病致贫困难群众救助公益金”成立暨首批救助金发放仪式在“桐庐百姓日”举行，10户困难家庭领到了首批发放的48万元救助金，感受到了“桐庐属于百姓，百姓归属桐庐”的幸福感和归属感。

三、“桐庐百姓日”的主要做法

“桐庐百姓日”活动中，政府各级各部门按照“热烈、喜庆、祥和、节俭”的总体要求，突出“桐庐属于百姓，百姓归属桐庐”、“欢乐的节庆，百姓的日子”活动主题，在组织各项活动和落实各项工作时，始终坚持以下做法：

贴近百姓：“桐庐百姓日”是桐庐所有百姓的节日。在设计各项活动方案时，都经过多方面、多层次、多形式地征求意见，真正做到问计于民、问需于民，使活动能真正贴近百姓生活，满足百姓需求。

城乡联通：除县级统一活动外，各乡镇（街道）、开发区及村、社区都积极筹划、主动参与，在活动当天精心组织一场（处）以展示当地文化底蕴、具有地域特色的群体性活动，开展一批惠及百姓的开放类、免费类活动，不仅使县城成为百姓欢乐的海洋，也使农村、社区成为百姓欢乐的海洋。

共建共享：活动的开展着力抓好“市民代表遴选、活动节目组织、社会资源征集、各方力量动员、全方位立体宣传”等重点环节，通过活动的组织实施，实现“百姓更多受益、增进社会文明、参与企业得到宣传”的多赢效果。

社会参与：组织参与“桐庐百姓日”活动是政府各级各部门服务基层、服务百姓的重要实践，但在活动组织中，同时坚持“现有资源全面开放、政府购买部分服务、引导各类社会经营组织积极参与”的总体思路，整合各方资源，调动多方力量，突出社会参与，努力使百姓日活动成为桐庐社会共同体的重要节日。

政府主动：党和政府与基层民众保持沟通互动是社会长治久安的基石。中央提出要“深化政治体制改革，发展社会主义政治文明。扩大人民民主，健全民主制度，丰富民主形式。依法实行民主选举、民主决策、民主管理、民主监督，保障人民的知情权、参与权、表达权、监督权。”知情是有效参与、表达、监督的重要前提。遵循“请”字原则，通过政府决策请群众参与、政府工作请群众监督、政府绩效请群众评估、政府机关请群众参观，进一步加大政府开放力度，建设服务型、开放型政府，加强政府与群众的沟通，使政府工作更贴近民心。

四、“桐庐百姓日”的实施效果

1. 人民主人意识增强，与政府情感距离拉近

“桐庐百姓日”期间，县城、乡镇（街道）、村（社区）都以最富活力的形象展示出来，人人以主人的姿态参与。举例来说：桐君街道5月6日出生的群众齐欢聚同庆祝，共同感受“我与桐庐同生日”的喜悦；莪山畲乡的百姓穿上民族服装开展少数民族特有的庆祝活动；70多岁的张大爷参加了“政府开放日”活动，感慨道“活到70多岁，真没想到有一天能到书记、县长的办公室坐坐。看了纪录片、开了座谈会，在机关食堂吃了饭，过了一天

干部的日子，才知道干部不好当，没白天、没黑夜地工作。以前总觉得当干部就是当官了，今天看了之后，真是感觉到我们的干部确实是在为老百姓干实事、干好事。"各个镇村的百姓通过"桐庐百姓日"这个载体参与自己喜爱的活动，享受到党委政府的温暖。据民意问卷调查显示，"我在百姓日"感到"非常开心"的占89.3%；认为"以后还想再参加"的有96.8%。事后，许多群众在网络、论坛等平台上留下了"桐庐百姓日"的个人感言。还有部分群众给县委、县政府写来了感谢信，表达了自己对"桐庐百姓日"的感受。钟山乡一位68岁的罗洪溢老大爷参加了"桐庐百姓日"活动很有感触，写了一副对联"上联：自古家国现顶好；下联：历代朝政今最强；横批：知恩图报"来表达自己的感激之情。

2. 政府主动与民沟通，群众满意度进一步提升

在系列活动中，"政府开放日"、"公职人员齐奉献"等几项重要内容，深受干部群众欢迎。群众通过参访恳谈，了解了政府内部如何运转、领导干部如何工作，领导干部也直接听取了群众的意见建议，问计于民、问需于民，让群众切身感受到"我是主人"、"为我服务"。问卷调查显示，对"公职人员服务"感到"满意"的占92.7%。在定期"基层走亲"的基础上，通过"桐庐百姓日"的创新举办，政民互动更加畅通，干群关系更加融洽。

3. 共建共享成果显著，县内县外反响热烈

据统计，全县有92.3%的百姓享受到各类免费、优惠的卫生、医疗、文化等惠民服务；通过发放现场问卷调查1000份、入户抽样调查问卷740份、征集网上有效问卷122份，对"桐庐百姓日"活动整体评价满意率达99.4%。相关数据表明，当天全县没有出现一起信访，110指挥中心接受报警数量大幅下降。同时，中央电视台、中央人民广播电台、浙江卫视、杭州电视台、人民网、新华社、《光明日报》、《中国青年报》、《浙江日报》、《杭州日报》等

20多家主流媒体，聚焦桐庐，见证“百姓幸福、处处和谐”，深度挖掘并提炼总结了“桐庐百姓日”活动在推动社会建设、创新社会管理、促进社会和谐等方面的先进做法和经验。

五、“桐庐百姓日”的基本经验及其推广意义

“桐庐百姓日”的基本经验在于：

1. 以开展活动为载体，提高公民素质，唤醒公共精神

“公共精神，即公民对公共事务的积极参与，对社会基本价值观念的认同和对公共规范的维护。它是一种公民美德，更是一种社会资本，较强的公共精神能够为民主政治的发展奠定良好基础，而民主政治的发展也会为公共精神的成长提供有利条件。”[1] 必须强调指出，公民的公共精神不是与生俱来的，也不是通过单纯的知识学习就能够得到，更不是一朝一夕就可以养成，而要通过大量公共生活实践和素质训练得来。“桐庐百姓日”这种从县城到乡镇（街道）再到村（社区）全方位、有组织地举办活动，就是公民素质训练很有效的载体。加之与活动举办同步的各类宣传和倡议，更能使公民在体验活动带来的快乐时唤醒其公共精神。例如，活动期间，桐庐百姓日组委会办公室就发出《文明欢度“百姓日”，乐做幸福桐庐人——致全体市民的倡议书》，从“让我们彰显主人翁的姿态，营造美好和谐大环境；让我们争当文明市民，树立社会文明新风尚；让我们力做低碳出行先锋，践行生态环保新理念；让我们时刻把安全记在心头，共度祥和安全百姓日”等四个方面倡议共建潇洒桐庐、共享品质生活，取得了良好效果。

1. 张洋：《理性引导公民公共精神》，载《人民日报》，2012年7月18日。

2. 以文化传统为根基，融合现代文明，培育共同价值

文化是民族的血脉，是人民的精神家园。"优秀传统文化凝聚着中华民族自强不息的精神追求和历久弥新的精神财富，是发展社会主义先进文化的深厚基础，是建设中华民族共有精神家园的重要支撑。"[1] 显然，优秀传统文化仍然是新时代鼓舞人民前进的精神力量，要加强对优秀传统文化思想价值的挖掘和阐发，维护民族文化基本元素，要以各地方为主体，保护利用、普及弘扬各具特色的地域文化。与此同时，优秀传统文化的传承创新必须和现代社会创造的一切先进文明，又特别是现代的理性精神相互融合，共同培育公民植根东方传统文化、充分融合现代文明的共同价值，造就具有责任意识、法治意识，具有独立思考、理性表达能力的现代公民，从而筑牢社会稳定和谐、持续发展的根基。经验表明，"桐庐百姓日"活动举办中，明确要求除县级统一活动外，各乡镇（街道）、开发区及村（社区）都要积极筹划、主动参与，在活动当天精心组织一场（处）以展示当地文化底蕴、具有地域特色的群体性活动。始终坚持开展"桐庐百姓日"活动是增强广大群众主人翁意识的积极探索，要求真正将"桐庐百姓日"活动打造成独具桐庐特色的"全民欢乐日"，突出"桐庐属于百姓，百姓归属桐庐"、"欢乐的节庆，百姓的日子"活动主题。基本达到了培育共同价值、塑造合格公民相统一的目标。

3. 以举办节日为契机，畅通参与渠道，建立参与机制

首先，"公民是社会中人，一个健康的社会是实现公民个人权利的基础，而一个健康社会的形成也需要每个公民贡献力量。因此，对于每一个公民来说，参与公共事务，促进公共利益，关心国家命运，推动社会进步，这是应

1.《中共中央关于深化文化体制改革，推动社会主义文化大发展大繁荣若干重大问题的决定》，http://news.xinhuanet.com/politics/2011-10/25/c_122197737.htm，2011-10-25。

尽的职责。”[1] 然而，并不是所有的参与都是合理的，有些参与甚至成为暴力、破坏的代名词，而且这类事例在中国现当代历史上直至今天都不胜枚举。总结经验教训，符合时代进步要求的公众参与至少需要具备两个条件，其一就是现代公民的长成，突出表现是法治意识应成为公民政治参与、意见表达、享受权利、履行义务等行为的导向，并且那些尚不具备公民能力的未成年人和被剥夺公民权利的人等都要被限制参与；其次就是参与渠道的畅通和参与机制的建立，参与公共事务治理要成为制度化、常态化的形式，成为公民权利不可分割的一部分。政府要创造条件，让公民能就各种各样的治理问题便捷地表达自己的意见和建议，并且显示出其意见和建议是如何被处置的。要不仅让社会公众能和政府对话，而且要建章立制，使其能够相互对话、协调协商。只有全面地建立此类稳定的纵横交错的沟通互动机制，社会共同体内部的各种能量才能够达到一种动态的平衡，进而保持共同体的凝聚力和发展活力。“桐庐百姓日”活动中的每一项活动，都是编织“纵横交错的沟通互动机制”网络的有机组成部分，尤其是“政民恳谈会”更提供了党政官员和人民群众面对面沟通的平台，不仅有益于政府与群众之间的互动，建立起社情民意的集聚回应通道，而且有益于政府与基层民众建立亲近、互信关系，合力推动经济社会和谐发展、科学发展。

4. 以政府开放为窗口，打造透明政府，建设服务政府

政府无疑处于我国一切改革发展的主导地位，但是越来越多的人已经清醒地认识到，政府不仅可以成为推动发展的进步力量，而且可以成为阻碍发展的保守力量；政府不仅是改革舵手，而且是改革对象。显然，政府改革的艰难之处正在于其必须进行自我革命。尽管社会公众并不能完全依赖于政府进行自我改革，但是政府在履行职能过程中，由于受到各种主观和客观因素

1. 张洋：《理性引导公民公共精神》，载《人民日报》，2012 年 7 月 18 日。

影响，也的确会对自身进行各种“重塑”和“再造”。当代中国政府改革的目标早已明确，即建立服务型政府，其中一个非常重要的方面即打造透明政府，创造条件让人民更多地了解政府职能，参与政府决策，监督政府工作。“桐庐百姓日”中的“政府开放日”活动，通过向百姓开放部分政府部门或办公场所，以现场观摩体验方式，提高了政府工作的透明度，探索了百姓对政府进行监督的条件。此外，“桐庐百姓日”面对的不仅是全县干部群众，还有自发或受邀而来的众多社会知名人士和各级国家主流新闻媒体。显然，这些力量，尤其是被称为“第四权力”的传媒力量，在宣传扩散“桐庐百姓日”影响力的同时，也将桐庐政府置于“玻璃房”中，使得权力在公开透明状态下运行成为一种自觉和常态，从而增强政府及其公职人员的公仆意识和服务意识。

毋庸置疑，桐庐经济社会发展中遇到的问题也是全国各地不同程度普遍存在的问题，尽管对于问题的彻底解决需要结合各地实际，探索标本兼治的办法，但是“桐庐百姓日”不论是对于本阶段社会发展实质问题的“诊断”，还是据此开出的“药方”，显然都是值得各地学习和借鉴的。当然，学习借鉴并不是形式上的照抄照搬，也不是一种简单的扬弃，而是吸取以上经验后的开拓创新。

六、“桐庐百姓日”的限度以及进一步发展的思路

2012 年 5 月 6 日，仅仅是桐庐历史上第一个百姓日，虽然其中的“政府开放日”已经发展成为一种长效机制，每月定期召开，但是其限度并不是简单地以某种形式将各项活动长效化、机制化就能克服的。必须认识到，“桐庐百姓日”探索中存在的不仅有机制不健全的问题，还有体制上的缺陷问题，更有制度背后社会传统、文化观念不适应的问题。唯有紧扣本质问题，综合施策，才能既推动百姓日活动健康发展，又经得起时代问题的考验。

公民定位不明晰。如前所述，公众参与成效符合预期的前提条件之一是具有现代理性等公共精神的公民。显然，培育这样的公民是当代中国社会建设的根本任务之一。目前我国已经从人治向法治转变，从主要依靠政策治国向主要依靠法治治国转变。《宪法》总纲部分也明确规定："中华人民共和国实行依法治国，建设社会主义法治国家"。《宪法》第二章也规定了"公民的基本权利和义务"。经验表明，现代法治国家的建立离不开现代公民。尽管"桐庐百姓日"之所以称为"百姓日"也许有其历史和现实的原因，但是从此出发，应该明确"百姓日"的本质就应是"公民日"，也应是公民素质训练的重大现实举措。

社会组织不发达。历史反复证明，"原子化的个人"难以形成推动社会不断改革和进步的合力，而是往往酿成革命的暴力或者破坏性力量。当代中国的社会变迁已经使得许许多多的"单位人"成为了"社会人"。面对这种现实，除了通过教育和训练，使众多的"社会人"成为具有独立判断和理性思考能力的现代公民，在培育公民力量外，更要引导、支持其建立各类社会组织。使社会组织成为社会的"稳定器"和"减压阀"，也使"社会人"再次成为"组织人"，更使公民力量成为有序的、成熟的社会力量。"桐庐百姓日"的健康发展必须引入社会组织的参与，既增强其代表性，又通过社会组织辐射带动更多的社会力量致力于共建共享。

参与机制不健全。公民力量的疏导和社会问题的化解，关键在于建立健全各类主体共同参与治理的各种机制。一方面，随着经济社会的发展和进步，社会治理问题将变得越来越复杂，从而需要更加精细化的管理；另一方面，随着人们物质生活水平的提高，人们对于生活品质和个人价值实现的要求日益提高。这都要求各类社会治理主体积极参与到公共事务治理中来，并且形成治理的合力，共同促成人们生产和生活环境的改善。与此相适应，正如前文所指出的，需要在政府主导下，各类社会主体一道编织好纵横交错的参与公共事务治理的渠道网络，并完善相应的机制和制度建设。在这方面，"桐庐百姓日”的探索无疑是一个良好的开端，但未来的道路必定还很长。

运行机制不成熟。现代社会的治理任务绝不是政府唱“独角戏”就可以完成的。很多时候，公民力量也已经是“既成事实”，不论是出于现实治理需要，还是社会稳定考量，政府都必须与其“和平共处”。与此同时，政府还必须顺应时势，促使形成与公民发展需要和复杂治理要求相适应的丰富多彩的社会组织。而各种沟通参与渠道就是联结政府、社会组织和公民力量，并使其协调配合、良性互动的“经脉”（如下图）。惟其如此，才有望建立富有生机与活力，而且稳定和成熟的社会治理运行机制。桐庐政府的智慧、力量不容置疑，但是面对日趋复杂的现代社会治理难题，仅此是不够的。

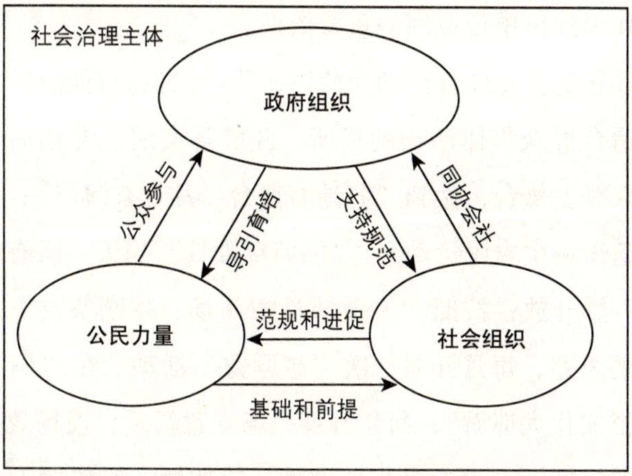

图3　社会治理运行机制示意图

综上所述，“桐庐百姓日”下一步发展的思路也已非常明晰。首先，从长远来说，即基于现代公民力量的培育和社会组织的发展，进一步畅通参与渠道、建立健全参与机制，戮力形成政府、社会组织和个体公民三者之间互联互通、协调配合、良性互动的社会治理运行机制。其次，着眼于当下，“桐庐百姓日”活动要进一步突出“政府开放、群众参与、百姓共享”三个重点来展开，主要包括以下方面的内容：

一是以常态化的政府开放活动为核心，突出“桐庐百姓日”的创新价值。通过政府机关请百姓参观、政府决策请群众参与、政府运作请群众监督、政府绩效请群众评估，将“政府开放活动”常态化，尤其是组织每季度一次的政府机关开放活动，使之成为政府管理的创新品牌。办好桐庐县政府网和桐庐新闻网“领导干部在线访谈”栏目，组织县政府相关领导定期参加访谈；扩大群众参与政府决策的途径，有序开放县政府重大决策会议现场；提升“12345”县长公开电话、县长信箱等平台；深化事关民生重大问题政府决策前举行公众听证和主动接受社会质询工作机制；做好网上评估，在政府网上公示政府部门工作进展情况，随时接受群众的监督评价；深化综合考评，以群众的满意度作为评价单位业绩的重要依据。

二是以多样化的文化体育活动为载体，营造“桐庐百姓日”的欢乐氛围。充分利用全县适合群众集体活动的场所，开展各类演艺专场活动，把场地交给群众，让群众登上舞台，做到“各地有舞台、月月有演出”；以乡镇、街道为主体，每年组织一次农民运动会，“桐庐百姓日”当天，所有的公益性运动场馆都免费向百姓开放；按照“专业演员演几场、越剧票友秀几场、广大戏迷参与几场”的思路，每月开展一次“越剧秀”活动。在“桐庐百姓日”当天，举行“民俗文化大巡游”；每年开展一场立意新颖、现场效果好、对外影响力大的创意吉尼斯活动，通过集新颖性、独特性、趣味性于一体的吉尼斯活动，进一步提升“桐庐百姓日”的影响力。

三是以品牌化的民生共享项目为支撑，彰显“桐庐百姓日”的幸福内涵。向全县60岁以上的老年人提供免费的“敬老爱老幸福餐”，并邀请100位县内80岁以上的老年人参加县百寿宴活动；在桐庐市民凭身份证全年半价游、“桐庐百姓日”预约免费游的基础上，开展桐庐市民生日免费游活动；充分发挥“义工联盟”、“青年志愿服务者队伍”、“机关干部服务队伍”作用，大力开展“进农村、进社区、进企业、进家庭”活动；在“桐庐百姓日”，组织县内各类工农业名特优产品集中展示展销，动员各大超市、商场实行折扣优惠，让利于民、惠民于行；在“桐庐百姓日”，县内公交车、中巴车以及博物馆、图书馆、艺术馆、电影院、剧院全部免费开放。全县公立医院免收挂号费，组织省市县医卫专家到县、乡、村举办大型义诊及咨询活动。发放大病致贫困难群众救助公益金。

四是以长效化的组织运行机制为保障，提升“桐庐百姓日”的内在品质。充实力量，建立组织，统筹做好“桐庐百姓日”活动的组织策划和多方协调。各乡镇（街道）、开发区也要安排力量，负责组织开展当地的群体性活动；在网络、报纸、电视台等媒介上开辟栏目，搭建平台，广泛开展“桐庐百姓日”活动主题曲、LOGO、吉祥物等征集活动；建立“桐庐百姓日”创意活动征集窗口，全年开展“我为‘桐庐百姓日’出点子”活动，不断创新“桐庐百姓日”内容；按照“现有资源全面开放、政府购买部分服务、引导各类社会经营组织积极参与”的总体思路，通过冠名、赞助等形式，积极引导、发动各类企业、商业机构参与“桐庐百姓日”活动。

工会转型与组织资源整合
——“义乌工会社会化维权模式”的过程

韩福国
（复旦大学国际关系与公共事务学院）

随着中国社会结构的变迁，整个社会的治理形态也随之发生了变化。其中一个最为突出的变化就是三个群体在中国社会中的凸显：一是原有的集体和国有工人群体的社会化流动；二是新兴企业主阶层的壮大；三是农民工群体的迅速膨胀。原有国有集体工人群体的变迁和民营企业的成长，均和农民工群体有着直接的、不可分割的关联性。这三个群体的呈现构成了中国社会结构变迁的典型特征。

中国的民营经济在短短20多年的时间内使民间资本、私人资本，由几乎为零迅速增长到目前的约6万亿元，私营企业已占中国法人企业的60%以上；创造了中国GDP的约40%，创造了中国GDP增量的约60%；解决了中国城镇就业和农村劳动力转移的一大半，解决了社会新增的非农就业的80%以上；它提供了中国税收的约1/5，提供了地县税收的大半；它提供了中国出口的约1/5；它提供了商品与服务，成为彻底扭转中国短缺经济面貌的一个最重要力量。2006年民营经济蓝皮书《中国民营经济发展报告（2005—2006）》预计，今后五年期间，中国民营经济发展速度将继续高于全国平均水平，预计全部民营经济占全国 GDP 的比重将上升至 3/4。[1]

改革开放 30 年来，在中国城市化进程加速推进的过程中，大量的农村人口向城市流动，形成了中国历史上规模巨大的“民工潮”。目前中国外出农民工数量为 1.2 亿人左右；如果加上在本地乡镇企业就业的农村劳动力，农民工总数大约为 2 亿人。[2]“农民工”总体数量比 2003 年我国国有和集体企业约 4500 万职工总数高出近一倍。[3] 其中非公有制经济已成为就业和再就业的主渠道。20 世纪 90 年代以来个体私营企业平均每年净增 500 万—600 万个工作岗位，占城镇新增就业岗位的 3/4 以上。2003 年我国个体私营企业就业人数已达 1.5 亿多人，占非农就业人数近 40%。[4]

面对大量农民工群体在城市中的涌现，原有的社会管理结构如何承载？政府职能部门如何应对？城市社会中的社会组织如何适应？这都构成了这一群体在城市社会中生存和发展的关键。

浙江省义乌市工会面对这一群体及其衍生的问题，就如何发挥工会组织在构建和谐社会、应对社会矛盾中的积极作用，结合义乌市更为具体的问题诉求，进行了积极探索，建构了义乌工会社会化维权模式。

一、维权模式创新的问题指向

义乌市是国际著名的小商品集散地，其小商品指数直接影响着全球的小商品价格，其常住国外人口一直维持在一万多人。义乌市民营经济发达，

1.《民营经济蓝皮书表明　我国民营企业出口表现强劲》，中国发展门户网，www.chinagate.com.cn，2006 年 10 月 6 日。(中华全国工商业联合会主持编纂：《中国民营经济发展报告 (2005—2006)》，北京：社会科学文献出版社 2006 年版。)

2. 国务院研究室课题组：《中国农民工调研报告》，北京：中国言实出版社 2006 年版。

3.《农民工是产业工人的重要组成部分》，载《工人日报》，2004 年 11 月 15 日。

4. 陈永杰：《非公经济进入新阶段，面临十大突出问题》，载《中国经济时报》，2005 年 2 月 3 日。

2006年义乌全市人口170余万，外来建设者近一百万，其中农民工多达703964人，占外来总人口的70%多。

(一) 外来务工群体的帮会化趋势明显

自改革开放以来，义乌小商品经济发展迅猛，形成了民企林立、产业密集的用工环境，在近20多年的发展过程中，同时形成了义乌本地68万，而外来的常住人口、外来建设者近一百万的人口格局。截至2005年底，义乌市全市就业农民工多达703964人，占外来总人口比例的70.3%，农民工基本在第二、第三产业就业，具体结构比例如下：第二产业428677人，占60.9%；第三产业275287人，占39.1%。[1] 外来人口的主要输出地为江西、湖南、湖北、安徽、河南等省份，而且同省人员基本上来自于同一地区，如江西上饶、江西玉山、安徽淮北、河南南阳、浙江开化等地区。[2]

另一方面，随着中国经济体制改革的深入，政府的管理职能也开始在市场等诸多领域实行收缩，对民营企业的用工制度监管缺乏有效的途径。这使得社会产生了对农民工非正式组织的需求，也为它们的发展提供了政策空间。到1989年，全国性社会团体的数量由20世纪70年代末的100多个剧增到1600多个，而地方性社团也从几千个增加到20多万个。到1997年，虽然经过全国的治理整顿，县级以上社团仍达18万个。[3] 由于一些国际组织的资助，在华南地区也出现了很多的外来工组织，如深圳外来工协会、打工族文书处理服务部、深圳小小鸟打工互助热线等外来劳工组织也相继出现。[4] 农民工群体自身也在利用各种社会资源来降低外出打工的风险，

1. 义乌工会社会化维权模式课题组：《义乌市总工会农民工基本情况调查》，2006年5月。
2. 义乌工会社会化维权模式课题组：《浙江义乌总工会维权模式农民工问卷统计》，2007年2月。
3. 占少华、韩嘉玲：《中国的农民工非政府组织：经验与挑战》，中国社会学网，www. sociology. cass. cn。
4. 黄岩：《外来工组织与跨国劳工团结网络》，2007年海峡两岸“社会发展与公共政策”学术研讨会论文。

互帮互助，保护自己的权益。

但是，输出地政府和输入地政府对农民工的权益保护都存在缺位现象，致使农民工在政治、经济、心理等方面都处于弱势地位。这就为农民工非正式组织的介入提供了契机，各种农民工非正式组织成为两地政府管理缺位的替代者。

在劳动密集和利润主导的产业环境中，劳资纠纷、劳务矛盾频繁发生，长期缺乏体制内保护的弱势农民工群体，转而依靠地缘关系形成的民间组织，通过非常规方式维护自身权益。从义乌具体情况看，农民工群体缺乏制度化的保障机制，工资、工伤、劳动合同等纠纷与个体暴力讨薪事件日益增多。自发社会组织日益增多，群体暴力事件时有呈现。义乌市苏溪镇胡宅、蒋宅两大村庄，外地务工人员远远超过本地居民，仅安徽定远就8000余人。据调查，安徽“定远帮”、江西“玉山帮”、衢州“开化帮”等农民工的自发组织一度在义乌中小企业里十分活跃，并获得了来自这些地区农民工的天然信赖。

（二）义乌和谐社会发展受到严重影响

一些务工人员多以“老乡带老乡、亲属带亲属”的方式形成了地方性自我保护势力。更有人以收取“关系疏通费”为名，向同乡人收起了每人每月10元钱的“保护费”，从而引发了带有暴力性质的霸道行为。由于形成了紧密的团体关系，从而导致了劳动者非正常流动，集体跳槽现象与职工队伍不稳定，使不少企业主具有失员停业的危机感。据统计，从1997年开始，义乌每年因劳动争议引发的纠纷达上万起，由于部分矛盾不能解决，曾经出现了劳工跳楼、老板被杀等恶性事件，造成了义乌社会的不稳定。

(三) 农民工群体的合法权益缺乏组织保障

具体情况参看下表：

表 9 义乌市总工会部分维权结果三项统计表

性质	纠纷调处	义乌开化联合维权	担任仲裁员	仲裁诉讼代理	来信	来电
工伤赔偿	21.19%	8.33%	33.33%	25.00%	9.38%	20.16%
工资纠纷	58.59%	80.56%	25.33%	26.79%	28.13%	31.67%
雇用纠纷	5.54%	2.78%	29.33%	8.04%	12.50%	19.71%

这是农民工群体走向非正式组织的关键所在。中国当下社会治理结构内，面对新生的这一群体，政党、政府和其他社会正式组织均缺乏应对的思想、载体和历史经验。双重的户籍制度带来双重的身份界定，这些群体的权利如何维护，本身就是一个没有定论的问题。作为一个天然的弱势群体，他们必然处于权利缺少维护的境地。

(四) 企业主的不良行为缺乏制约

根据《浙江义乌市工会维权模式调研问卷（农民工部分）》的统计，在“在您务工过程中，曾经遇到过工资拖欠吗?”和“在您务工过程中，遭遇到过工资被故意克扣的情况吗?”的问题上，统计结果如下：

表 10 在您务工过程中，曾经遇到过工资拖欠吗?

选项	数量	回答比例
有：一次	127	14.6%
一次以上	101	11.6%
没有	640	73.8%
总计	868	100%

表11 在您务工过程中，遭遇到过工资被故意克扣的情况吗？

选项	数量	回答比例
有：一次	119	13.8%
一次以上	91	10.6%
没有	650	75.6%
总计	860	100%

在追求低成本、薄利润空间的压力下，中国民营企业主阶层必然会在工人工资、工作环境等方面追求“低成本”，同时由于中国农民工工作素质比较低，所以“克扣工资”、“工伤工损”等就成为民营经济发展初期的必然现象。

（五）政府管理部门的功能不足

由于义乌市政府职能部门的人员配备无法适应城市人口的快速增长，义乌市政府各个职能部门的人员配备仍然是按照当初的人口模式进行的，而现在要管理人口膨胀几倍的城市，人员严重缺乏。并且政府部门执法需要更为严格的程序和手续，所以针对农民工这一特殊群体，就出现了许多功能不足的现象。

以下对农民工的采访就突出地表现了这一问题。“跟老板娘求不成，我就找了警察，警察叫我去劳动仲裁机关，但去了这个机关，我们的手续不全，身份证没带，又没有工作合同。后来有人告诉我，去找总工会，我女儿也说是有个总工会，就是不知道地址。我当时是想把整个义乌翻遍了也要把总工会翻出来。费了好大的劲，才找到总工会。总工会的人对我很好，给我倒水喝，又详细听我唠叨。经过很多周折，帮我解决了问题。”[1]

1. 参见韩福国等：《新型产业工人和中国工会——“义乌工会社会化维权模式”研究》，上海：上海人民出版社 2008 年版。

（六）执政党的群众基础受到削弱

这些问题的日益增多和积累，无形中给义乌市委带来了极大的稳定压力。义乌市总工会针对这些问题，采取主动、依法、科学维权的方法，在义乌市委市政府的高度重视和支持下，联合各个政府职能部门，携手各民主党派、社会各个团体阶层，创新了社会化维权模式。

二、过程：权力博弈与资源整合

义乌总工会维权工作的真正转折点是在1999年初。1998年之前，义乌总工会及其下属国有企事业单位工会，就如同当时全国绝大多数地方工会和单位工会一样，基本处于“无作为”和“失语”状态，用陈有德的话说，就是“在很多人的心目中，工会只是休闲、养老的地方”。至少在1997年之前，义乌工会工作的重要作用，还没有真正得到上至“市委、市政府”、下至“私企老板”的充分重视，更别说企业职工了。

党委政府是支持的，部门是同情的，企业是抵制的，农民工是怀疑的，这就是义乌总工会在建构社会化维权机制启动时的环境。当社会化维权格局基本形成，各方都具有了理解和支持的态度与行为的时候，从工会的角度观察，主要得益于义乌市总工会的“组织起来，切实维权”的主动维权精神和扎扎实实的组织行为。这一过程，涉及部门之间的权力博弈，以及工会对义乌市，乃至金华市的资源整合。既有刚性的碰撞，也有柔性的切合。

从义乌市委市政府的角度而言，建构职工社会维权化格局，尤其是针对外来农民工的维权机制，是建构和谐义乌所需任务体系的内在要求，是行动的方面之一，所以，在探索和构建起义乌社会化维权新格局，以实现理顺义乌的生产关系、劳资关系和社会关系，促进义乌劳动关系的协调和社会的和谐发展的整体目标，达到建构和谐义乌的最终目标的过程中，支持工会努力转变组织功能和发掘工会职能，充分发挥各级工会组织在社会安全保障和维护企业与职工双重权益方面的积极作用，使其协同政府和社会各方力量，就成为一个必然要求。

从义乌市总工会而言，这是一个制度转型的过程，是一个通过制度创新和行为模式创新，以原有组织的功能扩展，代替原生组织的过程。

面对这一全新的社会群体问题，政府职能部门的具体行为方式虽然有主动的精神，但是由于各个方面的原因，政府职能部门在具体行动上，如何与工会保持行动和谐，则是一个不断调适的过程。对于民营企业主而言，如何看待工会的介入，也是一个由敌视到理解，乃至于配合的过程。[1]

因此，社会化大维权格局的建构，需要社会各方的动员和参与，但从制度分析的角度，这是一个义乌工会与其他部门和行为主体进行互动博弈的过程。义乌工会组织转型和扩权期间曾遭遇重重阻力，既有因制度性缺陷所致，更有因危及其他相关部门的社会利益和经济利益所引起。就是说，义乌工会的扩权经历，其实是一个充满艰辛的博弈过程，这里面，既有权力博弈，也有利益博弈。博弈的主体就是总工会、政府辖下各职能部门、企业和其他社会团体（包括一些非法团体），博弈的过程显然是围绕着资源而展开，各方都期许获得更多的社会、政治和经济资源。

制度过程中，最为突出的就是“义乌市总工会职工法律维权中心”的建立。2000 年 3 月，义乌总工会经过认真研究，并召开了一系列企业主、职工、单位工会主席、基层工会主席和工业办主任等人员座谈会，发放了调查问卷上万份，目的是探寻职工维权的新机制和新途径。最后决定成立总工会直接领导下的专门维权组织——“义乌市法律维权协会”。2000 年 7 月，这一维

1. 我们在采访中，多数企业家都明确地谈到当初对工会工作的不理解，然后到最后的支持这样一个认识逐步转变的过程。

权协会得到义乌市民政局的认可和批准，该协会具有法人资质，属非营利性社团组织。为了维护因调解无效而需诉诸法律的当事人的合法权益，协会与浙江近真律师事务所联姻，开展多方合作。协会选派两名业务水平较高、政治素质较好的工作人员挂名到律师事务所，由律师事务所指定两名律师带徒，拟以此向司法行政部门申领律师助理证书，而近真律师事务所也在协会设立办公室，并派驻律师，旨在必要时由律师出面及时介入司法诉讼程序。

“义乌市法律维权协会”成立不到一个月，义乌市某部门对这一协会的职能和工作性质提出了异议，要求协会缩小工作范围和维权空间，因而要求把协会更名为“义乌市职工法律维权协会”。因此，到当年10月12日，全国首家由工会领导的法律维权机构——“义乌市职工法律维权协会”正式挂牌。

但事情并非如此简单。虽然“义乌市职工法律维权协会”具有独立法人资格，但人少钱缺，为了维持日常运转，协会决定通过举办基层工会和企业工会相关人员培训班和学习班等方式获取费用，为此，协会专门写了申请报告。2000年11月底，获得了有关部门的办班许可证，领取了发票，并正式开始办班收费活动，不到一个月内就收取费用38742元。但是，“义乌市职工法律维权协会”通过办班收费的做法，引起了某部门的强烈不满，因这样做，显然触动了该部门的部分利益。这一年12月25日，司法局以协会不具备从事当事人诉讼代理资格为由，派一位工作人员到总工会，当着陈有德的面，要求拆除协会两块科室牌，为此，浙江近真律师事务所也不得不撤走坐班律师。这件事，让陈有德等人感到十分无奈和愤怒，也首次真正体验到了工会维权的艰难。此事的另一个后果是影响到一些较为重大的、需要该部门出面解决的劳资纠纷案件的有效处理。后来，虽经市委、市政府一些领导的出面调停，但该部门仍然坚持不批准工会挂牌，最终只同意以“义乌市法律援助中心职工工作部”的名义挂牌，这一名称显然极大地束缚了这一新生组织机构的工作性质和职能发挥，它基本上不可能起到维护职工权益的作用，也与总工会当初的设想相差甚远。

由于当时该部门的不配合，“义乌市法律援助中心职工工作部”的名称一直沿用到2005年1月。义乌社会化维权模式通过一名记者的内参文章而得到胡锦涛等中央领导的肯定之后，2005年1月，这一“工作部”才正式更名为“义乌市总工会职工法律维权中心”，并得到义乌市政府有关职能部门的真正认可。

三、制度创新的主要内容

1999年5月开始，义乌市总工会在义乌市委领导下，以建设“平安义乌”、构建和谐社会为目标，以表达和维护职工合法权益为重点，以法律法规为基准，以制度建设为保证，以社会化维权为基本途径，以职工法律维权中心为基本载体，以包括外来务工人员在内的职工群体为基本对象，以处理劳资矛盾为基本特征，以协商调解、参与仲裁、代理诉讼、法律援助为基本手段，融整体维护和具体维护于一体，覆盖劳动关系全过程全领域的工会社会化维权新机制。

义乌工会社会化维权模式，通过对外来农民工为主体的职工群体的社会化维权，为整个义乌社会的和谐发展奠定了基础性工作。这一社会化维权模式着眼于新时期工会的基本职责，为充分发挥工会组织的作用奠定了基础；这一社会化维权模式着眼于政府职能的联动，把政府管理的过程性与社会团体的互动性结合起来，形成了“互联、互动、互补”的社会化管理网络，使政府管理和社会团体发展有机地结合在一起。2004年11月27日，中共中央总书记胡锦涛对新华社《内参》662期《浙江义乌市探索职工社会化维权新模式》作了重要批示：“完善在工会组织领导下的维权机制很有必要。”

义乌工会具体从以下五个方面开展工作：建立社会化维权平台，创新维权理念；完善社会化维权网络，创新维权途径；构建社会化维权格局，创新维权形式；运用社会化维权手段，创新维权机制；树立社会化工作理念，创新工作模式。

（1）形成义乌工会社会化维权组织机构创新：①创新工会组织新网络，②拓展非公企业工会组织体系，③建立镇街村联合工会，④建立市场工会和行业工会，⑤创建职工法律维权中心，⑥建立镇街职工法律维权工作站，⑦建立困难职工帮扶中心，⑧建立社会信息呼叫中心，⑨创建企业工会人民调解委员会。

表12　义乌工会社会化维权组织机构创新

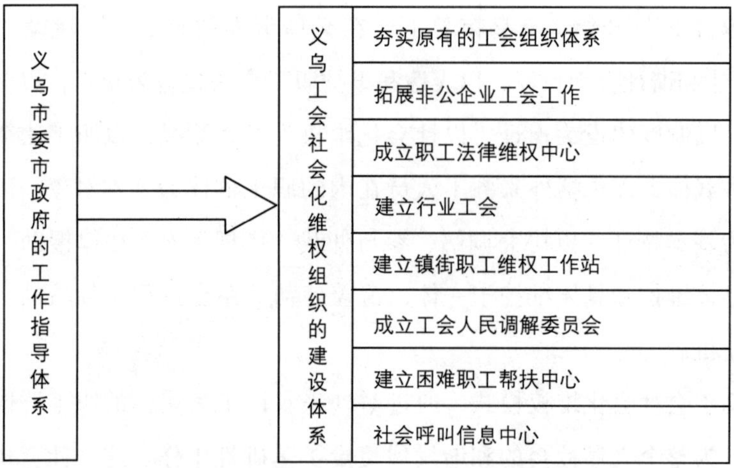

维权中心内设来访接待室、调查处理室、法律服务室，其主要工作是：参与工资集体协商、集体合同和劳动合同见证；参与劳动争议协调处理，主持劳动争议调解；参与劳动争议仲裁，开展职工劳动争议仲裁代理、诉讼代理；开展代书法律文书、法律咨询、法律知识培训；为职工提供法律救助和法律援助。

（2）形成义乌工会社会化维权运作模式创新：①领导有力：党委领导与政府支持；②法律保障：法律规范的基本支撑；③机制共建：政府配合与维权互动；④信息支撑：工会的信息整合体系；⑤和谐共赢：发展共谋与利益共享。

表 13　义乌工会社会化维权运作模式创新

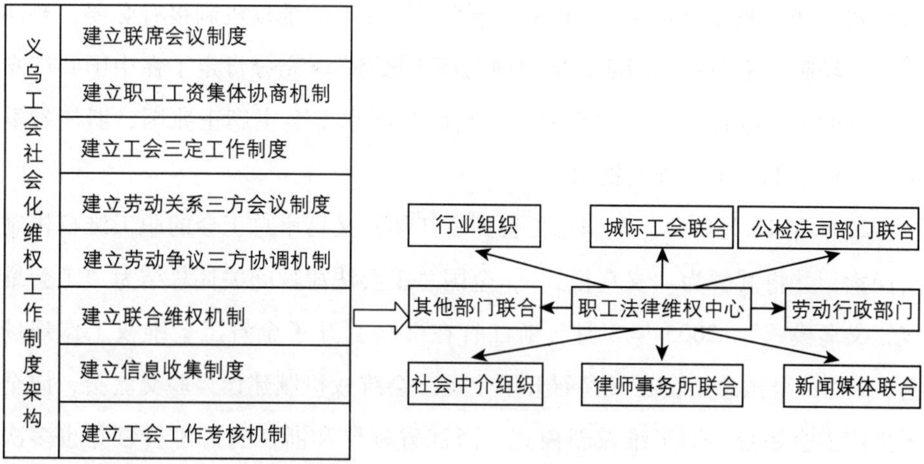

（3）义乌市最终形成了各方支持的社会化维权效果：

表 14　义乌市社会化维权机制效果

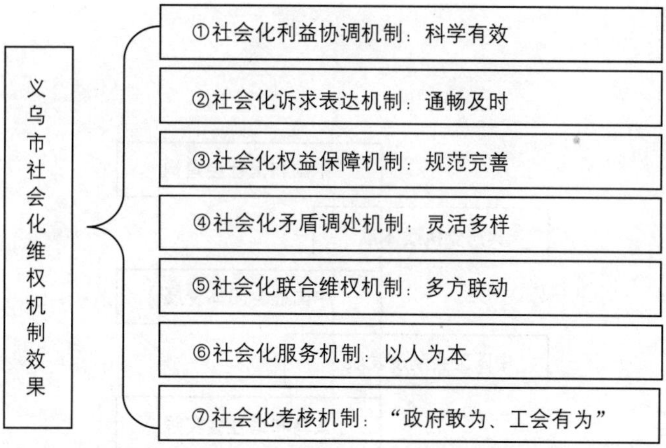

（4）维权机制的社会绩效：义乌市总工会部门之一的职工法律维权中心自 2000 年 10 月至 2007 年 8 月 31 日，共受理投诉案件 4075 起，调解成功 3770 起，调解成功率达 92. 5%。

2004年11月27日，胡锦涛总书记对《浙江义乌市探索职工维权社会化新模式》作了重要批示："完善在工会组织领导下的维权机制很有必要。要注意总结经验，不断强化职能，更好地为职工服务"。充分肯定了在中国共产党领导下的工会维权新机制的重要性，其后全国总工会主席王兆国、浙江省委书记习近平都作出了长篇批示。

2004年12月2日，全国总工会到浙江调研义乌市总工会的职工维权机制新探索，并将其誉为"义乌模式"，全国总工会法律顾问关怀总结为"工会维权，义乌模式"。2005年8月，浙江省在义乌召开了全省工会维权工作现场会，9月，全国总工会在义乌召开了全国工会维权机制建设经验交流会，向全国推广工会系统的职工维权新模式。浙江省领导和浙江省总工会领导也多次视察义乌市总工会，对这一维权模式进行了多次批示。

义乌工会实践模式对义乌和谐社会建设作出了贡献，使中国工会维权观的内涵丰富，对于中国社会团体在建构中国和谐社会中的位置而言，也具有一种基于创新的实践意义。

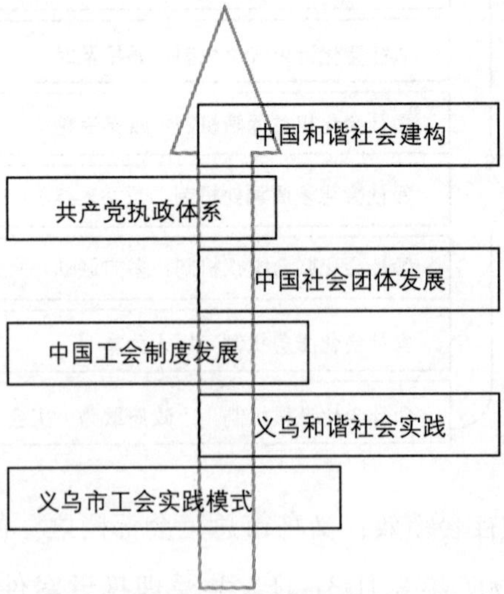

图4　义乌工会实践在中国发展中的位置图示

义乌工会创新和谐的逻辑是“维权是手段，和谐是目标”，义乌工会社会化维权模式从维权的机制创新出发，最终诉求是义乌社会的和谐发展。义乌市总工会社会化维权机制的运作效率，以及其维权工作的制度取向，在内在逻辑上与中国社会发展的需求、中国共产党的执政要求以及政府管理的取向是一致的。

四、工会维权与科学维权观

中国特色社会主义工会维权观，是指导中国工会切实维权的科学维权观（以下用科学维权观特指中国特色社会主义工会维权观）。回顾这些年，中国工会的作为，正是在科学维权观指导下进行的。而工会维权的义乌模式，是义乌工会面对经济社会快速发展过程中构建和谐劳资关系的新情况、新特点，面对现行工会维权工作的新形势、新任务，根据科学发展观的要求，自觉把工会维权放到社会主义民主政治、建设社会主义政治文明的实际进程中去规划，放到优化义乌发展环境，提高发展品质，促进率先发展、和谐发展、科学发展、创新发展的大局中去把握，是对推动维权事业健康发展，对科学维权观进行的探索。它从一个县级市总工会工作的角度，对在新形势下，基层工会应该“维护什么、如何维护”的重大问题，对科学维权观进行了生动诠释。义乌工会通过自己的制度实践，具体化了工会科学维权观的内涵。

（一）科学维权观的核心：以职工为本

1. 制定方针政策着眼于职工

义乌工会认识到，工会维权工作的对象是具体的人、是职工，义乌发展的成果应该由包括全体职工在内的新老义乌人共享。为此，他们突破了传统的维权思维方式，突破了狭隘维权眼光，用以职工为本的理念来指导方针政策的制定，始终以维护和实现最广大职工的根本利益为出发点和归宿点，走群众路线，使各项措施和行为都体现了职工的利益。比如，义乌聚集了大量外地来义乌工作的职工，特别是农民工，其权益容易受到侵犯，而在以往的工会维权实践中又容易被忽略。按照科学的维权理念，这些职工恰恰应该成为工会维权的重点之一。针对这一情况，义乌工会为切实维护外来务工人员的权益，出台了大量的政策，对维权模式进行大胆探索。同时，这些措施的实施，使外来务工人员的权益得到有效的保障，使义乌成为了外来务工人员聚集的洼地。因此，当东部沿海地区在普遍遭遇到“民工荒”时，义乌的经济社会发展却没有因为这一瓶颈而受到影响。

2. 维护职工权益，服务于职工

义乌工会本着群众利益无小事的观念，从职工群众最关心的事情做起，以细致的工作赢得广大职工发自内心的肯定。在困难职工帮扶方面，要求工会工作人员以高度负责的精神，尽力做好困难职工的“第一知情人、第一报告人、第一帮扶人”，广泛而深入地开展“进万家门、知万家情、解万家难、暖万家心”的帮困扶贫活动，热情为困难职工排忧难送温暖，千方百计为党和政府分忧。在维权平台建设方面，为方便职工维权，整合了“义乌市总工会职工法律维权中心”的资源，切实改进了“12351”职工热线的工作机制，完善其咨询、投诉、维权等功能，确保“事事有说法，件件有落实”。

3. 优化了职工的发展环境，促进全面发展

义乌工会围绕培育高素质职工队伍的目标，积极开展“两争一树”活动，并把争创“五一文明岗（班组）”、争当文明职工和廉洁文化进企业活动有机结合起来，提升职工队伍素质。2005 年、2006 年连续两年评选表彰了“十佳外来建设者”。义乌市总工会还连续多年组织职工的技能比武，极大地激发了职工群众的干劲，增强了职工的主动性、创造性。2006 年，全市共有 12039 名职工相继参加了电工、车工等 12 个工种的技术培训，总结推广先进操作法 70 项。[1] 有针对性的培训使他们掌握了必要的技能手段，从根本上使职工有能力争取和实现自己的权法权益。

（二）两个利益统一：维护全国人民总体利益与职工群众具体利益

义乌工会秉持一个理念，通过维护职工合法权益，维护企业的合法经营，维护企业的品牌和形象，维护投资环境和企业生态，促进企业的发展；在促进企业发展的过程中坚决维护职工合法权益。只有生产发展了，才能增加可分配的社会财富，才能增加维护职工利益的物质来源；只有维护职工合法权益，才能调动职工的劳动积极性和创造性，才能增强企业发展的社会基础和内部动力。促进企业发展和维护职工权益，体现了社会主义市场经济条件下工会促进提高效率和维护公平的有机统一，是“坚持和谐发展、互利共赢”的维权理念的本质要求。

义乌近年来涌现出面广量大的民营企业，如何维护这些企业的职工合法权益？义乌工会贯彻以人为本的科学维权观，探索建立和完善科学理性的维权机制，强化科学维权观，以“双赢互利”、“双向维护”的意识和策略获得劳资双方的支持。2005 年 3 月，在经过 9 个月的试点和区域推广后，义乌市总工会会同市安监局在全市企业推展“工会主动参与职业安全卫生”长效管理机制建设活动。[2] 在这项机制的执行层面，义乌市总工会对外强调必须突破单向维护的思想束缚，“只有让企业主认识到工会主动参与职业安全卫生，是在维护好企业整体利益的同时，切实维护好职工的具体利益，才能赢得他们

1. 陈有德在义乌市总工会十五届四次委员（扩大）会议上的工作报告，2007 年 4 月 10 日。
2. 《义乌市人民政府办公室关于转发市总工会、市安全生产监督管理局关于“企业工会主动参与劳动安全卫生工作的意见”的通知》，义政发〔2005〕24 号。

的支持”；对内则要求突破工会劳动保护传统工作模式的束缚，主动出击，综合工会内外的力量实现工会对职工安全健康权从个案维权向整体维权，事后维权向事前维权转变。2006 年，义乌澳升公司工会在义乌市总工会的指导下建立起主动参与职业安全卫生长效管理机制。针对脚踩手剪拉链岗位，工会发出《安全生产事故整改意见书》，结果生产部门组织技术人员用了不到半天时间，总共花了 75 元成本费改装了两台剪切机的安全防护装置。而年底的结算结果更是令人惊喜：公司人均月支出的工伤医疗费用从上年的 8.43 元降至 1.86 元，同比下降 78%。[1]

（三）科学维权观的三大维权方式：主动、依法、科学

义乌市总工会在探索和创新工会维权模式的过程中，将中共中央提出的主动维权、依法维权和科学维权的要求融入到工会维权的实践中；通过“主动依法科学”的维权方式实现对职工权益的保障。

1. 主动维权是工会的态度问题

主动维权鲜明地揭示了义乌工会履行职责的态度和责任意识。义乌市总工会要求工会工作者首先树立“一个突破，一个确立，三种观念，三种精神”的思想理念。同时，在这些理念的支撑下，要有一个“千言万语、千家万户、千方百计、千辛万苦”的工作精神；要有“情要真、心要正、骨要硬、胆要大、脚要长、手要短”的工作态度；要掌握“情的温暖、理的支援、法的支撑”的工作方法。[2]

1. 义乌市澳升公司工会资料。
2. 陈有德：义乌市总工会社会化维权经验讲稿，2006 年 9 月。

义乌工会主动维权履行了“六个不让”的工作准则[1]：不让工会的形象在自己身上受到损害；不让来单位办事的职工群众在自己身边受到冷落；不让各项纪律在自己身上有所松弛；不让原则问题在自己身上丧失；不让是非在自己嘴边生来惹去；不让工作任务在自己身上落空。

同时，义乌工会主动把握职工需求、争取党委领导、参与源头决策与赢得社会支持。在多年维权的实践中，义乌市总工会作为职工利益的代表者和维护者，没有“坐店等客”，而是主动走出机关、走向基层、走进群众，主动了解和反映职工权益实现的相关问题，及时、准确、全面地把握职工需求。如在处理有关职工报酬争议中，工会在深入调查的基础上，提出自己的主张，既为政府部门在最短的时间内解决问题创造条件，又为制定工资正常增长机制提供了参考，同时更有效地维护了职工合法权益。

2. 依法维权是工会维权的依据

义乌市工会在维权实践中始终坚持依法维权，紧紧依靠法制的权威性和公正性，把法律当做维护职工合法权益的基本武器，强化法律意识和法制观念，形成了法制化的维权模式，依法维权就是要强化法律意识，依法维权就是要强化群众监督，依法维权就是要积极开展法律服务，依法维权就是要实现工会维权的制度化建设。

3. 科学维权是工会维权合理化的过程

从工会的角度来说，义乌工会提出“三个不能”：不能以牺牲职工民主权利去换取所谓“企业改制”；不能以牺牲职工生命健康去服从所谓“经济效益”；不能以牺牲职工劳动权益去营造所谓“投资环境”。科学维权是工会履

1. 陈有德：义乌市总工会社会化维权经验讲稿，2006 年 9 月。

行职责的科学态度和辨证方法。科学维权把握了工会维权工作涉及面广、政策性与专业性强等特点，用科学理论来指导，用科学方法来推进，使职工的合法权益得到有效保障。

(四) 科学维权观的四大基本机制

1. 畅通职工利益诉求渠道，构建职工权益的表达机制

职工权益不能得到有效维护的一个重要原因，是他们表达渠道的缺失。因此作为一个科学的维权模式必须能有效畅通职工诉求表达，能全面、准确、及时地表达职工群众的意愿和要求，这是切实维护职工权益的重要前提和基本要求。工会维权义乌模式的科学性之一，就在它努力畅通了职工群众的利益诉求渠道，构建了职工权益的表达机制。一是建立了向同级党委的汇报制度，二是建立了与政府及其职能部门的沟通制度，三是建立了立法参与机制，四是建立了通过人大、政协反映社情民意的制度，五是强化了企业内部职工权益表达机制。

2. 创建劳动关系和谐稳定，构建劳资双方矛盾调处机制

科学维权模式的一个重要原则是能不能做到：维护全国人民的总体利益和维护职工群众的具体利益的结合，促进企业发展和维护职工利益相统一。要做到一个结合，一个统一，关键是要在企业建立协调稳定的劳动关系。工会维权的义乌模式正是通过一系列机制的创新，促进了劳动关系的稳定，维护了职工的权益。

一是建立集体合同和工资协商机制。目前，义乌全市非公企业签订集体合同2099家，签订率达91%，签订工资集体协商单位2030家，签订率达88%。二是加强了对劳动关系的监督检查。工会积极配合各级人大开展《劳动法》、《安全生产法》等劳动法律法规的执法检查；积极配合协助行政执法

部门，切实纠正在一些单位存在的侵犯职工合法权益的现象，充分发挥工会的民主监督作用。加大工会在劳动安全和劳动保护工作等方面的参与力度，把“四个一”[1]活动深化到每一个非公企业里去，努力进行劳动安全和劳动保护的规范化、制度化建设。三是抓住关键，建立劳动关系矛盾化解机制。建立劳动关系预警机制、劳动争议调解和仲裁制度、法律援助制度、劳动法律监督检查制度等，及时发现和化解各种矛盾，使劳动关系总体上协调稳定，职工合法权益得到及时有效维护。义乌市总工会制定了《关于在规模企、事业单位单位建立人民调解委员会的通知》，进一步拓宽了劳动争议调解的途径。四是通过上下联动，推进了“上代下”维权工作机制。义乌总工会一方面不断增强基层工会维权能力和水平，同时，针对下级工会经常面临的“不敢、不能、不会”维权的难题，通过上级工会代表、服务、指导下级工会，使各级工会维权工作不断趋于规范化、制度化、程序化，增强了维权权威性和有效性。如义乌总工会成立法律援助律师团，聘请高校专家及相关律师成为顾问团成员，加强具体指导，直接代表下级工会进行法律援助，取得了良好的效果。

3. 促进共建共享互利双赢，构建职工权益的维护机制

随着新经济组织和新社会组织的大量出现，在工会维权中出现了一系列的新问题和新矛盾；资本强势和劳动弱势的局面难以在较短时间内改观；农民工的利益维护难度在加大；对失业人员、劳动能力残缺等弱势职工的权益保障力度不够等。义乌工会一是注重了源头维权，加强了三方协调机制建设。二是夯实了基础，推进了企业内维权机制建设。大力推进职代会制度、平等协商和集体合同制度、厂务公开民主管理制度、职工教育培训制度等，促使职工群众各项权益落到实处。三是创新了载体，建立了以职工互助互济为主

1. 2005 年 3 月，义乌市总工会会同市安监局在全市企业推展“工会主动参与职业安全卫生”长效管理机制建设活动。这一运行机制主要有“四个环节”，即“一委、一议、一卡、一书”。

要特征的帮扶机制。建立了集服务、援助、帮困、咨询等为一体的职工援助服务中心。

4. 科学维权观的五个合力和格局

维护职工群众的合法权益，党和政府的重视是保证之一，社会各方的支持和广大职工的参与是重要条件，工会组织积极性、主动性的充分发挥是关键所在。义乌工会在创新社会化维权模式中，坚持把党政的主导性与发挥工会的主动性统一起来，加强与社会各方面的沟通和联系，有效整合社会资源，借助社会力量，推动形成“党委领导、政府支持、社会配合、工会运作、职工参与”的社会化维权格局，把职工权益的实现和保障问题争取纳入党政的重要议事日程，把维护职工队伍的稳定问题纳入党政工作目标考核体系，使工会维权力量不断增强，领域不断拓宽，营造了维权工作良好的社会环境[1]。

5. 科学维权观的操作方法：有重点、有措施、有实效

维权观既包括维权的“世界观”，也包括“方法论”。做好工会维权工作，除了要秉持科学的理念，还必须掌握科学的方法。科学维权观强调要坚持统筹兼顾、突出重点，这是工会维权工作取得实效的重要方法。义乌工会在维权过程中，结合义乌实际，探索出一套符合科学维权观的维权方法：①抓住重点，去弊端；②能抓热点，找关键；③能抓难点，解难题；④能抓疑点，治症结；⑤能抓冷点，叙亲情；⑥能抓亮点，树品牌。

五、制度创新的绩效

经过将近十年的制度发展和完善，义乌工会社会化维权模式，承载和整

1. 孙宝树：《认真学习牢固树立中国特色社会主义工会维权观》，载《工人日报》，2007 年 1 月 17 日。

合了各方的力量，在义乌市委市政府的支持下，在各个职能部门的配合下，取得了以下成效：

（一）维护了义乌社会的稳定发展

作为一座外来建设者以每年10万人以上的速度递增的新兴“移民城市”，在外来人口的权利维护和这一群体与义乌社会和谐发展、稳步融入等方面，义乌工会社会化维权模式作出了突出的贡献。

表15 义乌市总工会社会化维权部分档案表（2000—2006）

项目	时间	数量
A. 浙江义乌市总工会纠纷调处案件统计	2000—2006年	3631件
B. 浙江义乌市总工会义乌开化联合法律维权	2002—2005年	54件
C. 浙江义乌市总工会职工法律维权中心人员担任仲裁员	2004—2005年	129件
D. 浙江义乌市总工会职工法律维权中心免费代写法律文书	2000—2006年	115件
E. 浙江义乌市总工会职工法律维权中心仲裁诉讼代理	2005—2006年	276件
F. 浙江义乌市总工会职工法律维权中心来信案件受理	2000—2002年	32件
G. 浙江义乌市总工会职工法律维权中心来电法律咨询	2004—2006年	1045件
总计		5282件

义乌工会社会化维权模式解决了群体之间的不和谐问题，减少了社会矛盾及其带来的社会不稳定事件，有利于人们的安居乐业、社会的和谐发展。义乌市被评为“最受欢迎的城市”，就是义乌整体社会环境，尤其是社会群体和谐的体现。义乌市获得的其他荣誉称号充分说明了外来人口占绝大多数的情况下，社会群体间能和谐相处的现实。

（二）进一步改善了义乌经济发展和投资的社会环境

随着外来农民工群体的合法权益不断得到保障，社会治安案件、群体性案件、劳资纠纷等事件大量减少，企业也获得了稳定而素质不断提高的劳动力人口，以及良好的外部社会环境。职工群体和企业主阶层的利益得到了双向维护，促进了劳动关系的协调发展，为经济发展奠定了良好的社会基础。

（三）有力地保障了以外来农民工为主体的职工权益

通过社会化维权的模式，农民工弱势群体的权益得到了保障，使他们发生了从挣钱吃饭到爱岗敬业，从短期务工到扎根义乌，从打工者到新型产业工人的转变，能安心、顺心、舒心地在义乌工作。

义乌市总工会职工法律维权中心自2000年10月至2007年8月31日就取得了以下成效：共受理投诉案件4075起，调解成功3770起，调解成功率达92.5%。

（四）推动了政府治理模式的明显转变

由于义乌工会社会化维权模式的推行，政府职能部门需要面对的因劳资关系而引起的许多恶性和突发群体性事件大量减少。政府与工会组织联合维权，改变了过去被动地解决社会矛盾的局面，减少了政府的负担，收到了良好的社会效益。

义乌工会社会化维权模式，联合了各方力量，化解了最大群体的各方面的矛盾，减少了政府的治理成本。这一模式通过矛盾化解的关口前移，有效地遏制了矛盾的产生和激化。同时，社会化的模式还促进了政府的治理理念，带来了管理方式的转型。

（五）协调了劳动关系，促进企业更好的发展

通过工会社会化维权，企业主的企业经营管理得到了提升，企业的效益

得到了增长，企业的生产秩序得到了保障。通过了职工群体的教育培训，提升工人的整体素质，促进了企业的发展。绑架、杀人、群体性事件等过激讨薪行为基本消失。同时，工会也通过这一维权模式提升了企业主的素质。

（六）进一步夯实了中国共产党的基层群众基础

中国共产党的执政，不是一种虚幻的意识形态的要求，而是各个层面的具体组织和个体的行为。义乌工会进行的社会化维权模式，整合了执政党的群众基础，防止了其他社会力量对这一群体的侵入，夯实了执政党的社会群体基础。工会组织作为共产党联系职工群众的桥梁和纽带，社会化维权模式有效地维护了这一使命。

义乌工会组织的社会化维权模式，使新型产业工人群体的利益得到维护，化解了社会矛盾，延续了工会整合职工群体的功能，避免了执政党社会基础的断裂。

六、社会化维权的独特创新性

如何看待和评价义乌工会社会化维权模式的创新性和独特性？这在当下政府创新层出不穷、社会组织发育日益凸显的情况下，原有的社会组织如何转型以适应新的社会变迁则是一个关键的命题。

义乌工会的第一个独特之处就是强调“社会化”维权，而不是单打独斗。我们在采访中，义乌工会主席陈有德多次表示义乌工会只是一个平台，一再感谢了义乌市委市政府的支持，尤其是其他部门的支持和配合。义乌工会社会化维权模式的制度创新性围绕着“社会化”做足了文章：建立社会化维权平台，创新维权理念；完善社会化维权网络，创新维权途径；构建社会化维权格局，创新维权形式；运用社会化维权手段，创新维权机制；树立社会化工作理念，创新工作模式；社会化维权模式具有可持续的内生性，符合以人为本与科学发展观的要求。

最为关键的是，义乌工会社会化维权模式仅仅抓住了“主体”——工人权益维护和“主题”——社会经济协调发展。义乌模式发挥了工会组织在建设社会主义市场经济体制，推进经济与社会和谐健康发展中的价值和作用，并作为重要的政治资源、组织资源和制度资源加以开发、创新和运用。它以工人队伍的多元变化为行为出发点，彻底跳出了单位制的思维和工作方式，在大市场、大社会、大组织的层面上建构工会工作体系，形成全覆盖的工会工作体系。确定维权在工会工作中的核心地位，以维权来密切工会与广大工人群众，增强工会的权威性和整合力，保障生产与就业，促进经济发展，理顺社会秩序，促进社会和谐；以维权来体现党和政府对广大工人群众的关怀，密切党群关系、政社关系。义乌工会充分认识到工会在新时期党的领导和执政能力建设中的重要作用，通过工会来吸纳新生的工人，使执政的中国共产党持续在整体上与工人保持紧密的联系，在日益多元化的社会中保证其阶级基础和社会基础的巩固与发展。

义乌工会社会化维权模式的示范意义和推广成效比较明显。近三年来，全国总工会、浙江省总工会和金华市总工会先后 21 次到义乌调研，《人民日报》与《工人日报》30 多家媒体近 100 多名记者赴义乌实地采访，全国有 445 批 7418 位党政领导和工会同行前来义务参观访问；英国、法国、古巴、加拿大、澳大利亚、日本及非洲 15 国等 21 个国家 120 多位国际工会友人、工运专家学者来义乌访问。比如福建泉州市总工会、上海浦东新区总工会、苏州市总工会等单位来访，效果都十分明显。这一模式所创新的制度体系比较完整，效果比较明显。

义乌工会社会化维权模式对许多工会理论方面进行了探讨。比如企业用人制度、人文关爱、服务理念等方面都作出了积极探讨贡献，充实了特色社会主义工会维权观的主动、依法、科学的内涵，具有突出的意义。

义乌工会通过社会维权，促成了弱势群体维权政治形态的形成。义乌市总工会和市政府有关部门确实从维护弱势群体权益的角度，如同重视维护他们的经济权利一样，也非常重视维护他们的民主政治权利，从而使义乌弱势群体维权政治形态得以初步确立。显然，形成这种维权政治形态的意义不能轻易忽视。

这也具体回应了胡锦涛对中国工会工作的具体指示："要坚持以人为本，切实贯彻全心全意依靠工人阶级的方针。不论我们的改革怎么深化，我们社会主义国家的性质不会变，工人阶级的领导地位不会变，应该从政治安排上、经济权益上、舆论宣传上都应该得到体现。""在人大代表、政协委员、劳模的产生中，工人阶级、职工群众应该有一定比例，特别是在生产一线的职工。""我们要建构和谐社会，什么叫和谐社会呢？和谐社会就是把大家的积极性都调动起来，让大家都感觉心情舒畅，都愿意为我们国家富强、人民幸福贡献力量。"[1]

因此，"义乌工会社会化维权模式"具有相当穿透力的政治、经济与社会发展效应。这种效应，是实现科学发展，创造社会和谐所需要的。"义乌工会维权模式"长于义乌，有鲜明的个性。在中国这样的大国，"义乌工会维权模式"不可能是唯一的模式，而且这个模式还有许多发展和完善的空间，但是这个模式背后所蕴含的思想、观念和认识以及由此形成的创新思路，不论对实践工作者，还是对理论工作者或学术工作者，都会有启发。因此，义乌工会社会化维权模式所贡献的不是一种模式，而是一种精神：思想的进步、工作的创新以及发展的推动，都应该立足社会、扎根社会，用最实际的社会力量和社会逻辑来解决社会问题，推进社会进步。[2]

1. 胡锦涛听取工会工作汇报后的讲话，义乌总工会材料，2005 年 6 月 9 日。
2. 见韩福国等：《新型产业工人与中国工会——"义乌工会社会化维权模式"研究》，上海：上海人民出版社 2008 年版。

七、结　论

通过义乌工会的维权模式的创新，我们可以印证这样一个逻辑：中国社会转型的成功，体现为体制内组织的转型，而不是体制内组织的断裂，从而为整个社会的发展提供了一种可以延续的载体。或者说是社会变迁没有面临一种组织体系崩溃后的组织重建，也为中国国家体系对社会的适应有了一个很好的载体。

如果克服组织自身的固有缺陷，体制内组织就能成功进行转型，适应新的社会结构的成长，从而成为中国社会转型的载体结构，否则，他们就无法完成这一使命。事实上，这种互动的社会转型结构——组织转型和社会结构转型的互动——构成了中国社会变迁成功的秘密，这也是中国之所以能成功渐进的关键。传统组织载体在新的社会变迁下的功能再生使这些组织完成了自身转型，因此，这是一种在传统组织转型基础上的社会转型，是一种互动的双重转型结构。

（原载俞可平主编：《中国地方政府创新案例研究报告（2007—2008）》，北京：北京大学出版社2009年版）

农村留守儿童教育管护长效工作机制建设

——陕西省石泉县的经验*

刘承礼（中央编译局世界发展战略研究部）
赖海榕（中央编译局图书信息部）

一、案例背景与项目概况

在我国，改革开放之后的城市现代化建设离不开一支功勋卓著的队伍——农民工，而由于户籍制度、生活成本等门槛的限制，绝大多数农民工无法向城市举家迁徙，在这种情况下，作为农民工伴生物的留守儿童[1]的出现便不可避免。尽管农村留守儿童现象是城市现代化的必然产物，但是留守儿童问题在相当长时期内却不可能期待城市化甚至小城镇化来解决。解决留守儿童问题的重担自然地落到了留守儿童所在地（或农民工输出地）政府的

* 本文是作者于2009年11月26日至28日在陕西省石泉县进行实地调研的基础上写成的报告。报告的写作参考了石泉县委县政府、县教体局等相关单位提供的文献资料和其他有关报道。在实地调研过程中，石泉县委书记邹顺生、县委常委刘昌兰、县教体局局长董沧海、县教体局党委书记阮长凌、县教体局办公室主任杨帅、县留守儿童管理中心主任夏玉琴以及其他相关人员给予了支持和帮助，许多观点的形成得益于他们的启发。此致谢忱，但文责自负。

1. 按照有关部门的解释，留守儿童是指父母双方或一方流动到其他地区，孩子留在户籍所在地并因此不能和父母双方共同生活在一起的14周岁及以下的儿童。

身上。

当前，全国留守儿童数量已接近5800万，这一庞大的数字正在考验着留守儿童所在地政府的执政能力。显然，对于留守儿童所在地政府而言，这是一个两难抉择，一方面，如果由它们牵头来解决留守儿童问题，那么资金从何处出、人力从何处来？我们不得而知；另一方面，如果听之任之，那么由留守儿童问题所引发的社会隐患必然会影响到当地乃至全社会的安定团结。实际上，留守儿童问题既关系到祖国下一代的健康成长，又涉及全社会的长治久安、义务教育质量的提高、党和政府执政能力的改善等一系列课题。为此，留守儿童所在地政府在处理这一问题上既要采取积极的、开放的态度，又要开发“四两拨千斤”的务实举措。近些年来，为了解决农村留守儿童问题，全国各地进行过诸多探索，其中，陕西省石泉县的经验在县级政府层面上或许是较为系统和富有成效的一种创新。

位于秦巴腹地、汉水之滨的陕西省石泉县，人口只有18万，外出务工人员就达4万之多，由此产生了一个占比较高的留守儿童群体。据统计，近三年该县留守儿童的数量稳定在1万人左右的水平，占其义务教育阶段在校学生人数的比重近50%（2007年、2008年、2009年分别为49.6%、48.4%和47.6%）。如此高比重的留守儿童群体，如无正确的引导，将会给家庭、学校和社会带来不可预测的负面影响。在两起恶性侵害留守儿童事件的触动下[1]，石泉县委县政府把农村留守儿童教育管护工作纳入了经济社会发展总体规划和党委政府工作的重要议事日程，在充分调研的基础上，于2007年9月启动“留守儿童成长中心”、“留守儿童校外活动中心”、“留守儿童托管中心”建设试点，探索并推行代理家长制，设立专职辅导员岗位，以政府之力调动全社会关爱农村留守儿童健康成长的积极性，逐渐建立并形成了“党政统筹、

1. 石泉县委常委刘昌兰谈到：“2006年两起侵害留守儿童的恶性事件触动较深，我们认为这是缺少安全监管造成的。仅靠妇联组织救助，不能解决根本性问题。要标本兼治，必须探索有系统的教育管护方法。”

部门联动、教育为主、家庭尽责、社会参与、儿童为本”的“六位一体”农村留守儿童教育管护长效工作机制，在化解各类因留守儿童问题而衍生的社会矛盾，提高义务教育质量等方面取得了很好的成效。本文在实地调研和文献梳理的基础上，通过综述石泉县留守儿童教育管护工作的理念和经验，以便为其他地区，尤其是广大贫困地区做好农村留守儿童教育管护工作提供借鉴。

二、调研方法与资料收集

（一）调研方法

实地调研主要采取座谈会、实地走访和个别访谈的形式，分别召开了1次项目发起人、执行人代表座谈会和2次项目受益人座谈会；先后走访了设立在两河小学、饶峰中学、银龙乡中心小学、城关镇中心小学、池河镇中心小学、后柳镇中心小学的6所留守儿童成长中心，设立在池河镇的1所留守儿童托管中心，设立在城关镇的1所留守儿童校外活动中心；与项目发起人、项目执行人、代理家长代表、志愿者代表、留守儿童代表进行了个别访谈。

（二）资料收集

收集的资料主要有：石泉县历年关爱农村留守儿童工作总结；《陕西省石泉县建立留守儿童教育管护长效工作机制》、《陕西省石泉县留守儿童管理与教育模式研究结题报告》、《石泉县留守儿童教育管护工作文件汇编》、《石泉县留守儿童心理手册》、《石泉县留守儿童心理健康自助手册》、代表性留守儿童成长中心、校外活动中心和托管中心基本情况介绍。

三、农村留守儿童教育管护的“石泉模式”

（一）创新工作理念，明确责任主体

理念创新与政府主导。解决留守儿童问题的重要性自不待言，而这种重要性并不以 GDP 为导向，正如县委书记邹顺生所言，“可能这个问题的解决不会带来直接的 GDP 的增长，但它的确关乎着民族，关乎着社会，关乎着我们的未来。”可是，正是这种不能创造 GDP 的行动反而需要以相应的财力为支撑。然而，在石泉县，留守儿童问题的解决不具备“等”、“靠”、“要”的条件，表现为：第一，在政府采取有意识的统筹行动之前，与留守儿童相关的案件越来越多，标本兼治刻不容缓；第二，石泉县不是国家级贫困县，没有对应的贫困援助项目；第三，石泉县的年均财政收入只有 4000 万元，仅够应付吃饭财政，没有余力对留守儿童项目进行大规模投资。在形势严峻、资金匮乏的情况下，石泉县委县政府认识到，资金瓶颈只是问题的一个方面，更重要的是工作思路要理顺。只有政府牵头把事情先做起来，才能形成聚集效应和示范效应，以便争取到更多的外部资源。为此，2007 年 7 月，县委县政府成立了以县委书记为组长，县长、县委常委、副县长为副组长的关爱留守儿童工作领导小组[1]，成员包括县教体局、妇联、团委、财政局等相关职能部门，并以工作领导小组为基础建立了关爱留守儿童工作联席会议制度，以及专门的工作机构——石泉县留守儿童管理中心。在工作领导小组和专门工作机构的协调下，定期召开相关单位的联席会议成为可能，在联席会议上，工作领导小组可以通报情况并解决相关问题，这显示了政府在解决留守儿童

1. 工作领导小组的主要职责是：“（1）研究决定关于留守儿童工作方案及其他事宜；（2）建立留守儿童教育管护体系，健全相关部门责任机制；（3）积极争取外援，建立留守儿童寄宿学校，解决留守儿童教育缺失问题；（4）协调解决留守儿童工作中的各类问题。”

问题上的主导作用。在留守儿童问题的解决方面，尽管政府的主导作用十分突出，但这并不意味着所有工作都齐头并进，也不意味着一切工作均由政府来承担。县委书记邹顺生谈到："做这件事不是一哄而起，而是试点示范，分步推进。首先在后柳镇先行试点，在后柳镇的试点也不是针对所有的留守儿童，而是先选择双亲都在外面打工且极需关爱的留守儿童，实行代理家长制。"当然，在政府主导的同时，也不排除使用市场化运作的办法。对于市场化运作的办法，县委主要领导有一个认识转变的过程，例如，县委书记邹顺生谈到："我曾对这个事情（指以市场化运作解决留守儿童问题。——作者注）甚至是有排斥的看法，我认为关爱留守儿童是一个公益性质的东西，必须是政府推动，现在看来，外面已经有了成功的市场化推动的经验"。据了解，石泉县留守儿童托管中心的运作主要是靠市场的手段，政府只是在政策上给予了一些支持。

责任主体及其分工。在解决留守儿童问题方面，有四个重要的责任主体，即党政部门、学校、家庭、社会，它们在留守儿童的教育与管护工作中应该有明确的分工。首先是党政部门的责任。党政部门的责任主要体现在提出工作思路、筹措启动资金、分配工作任务和监督任务执行上。石泉县委县政府于2008年年初将关爱留守儿童工作列为全县十大民生工程之一，并为相关工作安排了预算资金。"通过党委政府的统筹协调，多方筹措资金，落实各乡镇、各职能部门的任务、考核和奖惩，尤其是明确各乡镇党委、政府的责任，要求把以留守儿童为突破的教育工作作为政府的一项重要工作来抓"，[1] 以便弘扬关爱理念，营造关爱氛围，从而调动和发挥社会力量参与留守儿童教育管护工作的积极性。其次是学校的责任。学校的责任主要体现在硬件设施建设、辅导教师的配备和培训、教育管护能力的提高上。在石泉县，通过建立留守儿童成长中心，学校的硬件设施得到了改善；通过选聘专职辅导教师，留守

1. 县委书记邹顺生在关爱留守儿童健康成长工作办公会上的讲话，2007年9月10日。

儿童的心理辅导和生活照料工作有了起色；通过传递关爱理念，全校上下形成了关爱留守儿童的共识。在石泉县第一个留守儿童成长中心——池河镇中心小学雏鹰成长中心，我们看到学校的教学设施、住宿条件焕然一新，至少在硬件设备上，已与城区中小学相差无几。再次是家庭的责任。作为直接监护人，留守儿童的父母最有义务对留守儿童的健康成长负责，正如后柳镇中心小学王校长谈到，“留守儿童家长的责任不容忽视，不能缺位”，这种意识需要通过家长学校对监护人的培训来传递。石泉县在全县有条件的中小学都建立了这种以培训监护人为目的的家长学校。最后是社会的责任，包括社会组织、爱心人士的支援。石泉县教体局、妇联、团委在发动社会力量，遴选代理家长和志愿者，倡导社区建立留守儿童校外活动中心，取得社会机构（如世界宣明会、宋庆龄基金会等）的资助等方面做了大量的工作。

（二）促进资源整合，夯实硬件基础

1. 以留守儿童成长中心、校外活动中心、托管中心为载体，实现教育与管护一体化

据了解，在“两基”（即基本普及九年义务教育、基本扫除青壮年文盲）达标验收工作完成后，石泉县中小学的基础设施、校园环境等硬件条件均得到了明显的改善，这为留守儿童成长中心的建设奠定了基础。2007 年 11 月，由县教体局负责，县计划、财政、国土、城建等部门配合，池河镇中心小学启动了留守儿童成长中心建设试点，新建的成长中心设有学生宿舍、亲情接待室（心理咨询室）、娱乐室、图书室、卫生间、餐厅、浴室及锅炉房等集生活、学习、娱乐、辅导为一体的硬件设施，并按照统一的标准，配备了闭路电视、亲情电话和电脑等，贯彻了县委县政府提出的把留守儿童成长中心建设成为“校园、家园、乐园”的理念。到目前为止，全县已有 26 所留守儿童成长中心项目按期竣工并投入使用。

与成长中心解决留守儿童的校内学习与生活问题不同，校外活动中心的功能是为留守儿童的校外活动提供场所。2007 年 11 月，由县民政局、教体局负责，在县妇联、团委等相关职能部门及镇党委和政府的配合下，城关镇向阳社区进行了留守儿童校外活动中心建设试点。根据县委县政府提出的要求，校外活动中心建设的原则是“科学规划、量力而行、整合推进”，按照先城镇社区、后重点村庄的总体要求，依托社区居委会，与社区服务中心建设同步进行。由于校外活动中心依托在社区居委会，因而其工作人员主要来自社区居委会成员和志愿者。在我们访问的石泉县第一个留守儿童校外活动中心——向阳社区留守儿童校外活动中心，图书室、家长阅览室、活动场所、活动器材等设施一应俱全，同时，居委会主要工作人员和大学生村官志愿者为孩子们免费提供课业辅导，解决了部分留守儿童校外学习、教育、管护缺位问题。在校外活动中心试点成功的基础上，石泉县委县政府提出，“整合资源，充分发挥石泉县青少年活动中心的示范引领作用，形成了以县级青少年活动中心辐射、带动、管理、指导全县各社区留守儿童活动中心的格局。”到目前为止，全县已建成并投入使用了 5 所留守儿童校外活动中心。

对于学龄前留守儿童，成长中心和校外活动中心均不能覆盖，托管中心正好可以弥补这一空缺。2007 年 11 月，由县妇联牵头，镇党委和政府负责，在县民政、团委等相关职能部门的配合下，充分利用社会力量和市场机制，池河镇进行了留守儿童校外托管中心建设试点。如果说成长中心的建设由政府来主导，校外活动中心的建设任务由社区居委会承担，均带有公益性质，那么留守儿童托管中心建设则引进了市场化运作的机制。其基本做法是由政府出台优惠政策，发挥政府的引导、监督和服务功能，鼓励和支持各类组织、社会团体和个人自筹启动资金，以市场化运作的方式开办留守儿童托管中心，为留守儿童提供全托或半托式服务。为了规范留守儿童托管中心的运作，县妇联在充分调研的基础上起草了《石泉县发展和扶持民办留守儿童托管中心实施办法》，对留守儿童托管中心的申办条件进行了明确的规定，如对托管人的资质、托管场所的标准等的规定。该办法还规定，“托管中心实行有偿服务”。从我们访问的池河镇的一所留守儿童托管中心来看，尽管他们向学生家长收取了一定的费用，但承担了包括接送幼儿上学、管理幼儿食宿在内的全托式管护任务，家长比较放心，也取得了良好的社会声誉。到目前为止，全县已建成并投入使用了 7 所留守儿童托管中心。

2. 资金运作情况

从以上描述来看，留守儿童成长中心建设的资金消耗最大。在这方面，石泉县探索了“政府投入为主，社会援助为辅，积极吸纳民间资金”的关爱工作经费投入机制。在试点阶段，由县财政和教体局从 2006 年、2007 年教育危改资金、“两政一教”化解债务奖补资金、政府配套资金以及其他各类教育资金中安排 350 万元用于留守儿童成长中心建设。2008 年，全年留守儿童成长中心建设投资累计 1075.5 万元（其中政府投入 504.5 万元，社会各界捐款 571 万元）；2009 年，全县多渠道筹措资金 4300 万元（其中，中央、省、市、县投入资金 3514 万元，争取到红十字会项目资金 765 万元、宋庆龄基金会援助 20 万元），用于启动 11 所留守儿童成长中心建设。在社会捐助方面，例如，世界宣明会捐资 104 万元建设城关中学留守儿童成长中心、捐资 54 万元建设饶峰中学留守儿童成长中心；宋庆龄基金会和朱英龙先生分别捐资 15 万元和 40 万元建设饶峰小学留守儿童成长中心。同时，县财政预算每年安排 50 万元作为留守儿童教育管护工作专项经费，主要用于留守儿童教育管护工作的软件设施添置、日常运转、项目争取和对外宣传。为了发挥资金使用的规模效应，县教体局、计划、财政、妇联、团委等部门在争取项目资金的同时，还有效整合危改资金、寄宿制项目资金、灾后重建资金、社会资助资金、教育附加，推行各类资金捆绑使用。在资金使用的监管方面，县教体局、财政局曾联合发文，将项目资金直接下达到各有关学校，按照专项资金管理办法进行监管，确保专款专用，不得用于偿还债务。

由于留守儿童校外活动中心和托管中心分别以社区举办和民间资金运作为主，作者未作详细了解。

（三）调动社会力量，健全管护队伍

围绕留守儿童的教育管护工作，石泉县建立了四支常设队伍：

一是专职辅导员队伍。我们在走访中多次听到这样的意见，认为留守儿童虽然不是问题儿童，但他们的确在相当大程度上存在心理障碍，需要心理辅导和生活帮助。后柳镇中心小学胡老师告诉笔者："留守儿童比其他学生更需要帮助，他们在心理方面更加敏感、脆弱，受到的委屈会放大，从而变得更加自卑；他们平常跟老师沟通也比一般学生更有障碍。"为了解决留守儿童的心理障碍、学习和生活问题，由县教体局牵头，县人劳、财政、妇联等相关职能部门密切配合，采取多种办法：一是在全县中小学经过考察和层层遴选，[1] 从学校撤并调整后的富余教师中遴选出部分符合条件的教师；二是从县人才库中招录师范类大中专毕业生；三是将专业对口的西部计划大学生志愿者、选调生和新招录的教师优先补充到辅导教师队伍中去，从而建立了一支专业化的辅导教师队伍。为了提高辅导教师的专业素质和业务水平，促使其尽快完成角色转变，县教体局还专门组织了留守儿童自主发展、安全保护和儿童教育学、心理学等方面的专题培训；同时，还选派部分骨干辅导教师参加了由省妇联组织开展的全省留守儿童教育骨干培训。石泉县教体局还专门

1. 留守儿童管理中心辅导教师遴选标准有："（1）热爱教育事业。（2）有较强的事业心和责任感，能够把简单的工作当做事业来做，有奉献精神。（3）有敏锐的观察力，乐于思考、善于总结，有探究意识和创新精神。（4）讲究卫生，仪表端庄，衣着整洁。（5）待人诚恳，能够尊重同事，尊重家长，善于学习借鉴。（6）师德高尚，无不良行为记录，家庭关系和谐稳定。（7）能够以父母、兄弟、师生、朋友之情，尊重每一位学生的人格。（8）有较强的语言表达能力、协调沟通能力和随机应变的能力。（9）性格温和，有较强的亲和力，善于做耐心细致的思想工作。（10）具有中师以上的学历，五年以上的工作经验。"参见2007年10月20日石泉县教体局印发的《石泉县留守儿童管理中心辅导教师遴选标准（试行）》。

出台了《石泉县留守儿童成长中心辅导教师工作职责（试行）》（内容涉及对留守儿童进行心理辅导、行为纠偏、安全教育、生活照料等12个方面）等相关文件，对于提高专职辅导教师队伍的素质起到了重要的作用。目前，全县中小学成长中心的辅导教师已基本就位，形成了由校长负责，班主任和辅导教师主抓，科任教师密切配合的教护体系。从实地调研的情况来看，石泉县培养的这支辅导教师队伍也逐渐趋于稳定并摸索出了适宜的教育管护方法，实现了多方共赢，如城关镇中心小学留守儿童成长中心专职辅导员张老师所说："学校为我们专职辅导教师提供了就业机会，我们也从对留守儿童的辅导中收获了学生的真挚感情。我们的日常工作是拉近与学生的距离，多观察、多记录、多做心理辅导，有时采取面谈的方式，有时通过知心姐姐信箱，向他们传递亲情，教会他们自立自强。"

二是代理家长队伍。2007年6月，县委县政府在后柳镇中心小学进行了"留守儿童家长代理制"试点，通过代理家长征集、报名和筛选等流程，最终确定了78人为全县首批留守儿童"代理家长"。代理家长人选确定后，相关部门及时召开了全体代理家长会，并现场签订了《代理家长协议书》，明确了代理家长在经济援助、功课辅导、与代理对象父母联系、课外社会活动等方面的职责，要求代理家长及时了解代理对象的家庭情况、学习情况和性格特点，给孩子以力所能及的帮助，尽力弥补孩子的亲情缺失。2007年10月，为全县15个乡镇中父母双方均在外务工的留守儿童遴选了代理家长。2008年，县妇联、教体局等相关职能部门先后制定了《代理家长职责》和《代理家长与留守儿童结对帮扶协议》、《留守儿童成长记录手册》，进一步规范了代理行为，明确了代理家长与代理对象的责任和义务，要求每位代理家长秉承"在奉献中追求幸福"的参与理念，积极开展形式多样的关爱活动，例如，"每周为代理对象辅导一次作业，每月与代理对象进行一次沟通交流，每月帮助孩子与家长进行一次电话联系，每学期与代理对象参加一次社会实践活动，每学期参加一次学校家长会，每半年进行一次家访。”[1]2008 年 10 月，县直机关工委和县委组织部牵头扩大了代理家长队伍，进一步将初中留守儿童也纳入“1 +1” 结对帮护范畴，重点在县直机关干部职工、教师和社会爱心人士中发展代理家长。几年的经验表明，代理家长制的成绩是显著的。后柳镇中心小学是代理家长制的试点学校，据该校王校长介绍，“（学校）2006 年展开摸底调查，掌握双亲在外、单亲在外、孤儿、单亲家庭留守儿童人数等具体情况，了解到这些学生平常缺乏亲情呵护，思想品德较差。因此，想到了为这些留守儿童寻找代理家长。我们学校有一个学生叫李清美，是个弃婴，跟随七十多岁的爷爷奶奶生活，家境贫困，很调皮，坏毛病较多，自从给她找了代理家长后，学习成绩明显好转，也知道感恩了。”目前，代理家长制还在进一步推进，县教体局提出，力争到 2010 年全县留守儿童代理家长由覆盖 10% 增至覆盖 30% 以上。当然，在推行代理家长制时，还应进一步完善这项制度，特别是使这项工作更能满足留守儿童的个性化需求，而不是停留在公式化、程式化、表面化上，需要“用欣赏和包容给留守儿童以快乐的童年”（城关中心小学四年级班主任陈老师语）。

三是志愿者队伍。志愿者队伍的组建与政府有十分密切的关系，这支力量也是由政府发动并以公职人员为主要组成部分的。根据县委县政府的要求，由团县委牵头，县教体局、工会、妇联、计生、老干局、文明办等相关单位结合自己的业务特点，有组织、有系统地开展形式多样的志愿者活动，在全县各学校、机关、医院、企业等单位招募了一批身体健康、文化程度较高、热心留守儿童公益事业的志愿者，经过培训后，他们为留守儿童提供了健康保健、心理辅导、精神抚慰、经济扶持等方面的志愿服务。据统计，全县已有 200 余人长期参与关爱留守儿童志愿服务活动。2009 年，团县委扩大了招募范围，目前全县关爱留守儿童志愿者总数已近 300 人。志愿者队伍在留守

1. 参见 2007 年 9 月 27 日石泉县委县政府印发的《石泉县关爱留守儿童健康成长工作方案》。

儿童的教育管护中的作用是显著的，据水利局一名志愿者介绍，他“响应团县委的号召，与一名12岁的留守儿童结成对子，每隔一个月来学校与他谈一次心，给他买点衣服，小孩过生日时给他送个蛋糕。他的学习成绩比以前有了很大的提高。”

四是专家学者队伍。专家顾问队伍建设由县教体局牵头，从相关部门和中小学选聘专、兼职研究员，同时采取“走出去、请进来”战略，积极与县外高校和科研机构合作，进行人员培训和课题研究。在这方面，石泉县取得了陕西师范大学教育心理学专家的支持。陕西师范大学赵薇教授领导的团队中标陕西省2008年基础教育科研重大招标课题《陕西省石泉县留守儿童管理与教育模式研究》，该课题已于2009年上半年结题，为石泉县留守儿童教育管护工作的进一步提高提供了智力支持。同时，在陕西师范大学教育心理学专家的帮助下，石泉县留守儿童管理中心编绘了《石泉县留守儿童心理健康自助手册》、《石泉县留守儿童心理援助手册》，对于留守儿童问题的解决起到了重要的辅助作用。此外，石泉县还聘请知名儿童问题专家和教授组成专家顾问团，与县课题组成员组成一支专兼结合的留守儿童教育管护专家顾问队伍，对于深化全县留守儿童教育管护工作提供了理论和技术支持。

（四）加强制度建设，形成长效机制

1. 健全规章制度

为了使留守儿童教育管护工作制度化、规范化、常态化，2007年9月以来，石泉县相关部门先后制定了《石泉县关爱留守儿童健康成长工作方案》，将工作重点规定为“摸清底子，建立档案”、“大力改善留守儿童学习生活环境”、“抓好关爱留守儿童队伍建设”、“全方位对留守儿童进行帮扶”、“加强对留守儿童的教育管理”等五个方面，并将关爱留守儿童工作纳入对党政干部履行教育工作职责评估和考核的范畴。

为了加强留守儿童成长中心的标准化建设，并支持留守儿童托管中心的建设，石泉县相关部门先后出台了《留守少年儿童成长中心建设标准》、《石泉县留守儿童教育成长中心管理办法》、《石泉县发展和扶持民办留守儿童托管中心实施办法》等文件。

为了规范留守儿童代理家长的结对帮扶行为和辅导教师的辅导行为，石泉县相关部门先后制定了《代理家长职责》、《石泉县留守儿童辅导教师管理办法》、《学校留守儿童成长中心辅导老师工作职责》，提高了代理家长队伍和辅导教师队伍的教育管护水平。

此外，为了增强留守儿童法定监护人的责任意识，提高其教育子女的能力和水平，还在家长学校的基础上，初步建立了司法、妇儿工委和村（社区）组织督促留守儿童法定监护人履行监护教育职责的监督机制和教育培训机制。

2. 建立奖惩机制

2007 年 9 月 27 日印发的《石泉县关爱留守儿童健康成长工作方案》提出，要将关爱留守儿童工作纳入对县级党政干部、乡镇党政部门、社区、村委会和各级教育部门的年度考核范畴，制定考评程序和办法；评选关爱留守儿童工作先进集体、个人和代理家长；评选优秀留守儿童，确保关爱工作落到实处，取得实效。2008 年 1 月 20 日，石泉县委县政府印发《石泉县关爱留守儿童工作考评暂行办法》，对考评范围和考评内容、考评程序和方法、考评等次、标准和奖励进行了明确的规定，提出县关爱留守儿童工作领导小组每年 12 月份对被考评各单位进行考评。从该县提供的考评计分标准上看，它囊括了关爱留守儿童工作的几乎所有方面，但在考评结果的使用去向和分值设置标准上还有值得探讨的空间。

作为关爱留守儿童教育管护工作的主要职能部门之一，团县委还专门制定了适合于共青团系统的考评办法。从考核重点来看，涉及建立留守儿童之家、开展结对关护系列活动、建立留守儿童家长联系制度等 11 项内容。撇开对其分值设置和使用去向的探讨，单就这些丰富的内容而言，我们有理由相信，如果它们能够顺利地得到贯彻执行，团县委的关爱留守儿童工作应该有声有色。

3. 长效机制建设

对于农村留守儿童教育管护的“石泉模式”，石泉县党政部门和相关研究者将其总结为“党政统筹、部门联动、教育为主、家庭尽责、社会参与、儿童为本”的“六位一体”农村留守儿童教育管护长效工作机制。这一机制明确了党政部门、学校、家庭、社会等主体的相关职责，并坚持一切以关爱留守儿童为出发点，突出了党政部门的主导地位。

第一，由党政部门主导，制定中短期工作规划，明确各相关单位和个人在留守儿童教育管护工作中的职责。在关爱留守儿童的工作中，无论是在试点阶段，还是在推广阶段，县委县政府各部门始终起着主导作用。县委书记和县长多次召开专题会议，研究部署深化留守儿童教育管护工作，制定了留守儿童教育管护工作三年规划和分年度工作计划——《石泉县2008—2010年度留守儿童教育管护工作规划》、《石泉县2008年度留守儿童教育管护工作计划》等相关文件，将关爱留守儿童教育管护工作细化到每个月、责任到每个部门、具体到每个责任人，并建立了经费保障机制和督查考核考评体系，充分突出了党政部门的主导地位。

第二，以留守儿童工作领导小组为中心，以留守儿童管理中心为平台，整合各部门的力量，消除教育管护工作中的盲区。留守儿童工作是个系统工程，需要各部门的相互配合，以便整合各种资源，形成合力。副县长易红彬认为，留守儿童问题不是石泉县的个案现象，但在部门协作的广度和力度上，石泉县是领先的，她谈到：“关爱留守儿童工作要实现校内与校外、学习与生活的全覆盖。团委牵头，鼓励涌现更多的青年志愿者；妇联牵头，鼓励更多的爱心妈妈；民政部门多解决家庭困难的留守儿童问题；财政部门提供财政保障；卫生部门提供卫生保障，做到部门联动。”此外，县公、检、法、司等部门在维护留守儿童合法权益；县计生局在留守计生家庭帮扶；县残联在残障儿童的调查摸底和救助办法的制定和落实等方面也均是各司其职。各部门的联动，均以县关爱留守儿童工作领导小组为中心，以留守儿童管理中心为平台，积极协作，共同做好留守儿童教育管护工作，最终实现县委书记邹顺生所提出的“从行政推动到自觉行动”转变的目标。

第三，延伸义务教育范围，实现留守儿童教育管护工作的广覆盖。留守儿童教育管护工作既有义务教育所能涵盖的一部分，又有义务教育向外和向下的延伸。在教育管护工作中，学校应成为整个工作机制发挥作用的主要阵地。为此，石泉县在完成“双高普九”（指高水平、高质量的普及九年义务制教育）的基础上，充分发挥县教体局等相关职能部门的作用，推进了全县26所留守儿童成长中心建设，将对留守儿童的心理辅导纳入学校的常规教育项目；同时，在相关部门的配合下，积极推进全县留守儿童校外活动中心和托管中心的建设工作，大力培植代理家长和志愿者队伍，这既能弘扬助人为乐的社会风气，又能提高留守儿童的自我管理和自我教育能力。

第四，通过家长学校等多种形式，实现留守儿童监护人职责的归位。尽管有学校教师和专职辅导员、代理家长和志愿者的帮助，但是，在留守儿童成长过程中，其直接监护人的作用仍然不可忽视，留守儿童与其家长的沟通交流是其他交流形式所不可替代的。为此，由石泉县妇联牵头，在有条件的中小学建立了家长学校，利用重大节假日留守儿童父母返乡的机会，积极组织他们参加培训，安排代理家长与留守儿童父母见面，不断增强家长作为留守儿童法定监护人的责任意识。同时，通过建立法律援助通道，对无故不能履行教育抚养职责的法定监护人予以法律追究。

第五，以代理家长、志愿者队伍建设为基础，先在全县各部门调动社会力量关爱留守儿童的积极性，再将此类关爱活动推向全省、全国乃至全球，形成一股全社会关爱留守儿童的社会风尚。社会参与主要是为了调动社会力量的积极性，这些社会力量既包括当地的爱心人士，又包括全国乃至全球的社会组织、爱心人士和专家学者。通过推行代理家长制度，开展“爱心妈妈”、“手拉手”等志愿服务活动，将全县各级部门的党员干部、团员和社会爱心人士集聚到关爱留守儿童的队伍中来，实现“在奉献中追求幸福”；通过宣传推广，广大高校大学生也纷纷来石泉县开展关爱留守儿童的社会实践活动，不少企事业单位和社会爱心人士也积极为留守儿童捐款捐物。

第六，所有的关爱活动都以留守儿童为中心，努力帮助其健康成长。在解决留守儿童问题上，社会各界最容易把留守儿童标签化、问题化，从而只重视物质上的给予，而忽视了精神上的援助。正是针对这一弊端，石泉县委县政府充分尊重留守儿童的成长规律，加强教育管护工作的人文关怀，设置专职辅导员岗位，根据留守儿童的心理需求和特点，创新关爱方式，开展形式多样的主题活动，培养留守儿童的自强意识和自理能力。

四、石泉模式的创新与成效

石泉县关爱留守儿童项目的创新之处在于：

一是建立了动态的留守儿童档案。为了提高留守儿童教育管护工作的针对性，减少教育资源浪费，石泉县教体局联合其他相关部门从 2007 年秋季学期开始，即有意识地对留守儿童的数量、性别比、家庭经济状况、父母在外务工和监护人状况，以及留守儿童的学习、生活、心理情况进行了动态的、全面的资料收集工作，以便为不同的留守儿童提供个性化的教育管护服务，同时，这项工作也为留守儿童教育管护工作方案和相关文件的制定提供了第一手的素材。目前，这些档案分门别类地陈列于各留守儿童成长中心和校外活动中心的档案室。

二是建立了能够覆盖留守儿童教育与管护工作全部范围的三大中心。作为一个特殊的群体，留守儿童的学习、生活与娱乐活动不宜也不可能在同一场所实现。石泉县以政府为主导，通过发动社会力量，建设了依托于中小学的留守儿童成长中心、依托于社区的留守儿童校外活动中心、依托于有资质的学龄前管护机构的留守儿童托管中心，将留守儿童的校内教育、校外活动和管护工作结合起来，对学龄前教育和义务教育阶段的留守儿童实施了全覆盖。

三是招募并培训了专职的辅导员队伍。留守儿童是一个特殊的群体，相比其他儿童，因为亲情缺失，他们存在心理偏差；因为教育不足，他们存在性格缺陷；因为动机不足，他们缺乏进取心理[1]，这些迫切需要进行心理矫正。针对这些心理健康问题，石泉县教体局及相关部门在留守儿童成长中心配备了专职的辅导员队伍，通过设立心理咨询室（通常冠名以“悄悄话屋”、“心灵驿站”、“心灵有约”等称谓，为的是避免使用心理咨询等敏感字眼对留守儿童构成负面的心理暗示），由专职辅导员对留守儿童进行心理辅导，撰写成长日志，帮助其解决学习和生活中的困惑。

四是建立了代理家长和志愿者队伍。代理家长和志愿者在留守儿童的生活、学习方面给予的精神和物质帮助，不但弥补了留守儿童的亲情缺失和生活抚育、教育管护方面的缺位，而且弘扬了“在奉献中追求幸福”的社会风尚，改善了留守儿童的整体生存状况。

五是实现了基本教育资源的均等化。从我们的实地调研来看，包括宿舍、电脑、通讯设施在内的硬件标准化建设基本到位，专职辅导员、代理家长培训等软件建设也在逐步跟进，从而缩小了城乡教育资源的差距，为实现义务教育资源的均等化打下了基础。相关文件提出，“陕西省‘两基’目标基本实现后，2008 年工作的重点是义务教育均衡发展。”石泉县委常委刘昌兰也说：“我们的这项工作，实现了一个小县、穷县的教育资源的城乡均衡发展，可以以此作为深化义务教育工作的突破口，实现义务教育资源

1. 石泉县留守儿童管理中心编：《石泉县留守儿童心理援助手册》，2008 年 9 月。

的均等化。”

石泉县关爱留守儿童项目的效果体现在如下方面：

一是解决了与打工经济相伴生的留守儿童的健康成长问题，达到了教书育人和维护社会稳定的双重功效。将留守儿童的教育与管护工作结合起来，这既有利于留守儿童自身的健康成长，同时也防止了与留守儿童相关的社会治安问题的发生。石泉县城关中心小学六年级学生王佳的一段话反映了留守儿童在成长中心的生活情况，她说：“我目前与两位辅导老师一起生活，她们对我照顾得十分周到，我也常常帮助辅导老师一起调解同学之间的矛盾，成为老师的小帮手。我平常生活在成长中心，暑假可以参加夏令营，只有过年时才回家。”

二是解决了外出务工父母的后顾之忧，有利于其提高务工收入。既然留守儿童与打工经济相伴而生，那么，解决了留守儿童问题，留守儿童父母外出务工的牵挂也就更小，更有利于他们在外安心工作，提高务工收入。县委书记邹顺生谈到：“要改变政绩观，把解决留守儿童问题看做是让外出务工人员在外安心务工以增加劳动收入……的重要抓手。”

三是教化了社会风气，密切了政府与学校、学校与家庭、干部与群众的关系。后柳镇中心小学王校长说：“留守儿童教育管护工作需要多方合作，加强交流，使得各方面的关系得到了改善。”通过代理家长和志愿者的结对帮扶活动，以留守儿童为纽带，不但鼓励了乐于助人的社会风气，而且加深了留守儿童代理家长与其监护人之间的关系；通过主动地承担留守儿童的教育与管护任务，学校的工作更加能够得到学生家长和党政部门的支持。

四是社会影响日益扩大。自开展这项工作以来，各级政府和媒体越来越关注石泉县的做法。石泉县委领导同志应邀在全国部分省份农村留守儿童工作研讨会上做了主题发言。在全国家庭教育工作“十一五”规划实施经验交流会上，石泉县被授予“全国农村留守儿童工作示范县”的称号。

五、改进建议

石泉县关爱留守儿童项目还需改进的地方体现在：

一是在政府资金投入有限的条件下，需要继续发动更多的社会资源，包括非政府组织、企业家、爱心人士等社会力量来支援农村留守儿童的教育管护工作。正如后柳镇党委何委员所说："虽然政府的投入是主要的发动机，但还需要社会给予更多的支持。"在实地调研过程中，我们发现，石泉县关爱留守儿童工作在争取外援方面还停留在个别能人争取的水平上，这固然重要，但却不容易形成合力，同时会弱化党和政府在此项工作中的威信。

二是少数代理家长和志愿者存在重视物质帮助，忽视精神帮助的倾向。后柳镇党委书记谈到："我对代理家长制表示拥护，它不仅在物质上，更主要的是在精神和心理上对留守儿童进行了帮助。"然而，在实地调研过程中，有些学校领导和教师对代理家长和志愿者的重物质帮助，轻精神帮助的倾向表示了担忧。实际上，由于父母在外务工，留守儿童在物质上也许并不欠缺，而是缺少亲情呵护，教体及相关部门应该积极引导和实现代理家长和志愿者从物质帮助到精神帮助的观念转变。

三是不能因为有了三大中心、四支常设队伍而忽视了留守儿童家长的监护责任。政府和学校等相关部门应该通过家长学校等多种途径，加强对留守儿童父母责任意识的培训，解决留守儿童父母法定责任的缺位问题，将亲情教育、学校教育与社会教育结合起来。后柳镇党委何委员说："父母的管护责任别人无法替代，应多组织返乡务工父母进行家长培训，让他们关心孩子的成长。同时，要加强代理家长与留守儿童家长之间的联系，提高其责任意识。"

四是此项目只有持续不断地得到县委县政府主要领导的重视，才能调动和协调教体、妇联、团县委等相关职能部门与乡镇党委和政府的积极参与和热情支持，从而实现部门联动。当然，党委和政府的重视固然重要，但社会关爱行动的制度化、习惯化也应极力培育。

附：其他地区关爱留守儿童教育管护工作的经验

表16　全国各地关爱留守儿童教育管护工作辑要

地区	基本内容
福建省[1]	2007年11月5日开始，福建省妇联、省人口计生委、省统计局用24天时间，对全省九个设区市14000多个行政村，年龄在18周岁以下，父母一方或两方全年累计外出六个月以上而留守在家的农村未成年人进行调查，调查内容包括全省农村留守儿童的数量、分布、家庭状况、监管情况、父母政治面貌等基本信息。
甘肃省[2]	2009年，甘肃省政府将开展关爱农村留守儿童活动列入政府主要工作任务，省财政投入2000万元资金，由省妇联牵头，开展“关爱农村留守儿童百分之百覆盖行动”，在全省建设1000所留守儿童之家。截至2009年12月，甘肃省在全省乡镇学校建设留守儿童之家961所，在幼儿园建设留守儿童之家39所，完成了在全省建立1000所留守儿童之家的计划。
安徽省[3]	自2010年起，安徽省将关爱留守儿童作为重要的民生工程，未来3年计划投资8000多万元，在全省各乡镇建设2万所留守儿童之家和1308所留守流动儿童活动室，让留守儿童校内有监管，课余有去处。
河南省[4]	河南省全省推出的七个公益活动项目包括：关爱农村留守流动儿童公益广告项目；农村留守儿童爱心学校项目，为每所学校提供20万元，改善留守儿童寄宿制学校食宿条件；“留守儿童之家”项目，为每个“家”贡献5万元，购置电视机、文体器材、书籍等；农村留守儿童爱心书屋项目，提供2万元，为农村学校购置书架和图书；阳光操场项目，捐献2万元，为农村学校修建乒乓球场、羽毛球场等设施及购置相关器材；“帮帮”好朋友项目，让城市儿童与农村留守流动儿童手拉手交朋友；爱心结对卡项目，与农村留守儿童长期结对并进行心理、学习等方面的帮扶等。

1. http: //acwf. people. com. cn/GB/99045/6493373. html.
2. http: //www. china - woman. com/rp/main? fid = open&fun = show_news&from = view&nid = 53396.
3. http: //www. chinadaily. com. cn/dfpd/anhui/2010 - 06 - 01/content_396148. html.
4. http: //news. qq. com/a/20080820/001407. htm.

续表

地区	基本内容
江西省南丰县[1]	2006 年开始，南丰县成立了农村留守儿童关爱中心，以乡镇为单位，对全县 172 个村外出务工经商人员家庭定期进行调查摸底，建立了覆盖全县 3800 多名农村留守儿童的台账和动态信息库，及时全面掌握留守儿童的生活、学习、健康状况。为确保留守儿童健康成长，该县县委倡议，在党员干部中开展“争做代理家长”、“与留守儿童结对子”关爱行动。该县党员干部积极响应号召，主动联系帮扶 1—2 名辖区内的留守儿童，开展“党员牵手，健康成长”、“当好临时父母，倾献党员爱心”的结对帮教活动。截至目前，该县共有 3000 名党员干部与留守儿童结成对子，担任留守儿童代理家长，形成“一对二”、“一对一”的监护形式。
浙江黄岩茅畲乡[2]	2007 年以来，茅畲乡妇联就关爱留守儿童工作进行过一些有益的探索： 坚持三个纳入：把留守儿童之家创建工作纳入乡党委、政府领导班子成员履行教育工作职责评估和考核的重要内容；把留守儿童之家创建工作纳入对茅畲逸夫学校年度目标管理的考核；把留守儿童之家创建工作纳入对大里山村组织年度工作目标的管理范畴。 落实三项关爱活动：一是落实了“留守儿童辅导员队伍”制度。针对茅畲乡留守儿童教育的实际，逸夫学校成立了一支由校长、班主任、心理教师和其他学科教师组成的留守儿童辅导员队伍，通过定期召开辅导员研讨会，针对留守儿童教育中的难点、疑点、热点问题进行分析研究，落实对策，真正担当起了孩子们生活的知情人，学习的引路人，成长的保护人。二是推行留守儿童“代理家长”、“代理学长”制度。动员乡机关干部、村妇代会主任、村“五老”人员、茅畲籍的优秀学子与“留守儿童”手拉手结对帮扶，现已结对 52 对，使得留守儿童时刻生活在“心有人爱、身有人护、学有人教、难有人帮”的社会大家庭里。三是开展以“六多六乐”为主要内容的结对活动，即：多与老师联系，了解结对儿童的学习表现情况，培养学习快乐；与监管人联系，了解其生活情况，增添生活快乐；多参加家长会，使其感受亲情快乐；多带孩子去书店，为孩子带来汲取知识快乐；多带孩子去城市公园玩，为孩子开阔眼界、接受新鲜事物快乐；多带孩子参加集体活动，为孩子带来交流沟通快乐。 留守儿童之家建设：社会各界资助为主，政府投入为辅的资金投入机制，按照“三园”（校园、家园、乐园）理念，计划两年内全乡 60% 的行政村建“留守儿童之家”。

1. http: //acwf. people. com. cn/GB/99045/6483256. html.
2. 浙江黄岩茅畲乡全面推广村级“留守儿童之家”，http: //acwf. people. com. cn/GB/99045/10317677. html。

续表

地区	基本内容
湖北省麻城市[1]	登记建档：以学校为单位对全市留守儿童的姓名、性别、年龄、家庭住址、行为习惯和思想动态、家长姓名及去向等情况进行登记，实行归档管理。政府要落实好“两免一补”政策，加快农村寄宿制学校的建设，完善关护措施，把学校建成孩子的温馨家园。 探索托管式、代理式、陪读式关爱模式：开展代理家长、爱心妈妈、结对帮扶等活动，招募社会上的爱心人士与留守儿童结对子，及时解决留守儿童生活、学习中遇到的实际困难。 监护：在留守儿童监护方面，建成一批留守儿童之家、留守儿童周末学校、留守儿童托管中心，并按市场化运作、项目化管理的模式，较好地解决留守儿童的生活托管、校外教育、亲情呵护、安全卫生等问题。
四川省青神县[2]	（一）对留守儿童个体的教育保护 1. 创建自助互助小队。2007年3月开始，全县各中小学在留守儿童相对集中的社区（村）组建了由6—10个留守儿童组成的自助互助小队，各小队都有自己的队名、愿景、呼号、标志和固定的闲暇活动场所，还聘请了一名代理家长。 2. 开展“五个一”活动。2006年开始，全县所有中小学在留守儿童中深入开展“改正一个缺点，做一件好事，交一份满意答卷，做一个合格学生，为学校添一份光彩”活动。 3. 对非常态留守儿童的结对帮扶。全县副科以上领导干部与288名贫困留守儿童结对帮扶；开展了“亲情使者”征集活动；开展了“书法送希望，情传四方”活动。 4. 建立留守儿童心理咨询室。在全县均设置了亲情电话、知心姐姐信箱和心理咨询室，各学校均配置了兼职心理辅导老师。 （二）提高留守儿童监护人教育保护水平 1. 发放监护人宣传册。2007年3月，编制了《农村留守儿童监护人宣传手册》。 2. 创建留守儿童家长学校，编印《农村留守儿童家长学校辅导教材》。 3. 建立家庭教育辅导站。召开回乡留守儿童家长座谈会，发放《在外务工家长须知》。 4. 开展监护人培训小组巡讲活动。由优秀教师组成“留守儿童家长学校巡讲小组”，分别到留守儿童家长学校教学点和家庭教育辅导站开展留守儿童监护人、参陪监护人培训。 （三）整合教育资源，营造留守儿童教育保护的社会环境 1. 成立留守儿童工作办公室。协调、统筹、管理全县留守儿童教育保护工作。 2. 建立留守儿童信息中心。每年进行一次调查，设置留守儿童档案卡、情况登记表，形成留守儿童数据库和电子档案，实行动态管理，开通留守儿童教育保护网站，QQ群、博客群，在县电视台、《青神》周刊设宣传专栏。 3. 组建留守儿童活动中心。主要开设亲情电话、亲情阅览、亲情培训和亲情锻炼活动。 4. 建设留守儿童实践基地。包括生活自理能力培训基地、自信心提高训练基地、法制教育基地、孝德教育实践基地。

（原载俞可平主编：《中国地方政府创新案例研究报告（2009—2010）》，北京：北京大学出版社2010年版）

1.《湖北麻城关于做好农村留守儿童工作的几点思考》，参见 http: //acwf. people. com. cn/GB/99045/7099018. html。
2. 李仕贵：《青神模式：留守儿童教育保护的行动与对策》，参见 http: //www. 21cec. org/html/guanxinxiayidai/zhongdianguanzhu/2009/0914/350. html。

“软部门”和“硬实力”：沈阳市信访工作新机制研究

丁开杰
（中央编译局世界发展战略研究部）

沈阳市是我国东北地区的一座老工业基地城市，进入21世纪以来，尤其是随着体制转轨和社会转型，诸如企业改制、城镇拆迁、农村征地补偿等方面累积的社会矛盾多，所产生的信访案件多，加上非法集资等新情况、新问题的出现，新老矛盾相互叠加，信访形势一直十分严峻。在2008年以前，沈阳市群众上访量每年都在近16万人次的高位徘徊，进京访、非正常访居高不下，占辽宁全省的40%以上。全国“两会”期间的进京访，连续多年位居辽宁省第一位。2008年在全国“两会”期间，沈阳市进京上访人数达到330人次，在全国省会城市中是最多的。但是2008年以来，沈阳市进京访同比下降68%，到省访则同比下降35%，在2009年全国“两会”期间更是实现了进京访“七个为零”，取得历史性突破。[1]

1. 霍仕明、张国强：《沈阳创新信访工作体制维护社会稳定》，载《法制日报》，2009年08月07日，http://news.sohu.com/20090807/n265785004.shtml。

是什么原因导致这样的显著变化呢？最根本的原因是沈阳市委市政府创建了信访工作新机制，实现了“软部门”和“硬实力”的有效结合，切实提高了信访部门就地解决问题的能力。本报告对沈阳市信访工作新机制的创新背景、创新过程、创新内容和创新成效以及创新经验等进行总结性分析，对中国信访制度的改革进行一些思考。

一、创新背景：我国信访制度的变迁

信访是我国社会主义公民政治参与的重要渠道，也是实现和维护人民民主政治权利的具体形式。而信访制度是具有中国特色的社会主义制度体系中体现民主、反映民意、救济权利的一种特殊制度，它的正式确立以 1951 年 6 月 7 日政务院颁布《关于处理人民来信和接见人民工作的决定》为起点。在过去 60 年里，我国信访制度大致经历了三个发展阶段。第一个阶段从 1951 年 6 月到 1979 年 1 月，这一阶段的信访制度是大众动员型，信访受到政治运动的制约。每逢政治运动一开始，人民来信来访就猛增，其内容主要是揭发他人的问题，而到运动后期及运动结束后相当一段时间里，反映运动中存在的问题或要求落实政策的信访就开始增多。第二个阶段从 1979 年 1 月至 1982 年 2 月，这一阶段的信访制度是拨乱反正型，信访迅速从国家政治生活中的边缘位置走到了中心位置，信访的人数之多，解决问题之多，都史无前例，主要内容是要求解决大批历史遗留问题，平反冤假错案。第三个阶段从 1982 年 2 月至今，这一阶段的信访制度是安定团结型。随着国家在 1982 年宣告拨乱反正任务的基本完成，信访制度最主要的功能转变为化解纠纷、实现救济[1]。

从 20 世纪 90 年代开始，中国经济社会进行急剧转型期，社会矛盾和问

1. 应星：《新中国信访制度的历史演变》，载《瞭望东方周刊》，2003 年第 4 期。

题表现得更加复杂多样，群众信访工作中出现历史遗留问题与现实问题相互交织，经济利益诉求与政治权益诉求相互交织，正当要求与不合法方式相互交织，多数人的合理诉求与少数人的不合理要求相互交织，群众自发行为与敌对势力恶意插手操纵相互交织的复杂局面。[1] 全国群众信访总量不断攀升，信访工作的压力不断加大。到2000年，全国县以上党政机关受理的群众来信来访量首次突破1000万件（人）次，在2003年引发了持续上升的"信访洪峰"。此后，我国信访总量一直保持高位运行，至2004年已"连续12年信访总量攀升"，2004年全国县级以上党政信访部门受理的群众信访总量达到了约1400万件（人）次。虽然从2005年起全国信访数量增幅有所下降，但信访洪峰仍尚未平息，2006年全国信访总量达到106914万件（人）次，截至目前，全国信访总量仍在"高位运行"[2]。

党中央国务院高度重视信访工作。从党的十六大以来，中央领导同志对信访工作的批示、指示多达700余件次，并多次专题研究信访工作。2004年8月，面对当时信访总量连续攀升、集体上访和群体性事件频发的严峻形势，中央审时度势，果断决策，决定建立处理信访突出问题及群体性事件联席会议制度。2006年8月5日，胡锦涛总书记批示指出，"信访工作是为人民群众排忧解难的工作，也是构建社会主义和谐社会的基础性工作。在当前社会矛盾多发的情况下，信访问题是回避不了的。信访工作必须坚持不懈地抓下去。"

在党中央的一系列重大决策部署下，新时期的信访工作得到了全面加强，信访工作定位进一步明确，格局日趋完善，法制化不断加强，工作效能全面

1. 刘素华：《进一步改革和完善信访制度——"信访、法治、科学发展观"研讨会综述》，载《学习时报》，2009年2月23日，第5版。
2. 张大成：《论信访制度改革的立场选择与制度完善》，载《辽宁工业大学学报（社会科学版）》，2008年8月，第10卷第4期。周定财：《善治：我国信访制度改革的目标》，载《沈阳大学学报》，2008年10月，第20卷第5期。

提升，在维护群众合法权益、反映社情民意、促进社会和谐等方面作出了重要贡献。特别是党的十七大关于“完善信访制度、健全党和政府主导的维护群众权益机制”的要求，更加鲜明地从制度、机制层面为做好新时期信访工作指明了方向、路径和重点。

二、沈阳市信访工作新机制的产生过程

沈阳是辽宁省省会所在地，总面积1.3万平方公里，全市总人口720万，城区人口506万；2008年，全市GDP达3860亿元，地方财政一般预算收入为291亿元，地方财政一般预算支出为401亿元。

以2004年为分水岭，沈阳市的信访制度变迁大体分为四个阶段。[1] 第一阶段，在2004年以前，沈阳市信访制度呈现“从信访接待，再分派处理”特征。第二个阶段，2004年到2007年，沈阳市建立信访综合大厅，从统一受理，分派处理，走向了集中办公，各部门直接受理。其中特别需要指出，2004年沈阳市《政府工作报告》要求进一步完善各级信访、市民投诉及社区人民调解机制，认真稳妥地处置群体性事件，扎实有效地化解人民内部矛盾。这对推动沈阳市信访工作起到极大推动作用。2004年2月，针对日益突出的信访问题和传统调处矛盾体制的弊端，沈河区从城区信访工作实际出发，立足集中用权，用权为民，在全国率先创立了人民信访接待大厅，形成了信访工作的新体制和新机制，被国家信访局定义为城区信访工作之“沈河模式”。第三个阶段，2007年到2008年6月5日，沈阳市信访工作与法律结合在一起。在沈阳市信访接待大厅，至少有1名律师值班，提高了信访的法制化程度。在这个阶段，沈阳市的信访工作有了很大发展，尤其是涌现出了以潘作

1．曹波：《沈阳信访制度改革探析》，吉林大学硕士学位论文，2009年，第1—2页。

良为代表的一支优秀信访工作队伍。[1] 第四个阶段是2008年6月5日以来，为从根本上摆脱信访工作的被动局面，沈阳市提出“要以解决问题为中心，创新体制机制，建立解决信访的长效机制”[2]，建立市、区（县）两级信访大厅，政府各职能部门集中在大厅接访，当场接访解决问题。

2008年以前，沈阳市信访工作力量比较单薄，责任主体的责任落实不到位，解决信访问题效率不够高，重治标轻固本，重平息轻解决，重事后轻源头，总是“摁下葫芦起来瓢”。沈阳全市群众上访量每年都近16万人次，大量群众的合法诉求得不到解决。2008年1月，辽宁省委常委、省委秘书长曾维调任沈阳市委书记，随后一场意在做好信访稳定工作、解决信访积案的工程启动。4月，沈阳市委出台7号文件，并且开展信访稳定工作“百日会战”，各县区市逐一排查，对1752件积案进行了一一梳理。其中，7号文件提出“发展是政绩，稳定也是政绩”，决定把与信访稳定问题相关联的部分司法、执法、行政权力资源以及干部、资金等资源，集中至信访部门，重构信访新模式，目标是“集中权力，就地解决信访问题”。

根据7号文件精神，在总结沈河区信访工作经验基础上，沈阳市大胆改革创新，探索建立了以“四个一”，即“一站式接待，一条龙办理，一揽子解决，一竿子插到底”为基本模式的市、区县（市）两级信访大厅，形成了信访工作新体制。在一个多月间，沈阳市建成了占地7416平方米的信访大厅，大厅内集中了公安、法院、民政、劳动、规划、房产、教育、城管、卫生等19个部门的专业骨干。2008年6月2日，沈阳市信访大厅正式启动。当天，

1. 潘作良是辽中县信访局局长，他在走上信访工作岗位一年八个月中，接待受理群众来访3848人次，下基层200余次，办理疑难信访案件107件，使104件重点案件的信访人止诉息访。而他却累倒在工作岗位上，直到献出了宝贵的生命。2008年5月9日18时，潘作良把当天最后一个上访人送走后，又与有关同志研究案卷，突然昏倒，诊断为脑部大面积出血，经抢救无效，于5月10日上午10点30分逝世，年仅43岁。中共中央总书记、国家主席胡锦涛为此作出：“深切悼念优秀信访干部潘作良同志，我们要学习他为党分忧、为民解难的崇高精神和奋力拼搏、苦干实干的优良作风，把信访部门建设成为工作一流、群众满意的部门”的重要批示。
2. 曾维：《以“事要解决”为目标积极探索完善新时期信访工作体制机制》，全国信访工作经验交流现场会，2009年11月30日。

就有200多名群众来这里集体访，反映居住弃管房的1357户居民14年没有用上煤气的问题。刚上任不久的信访局长兼大厅主任陈国强同志立即派人听取意见，调查研究，在摸清情况的基础上决定，由大厅先从解决疑难复杂信访问题备用金中垫付240万元，市煤气总公司减免部分费用，群众企盼多年的问题迎刃而解。煤气开通后，上千名群众敲锣打鼓给市信访大厅送来锦旗。沈阳市信访工作新机制得到了老百姓的拥护，迅速取得了实效。

三、沈阳市信访工作机制的创新内容及其特征

在新的阶段，沈阳市信访制度解决了群众上访无门到处围堵、越级上访的问题，把原本分散在各个职能部门的权力集中起来，由间接调处转向直接调处，形成了以党委、政府为主导的维护群众权益的新体制和信访工作新格局。沈阳市信访工作新机制的一大亮点是创造性地提出了“一个中心、两个基本点”的总体改革思路。“一个中心”即所有信访工作都要围绕解决信访问题为中心；“两个基本点”就是集中职权、直接调处。在这个总体改革思路指导下，沈阳市建立市区两级信访大厅，形成了“四个一”的信访工作模式，并且具备了“八个有”特征。

（一）沈阳市信访大厅基本情况

沈阳市信访大厅被称作“全国第一信访大厅”，总面积7416平方米。一、二楼为接待区，设有候访大厅、各部门接待室、信访法庭、治安办公室等；三楼为市民诉求专线、网上信访和远程视频接访等，四至九楼为办公区。信访大厅全部实现微机化管理，配置了微机、摄像、录音、监控、三通电话等设备，实现内部微机联网和辐射区县（市）信访大厅的党政内网及门户网站，构建了信访工作电子化操作平台。同时，沈阳市信访局还修建了“沈阳市信

访干部培训中心”暨沈阳市信访稳定分流调处中心，作为法制教育的场所和处置进京访的工作站。该中心坐落在市区棋盘山风景区，占地面积27000平方米，建筑面积5800平方米。

（二）信访工作模式

沈阳市“四个一”工作模式包括“一站式接待”、“一条龙办理”、“一揽子解决”、“一竿子插到底”（见图5）。

所谓“一站式接待”，主要是指全市信访问题终点站设在沈阳市信访大厅。沈阳市信访大厅集中了全市19个部门驻大厅实行“一站式”办公，直接处理信访案件。

所谓“一条龙办理”，就是形成了“群众来访统一登记、来访事项分类接谈、简单案件现场化结、疑难案件立案调处、主体明确案件交办督办、法律救济手段补充、办理情况反馈”的“一条龙”快速解决信访事项的新信访工作流程，从信访事项的提出、受理、办理、督办到回复等各个环节，都在信访大厅里完成。

所谓“一揽子解决”，就是对应该解决的信访问题，无论是涉及一个部门还是多个部门，无论是案情简单还是成因复杂，都能够在信访大厅实现“件件有着落、案案有结果、事事有回音”。沈阳市的信访大厅把各职能部门权力集中到信访大厅，充分发挥资源优势共享的作用，通过统一思想、上下联动、部门联手、集中力量、集中用权，形成一体化的矛盾解决和调处机制，一揽子解决问题。

所谓“一竿子插到底”，是指对复杂、疑难的信访事项，沈阳市信访大厅严格按照《信访条例》的规定，紧密结合实践，设立了四级会诊调处机制全力、保证解决：第一级，各驻厅单位部门主任直接决策调处；第二级，对于涉及多个部门的信访案件，由大厅分管主任召开相关单位、部门联席会议，集中研究、协商解决；第三级，对于联合会诊仍不能解决的信访事项，由信访大厅主任召开主任联席会议，邀请有关专家和责任主体单位负责人专题研究解决；第四级，对于大厅主任联席会议仍解决不了的，提交市联席会议研究解决。

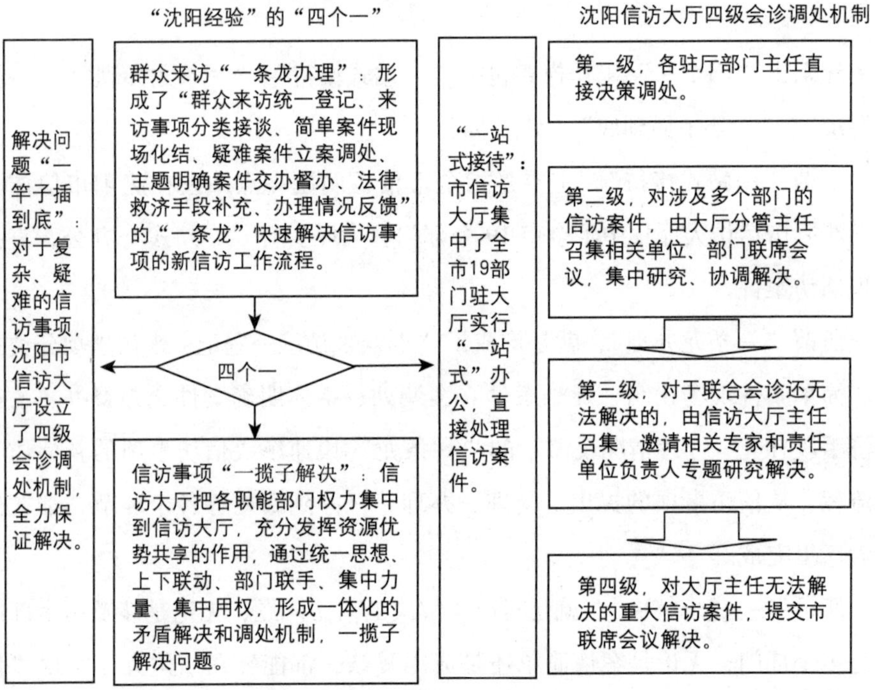
“沈阳经验”的“四个一”
沈阳信访大厅四级会诊调处机制
解决问题“一竿子插到底”：对于复杂、疑难的信访事项，沈阳市信访大厅设立了四级会诊调处机制，全力保证解决。
群众来访“一条龙办理”：形成了“群众来访统一登记、来访事项分类接谈、简单案件现场化结、疑难案件立案调处、主题明确案件交办督办、法律救济手段补充、办理情况反馈”的“一条龙”快速解决信访事项的新信访工作流程。
四个一
信访事项“一揽子解决”：信访大厅把各职能部门权力集中到信访大厅，充分发挥资源优势共享的作用，通过统一思想、上下联动、部门联手、集中力量、集中用权，形成一体化的矛盾解决和调处机制，一揽子解决问题。
“一站式接待”：市信访大厅集中了全市19部门驻大厅实行“一站式”办公，直接处理信访案件。
第一级，各驻厅部门主任直接决策调处。
第二级，对涉及多个部门的信访案件，由大厅分管主任召集相关单位、部门联席会议，集中研究、协调解决。
第三级，对于联合会诊还无法解决的，由信访大厅主任召集，邀请相关专家和责任单位负责人专题研究解决。
第四级，对大厅主任无法解决的重大信访案件，提交市联席会议解决。

图5 沈阳市信访工作的“四个一”模式

（三）信访工作特征

沈阳市信访工作新机制具备“八个有”的特征，包括“决策有权威、指挥有力度、调处有效率、基层有网络、打击有措施、资金有来源、干部有保证和预防有效果”。

1. 完善联席会议制度，确保决策有权威

沈阳市委市政府出台了《处理信访突出问题及群体性事件联席会议组织与议事制度》，完善市和区县（市）两级联席会议的领导协调体制，使联席会议真正代表各级党委、政府集中行使信访稳定工作的组织领导和协调指挥职能，形成了政令上下贯通的领导体系，大大增强了工作的权威性。新制度实行以来，市联席会议制度化运作、规范化运行，每周定期召开例会对沈阳信访稳定工作中一些重点、难点问题进行讨论，每次例会都有联席会议召集人主持。

2. 做强信访大厅，确保指挥有力度

沈阳市委市政府重新制发了《信访大厅组织规则》，确立信访大厅为信访稳定工作组织协调中心和指挥调度中心，赋予了信访大厅集中使用权力、调动相关资源、直接调处纠纷、及时处置突发事件的职权。同时，理顺了原信访局内设机构，并吸纳了由司法、行政机关19个部门派出的工作部门，使信访大厅具备了诉讼指导、立案引导、协调调解、行政复议、法律咨询、司法援助等职能，指挥力度明显加强。

3. 优化运行规程，确保调处有效率

在全力打造电话专线受诉、网上信访受理、远程视频接访等三个平台，不断畅通信访渠道的基础上，沈阳市委市政府着力优化规范信访大厅内部信访案件办理规程，并通过实时实地召开处长、厅副主任、厅主任调度会，保证了信访大厅“一站式”办公，提高了调处解决问题的效率。

4. 延伸工作触角，确保基层有网络

沈阳市委市政府对构建基层信访稳定工作网络格外重视，在街道（乡镇）建立了由党委主要领导任组长的信访工作领导小组，并要求具备一定硬件条

件的街道（乡镇）设立信访接待室，社区（村）建立基层矛盾调解组织，负责对本级管辖的信访稳定问题进行调处和化解。同时，沈阳市在15个区县（市）全面推行了人民信访代理工作制，选聘出2300名社区、村“人民信访代理员”，初步形成运转高效的基层信访工作网络。

5．推行项目风险评估制度，确保预防有效果

2008年6月，沈阳市委出台《关于对重大建设、改革项目实施稳定风险评估的规定》，明确把拆迁、土地征用、国有企业重大改革等项目作为信访评估的重点，完善了公众参与、专家论证和政府决策相结合的决策机制。而沈阳市信访大厅建立了由法律、房地产、社会学、金融等方面的40名专家学者组成的信访稳定风险评估专家组，并且确定了风险评估领导责任制，把好风险评估的“三个关口”。一是把好事前的静态评估关口。项目上不上，沈阳市让群众来把关，保障群众的知情权、建议权和监督权。凡是群众满意率达到80%以上的项目方可进入下一道程序。二是把好事中的动态评估关口。在决策实施和项目建设中，实行“阳光操作”，接受群众监督，信访评估小组人员主动上门，征求相关部门和所涉及的群众代表的意见建议，填写《群众意见评估情况反馈表》。三是把好事后的跟踪评估关口。对群众意见大、有可能诱发群体性上访的拆迁或建设项目，都组织召开由相关部门领导、人大代表、政协委员、法律人士和群众代表组成的信访评估会[1]。经过一年的摸索，沈阳市在2008年完成了42个信访稳定风险评估项目，而其中4个规模较大的动拆迁项目，因为没有达到风险评估的“稳定”标准，都被及时叫停，有效地化解了社会风险。

6．推动维稳队伍的专业化建设，确保处置有力量

为切实提高应对突发事件、驾驭复杂局面的能力，沈阳市委市政府将市

1．何勇：《沈阳推出新机制：项目可能诱发上访，信访部门要说“不”》，载《人民日报》，2009年02月09日。

维稳办从市委政法委整建制划入市公安局，由市公安局局长兼任市维稳办主任。各区县（市）也参照市里的模式理顺了维稳体制。市公安局组建了维稳支队，各区县（市）也相应成立了维稳大队，着力打造一支职业化、专业化的500余人的维稳队伍。市信访大厅信访突发事件处置办公室，由专门人员负责非正常访地点的突发情况的处置工作，全面提高了处置突发事件的快速反应能力。

7. 加大财力支持，确保资金有保障

沈阳市区两级多渠道筹措资金，调整财政支出结构，按照各区每年不少于3000万元、开发区和县（市）不少于1000万元的标准，依托大厅建立了信访稳定工作资金保障制度，并确保所需资金及时足额到位。2008年以来，全市用于解决信访案件和帮扶救助困难信访人累计支出31.1亿元。

8. 建立后备干部培训基地，确保干部素质有保证

沈阳市委制定了《沈阳市市管党政领导班子后备干部工作实施细则》。其中明确规定，市管后备干部实践锻炼的形式之一，就是到信访部门挂职锻炼。对工作成绩突出的，要优先予以提拔重用；对表现不好的，及时予以调整。先后有655位市、区县（市）干部被派驻信访大厅。其中，市管后备干部17名，区管后备干部98名。

四、沈阳市信访工作新机制的创新之处

沈阳市信访工作新机制是中国信访制度演变的最新动态。具体而言，“信访工作新机制”的创新之处包括五个方面：

一是搭建了一个集中处理信访问题的平台，改进了信访工作的硬件建设。目前，沈阳市在市一级和15个区县建立了信访大厅，方便群众上访。目前，

沈阳市区两级信访大厅总面积达到 3.9 万平方米，全市信访部门的电脑和车辆分别由过去的95 台、30 辆，增加到现在的1354 台、128 辆，与全国信访信息系统并机工作的电子化操作平台日益完善。

二是对信访工作的人才培养和激励机制进行了创新。沈阳市在信访改革一开始就注意把对群众有感情、对工作有责任感的干部和重点培养的各级后备干部选派到信访大厅工作。19 个职能部门的干部进驻信访大厅，直接解决问题，并从信访大厅得到提拔任用。对进厅干部的考核，信访局党组的意见一票否决。市委要求，对工作成绩突出的，要优先予以提拔重用；对表现不好的，及时予以调整。

三是对信访程序进行创新，集中受理各种信访案件。沈阳市、区（县）两级信访大厅采取“统一登记、分类接谈、现场答疑、立案调处、交办督办、法律救助、回复回访”的闭合式程序，对信访诉求实行“一竿子插到底”，做到有访必接、接之必办，并在“立案调处”上下工夫，设计了“四级会诊调处机制”，确保信访事项通过不同层面得到有效解决。对于一些特别重大的、疑难的信访事项，大厅主任仍无法组织协调的，启动第四级调处程序，提交市一级联席会议研究解决，通过形成会议纪要，各负其责抓好落实。

四是充分利用网络技术，整合和提升了群众的各种利益诉求渠道，开通了市民诉求专线。2008 年 5 月 22 日零时，沈阳市信访局正式开通市民诉求专线“12345”，组建了“百名信访天使团队”，实行 365 天全天 24 小时接听百姓诉求电话，这一号码还与电信部门的“114”有效链接，使线路资源更丰富，百姓电话信访渠道更畅通，架设了便捷的“空中诉求渠道”，并使用全国信访信息系统接收上级部门网上转送、交办的信访事项。与此同时，各区县（市）和责任单位也建立了相应的空中网络，形成了与接待走访相呼应、相衔接、相支撑的“立体化、综合性”接访平台，成为目前国内规模最大的电话信访受理平台。这个平台既方便了群众，又提高了效率，还推动了信访秩序的进一步好转。

五是积极建立了信访工作的长效机制。沈阳市出台了《处理信访突出问题及群体性事件联席会议组织及议事制度》，从制度上杜绝了办事拖拉、互相推诿等陋习，建立了一个负全责、有权威的矛盾调处新体制。出台了《关于对重大建设改革项目实施稳定风险评估的规定》，建立了信访稳定风险评估制度，如果某重大建设或改革项目有可能诱发群体性上访，信访部门有权说“不”，将信访工作的关口前移，重心下移，从而“早发现，早预防，早消除”，在源头上减少了信访初访。在信访大厅设立了法律援助、心理疏导、政策咨询等窗口，更好地帮助群众排忧解难。此外，沈阳市还在全国率先在信访局建立了纪检组，对信访工作进行责任追求。目前全市 15 个区县信访大厅都建立了纪检组，一共有 92 名纪检干部，形成了责任追究网络。

五、沈阳市信访工作新机制的创新成效和社会影响

沈阳市信访局积极适应信访工作形势和任务的需要，大力加强信访部门自身建设，为信访工作更好地服务于改革发展稳定大局提供必要条件和有力保障。截至目前，沈阳市信访工作新机制已经产生了使“政府、群众和干部”三赢的效益。

一是让政府受益。沈阳市委市政府对沈阳经验的工作模式和内涵进行了总结和提炼，并通过召开现场会、下发文件、组织督查等方式，在全省范围内全面推广。目前，辽宁省全省 14 个市有 10 个市建成或在建“一站式”联合接访的平台，有 4 个市已经列入了规划。100 个县（市、区）有 60 个建成，24 个在建，16 个待建。过去，信访工作难以摆脱“上访——接访——再上访”的“怪圈”，一些原本可以花很少的钱就能化解的问题，由于工作不到位，解决问题不彻底，时间越拖越长，金额越要越高，矛盾越来越激化。最后，财政不得不忍痛高额“埋单”。现在，大量信访问题得到及时就地解决，群众往上跑的少了，财政的负担轻了。沈阳市建立两级信访大厅以来，信访

事项一次性办结率高达95.7%，国家和省两级交办案件的结案率分别达到了97%和94%。2008年，沈阳市辽中县的越级访大幅下降，信访工作经常性支出就下降了60%左右，效益十分明显[1]。

二是让老百姓受益。信访大厅从硬件上方便了老百姓，工作新机制则使得老百姓能够逐级、有序和理智地上访，信访部门能够调动各种资源真正为老百姓排忧解难。而信访干部也“站在信访人的角度办事”，“真正落到了信访人的心上”。自从2008年以来，沈阳市信访大厅的19个窗口共接待受理5.4万件次、8.9万人次，现场化解1.6万件，立案调处1.2万件；直接答复2.6万件。两级信访大厅共接待群众来访9.5万件次、22.6万人次，直接答复3.8万件，现场化解3.2万件，立案调处2.5万件。诉求专线共受理市民诉求电话12.9万件次，即时办结9.2万件次，向网络单位交办3.7万件次，办结率99.23%。受理网上投诉536件，经协调督办，结案率96%；收到群众来信6715件，交办1716件，结案率92%。另外，国家、省交办沈阳市信访案件共计1177件，到期应结案件1111件，已办结1065件，结案率96%；息访913件，息访率82%。同时，去年以来化解重点疑难信访积案1.2万余件。以上涉及人民群众达45万人次之多。其中，涉及动迁人口25%，企业转属转制人员26%，农村土地承包流转人员10%，土地征地人员15%，无法办理房证人员5%，其他人员19%[2]。

三是让干部受益。信访大厅成立以来，改变了过去“中转站”的做法，真正替老百姓解决问题，改变了信访干部在老百姓心中的形象，培养和锻炼了一支优秀的信访干部队伍。沈阳市信访局荣获全国“五一劳动奖状”，5名党组成员全部一次性被评为“沈阳市劳动模范”；驻厅10个单位被评为“辽宁省信访工作先进集体”，全市113名信访干部被授予沈阳市“五一劳动奖章”，有9名同志被评为“辽宁省劳动模范”。目前，在信访大厅挂职锻炼的后备干部，已有

1. 辽中县委书记张东阳：《整合资源直接调处，努力把信访问题解决在基层》，全国信访工作经验交流现场会，2009年11月30日。
2. 以上数据来自2010年1月的实地调研。

9 个提拔到了市管副局级领导岗位，28 人提拔为正处级，47 人提拔为副处级。

沈阳市信访工作新机制实施以来，受到了党中央国务院的高度重视和充分肯定，已有多位领导批示，多个地方政府前往沈阳考察学习。中共中央政治局常委、中央政法委书记周永康，国务委员、国务院秘书长马凯，国务院副秘书长、信访局局长王学军曾亲临市信访大厅视察工作，要求全国向沈阳学习。从 2008 年开始，全国 60 多个省市地区 2600 多人到沈阳市参观学习。《人民日报》、新华社、中央电视台等中央媒体对沈阳市创新信访工作体制机制，建设联合接访大厅，集中相关职能部门协同作战，全力解决信访问题的经验做法进行了集中宣传报道。2009 年 11 月 30 日至 12 月 1 日，全国信访工作经验交流现场会在辽宁省沈阳市召开，周永康、马凯等出席会议并讲话，32 个省部委领导出席此次会议。马凯同志指出，“沈阳经验”至少具有三个特点：一个是经验很具体，可以说是摸得着、抓得住的；第二个特点是理念很先进，理念很深刻。实际上对信访工作不是就信访论信访，而是讲在社会主义条件下、在新的历史时期如何做好群众工作；第三个特点是效果很明显，在经济社会发展中起到了实际的作用[1]。

六、沈阳市信访工作新机制的经验与启示

沈阳市适应新时期新形势的需要，对信访工作制度进行创新，取得了明显的实效，为我国其他省市地区开展信访制度改革提供了可借鉴的经验。总结来看，沈阳市创建信访工作新机制，至少形成了如下十个方面的经验。

一是领导干部高度重视信访工作，有魄力，有能力，敢担当。沈阳市委书记曾维上任伊始就高度重视信访工作，强调“发展是政绩，稳定也是政绩”的理念，积极采取了多种措施推动信访工作。沈阳市市长李英杰也明确指出：

1. 马凯在全国信访工作经验交流现场会上的讲话，2009 年 11 月 30 日，辽宁省沈阳市。

“该给老百姓的一分都不能少，宁可少修一条路，也要把群众的问题解决好”。而具体负责信访工作的市委副秘书长、信访局局长陈国强更是积极履行信访工作者所担负“为国分忧，为民解难”的责任。他指出，“以前大部分信访都是针对行政问题的，而现在随着市场经济的深化，劳资纠纷越来越凸显。”虽然许多问题本应由法院处理，但由于成本太大，加上百姓相信信访，“在咱们这么一个体制内，作为政府就不能不管。”[1]

二是多部门参与信访工作，通过工作组等形式开展工作，专项解决信访案件。除了 19 个职能部门派出干部驻厅就地解决信访问题以外，沈阳市在信访大厅还专门成立了两个专案组，专门负责协调解决疑难积案；对难以解决的重大案件，则由 25 名市级领导包案解决；对需要出资解决的信访案件，沈阳市财政保证随用随支，确保所需资金及时足额到位。这些举措有力地推动了信访案件的解决。在 2008 年，沈阳市财政投入资金 22.4 亿元，共解决突出信访问题 7634 件，彻底解决了一批困扰沈阳多年的历史遗留问题。

三是各职能部门吃透信访条例，切实贯彻执行信访条例，维护法律效力。在中央提出“慎重使用警力”的意见后，不少基层一时无所适从，甚至由于没有警方的保护，有的法院对某些案件迟迟不敢判决。但在沈阳市信访大厅，沈阳市公安局派驻了大约 19 名干警维护信访秩序。对于缠访闹访，甚至采用极端手段滋事的情况，公安局都会果断出击。尤其是对于群体性上访，按照规定，大规模群体上访需要选出 5 人代表介绍情况，在沈阳市信访大厅，如果发现不按规定、甚至挑衅闹事的行为，第一次警告，第二次就会被拘留。

四是及时总结基层经验，加以提升和总结。制度创新层面是不断提高的过程，往往较高层级的制度创新来自对基层实践经验的学习。沈阳市沈河区信访局，就是沈阳市信访模式变革的一个标本。早在 2004 年，沈河区就建设了信访大厅，包括司法建议权、干部考核权等一系列职能，形成了全国闻名的“沈河

1. 王开、李静：《沈阳信访局调 19 单位骨干息访》，载《瞭望东方周刊》，2009 年 9 月 07 日。

模式”[1]。这为沈阳市推动全市范围的信访工作新机制打下了良好的基础。

五是建立基层信访工作网络，搭建信访工作平台。沈阳市信访工作打造了由市信访大厅为“大航空母舰”，15 个县区信访大厅为“小航母”构成的战无不胜的“航母舰队”。此外，沈阳市还建立了乡镇街道、城市社区等基层网络，在全市社区、村聘请了 2300 名专（兼）职信访代理员。为确保信访干部业务精干，沈阳市共向两级信访大厅派驻了工作人员 655 人。为保证资金有来源，还投入 30 多亿元设立了解决疑难复杂信访问题专项资金[2]。这个庞大的基层信访工作网络，为解决各类信访问题搭建了一个广泛而牢固的工作平台。

六是建立风险评估机制，对潜在的上访事件进行预防。“风险评估机制”最早来自沈阳市沈河区的信访改革，其主要意思是，在当地政府进行重大决策之前，协助其对稳定问题做出充分的考察评估。沈阳市委探索把信访稳定风险评估纳入信访工作新机制之中，强化了事前预防，从而将信访工作的关口前移，有效地防范了社会风险，降低了信访问题的治理成本。

七是要重点解决改革中的关系民生和社会稳定的困难问题。沈阳市是老工业基地，在改造过程中推动国有企业的改革，带来了不少亟待解决的问题。比如，皇姑区的棚户区改造本来是政府的一项惠民工程，但是由于项目摊子过大、实际情况复杂，出现了巨大的资金缺口。此后，在沈阳市、皇姑区两级政府的多方协调和帮助下，开发商虽然陆续建成回迁房，可是因为资金问题，回迁房在管道煤气、供电、供水、消防等方面仍然有很多未完成的工程，留下了很多难以解决的遗留问题。在 2008 年沈阳市创建信访工作新机制后，沈阳市委市政府通过联席会议制度，专门进行协调处理，争取各部门的支持，很好地解决了老百姓的实际问题。

1. 信访“沈河模式”，是指沈阳市沈河区在 2004 年从新时期中心城区信访实际出发，着眼于加快构建社会主义和谐社会，立足于在基层、在当地有效解决信访问题，以“人民信访接待大厅”为载体，坚持“集中用权、用权为民”形成的城区信访工作新体制和新机制。
2. 孙潜彤：《抓源头、促和谐——沈阳市创新信访工作机制记事》，载《经济日报》，2009 年 12 月 8 日。

八是进行有效的制度建设和机制建设，确保工作的有序化和规范化。为了推动信访工作的切实开展，沈阳市先后针对联席会议、信访大厅运行、风险评估等制定出台了《处理信访突出问题及群体性事件联席会议组织及议事制度》、《信访工作规则》、《后备干部进驻信访大厅轮岗锻炼制度》、《信访工作资金保障制度》等一系列规章制度，建立了四级会诊调查处理机制、风险评估机制，从制度上杜绝了办事拖拉、互相推诿等现象，大大提高办事效率和公平性，维护了社会稳定。

九是建立一支优秀的信访工作人才队伍。信访工作人才队伍是一个开放和广泛的概念，并不仅仅局限在专业的信访干部队伍上，而是与信访工作有关的干部人才队伍。沈阳市通过整合资源，有效地组建了一支优秀的信访工作人才队伍。这包括在信访大厅派驻各职能部门的后备干部；在大学创建信访专业培养人才；招聘大学生作信访天使，负责电话网络专线。此外，在沈阳市也涌现出了一批以潘作良代表的“为国分忧，为民解难”的优秀信访干部，为沈阳市信访工作取得突出成效形成了坚强的后盾。

最后，舍得投入，对社会稳定进行成本—收益分析。在沈阳，对还账的钱，维护群众利益的钱，市委市政府是舍得投入的。为解决疑难复杂信访问题，沈阳设立了专项资金，主要解决“骨头案”、“钉子案”、“无头案”，并实施困难救助。对这些资金，市财政保证随用随支，敞口供应。市财政以每年1亿元为起点，上不封顶；各区每年不少于3000万元；县（市）和开发区不少于1000万元。同时，沈阳市要求对这些专项资金形成制度、长期坚持，在资金使用中，严格报批程序，要求大厅报请联席会议研究，并视情况提请党委和政府相关会议决定，确保“该花的一分不少，不该花的一滴不漏”。到2009年底，沈阳市各地区共筹集专项资金6.7亿元，支出5.3亿元。[1]

1. 曾维：《以“事要解决”为目标积极探索完善新时期信访工作体制机制》，全国信访工作经验交流现场会，2009年11月30日。

七、余论：“软部门”也可以有“硬实力”

目前，关于中国的信访制度改革，大致存在三种基本的研究取向。一种取向认为，应重新构建信访体制框架，整合信访信息资源，探索“大信访”格局，并通过立法统一规范信访工作，从而建立高效的信访监督监察机制。这是主流的观点，其核心思想是扩大信访机构的权力，使其具有调查、督办，甚至弹劾、提议罢免等权力。一种取向认为，从政治现代化的视野来看，首先需要重新确定信访功能目标，即在强化信访制度作为公民政治参与渠道的同时，把公民权利救济方面功能从信访制度中分离，以确定司法救济的权威性；其次要改革目前的信访体制，可以考虑撤销各部门的信访机构，把信访全部集中到各级人民代表大会，通过人民代表来监督一府两院的工作，以加强系统性和协调性；再次，也是最为重要的，要切实保障信访人的合法权益，对少数地方迫害信访者的案件要坚决查处。还有一种取向认为，站在政治现代化的战略高度来看，信访制度应该废除。[1]

结合对沈阳市信访工作新机制的考察来看，我们认为，第一种取向更可取，也更具有现实意义。沈阳市创建信访工作新机制的经验说明，追求善治是信访制度改革的方向，“软部门”也可以有“硬实力”，从而能切实地解决信访难题，为维护社会稳定起到安全器的作用。

所谓善治是指使公共利益最大化的社会管理过程，它是政府与公民对公共生活的合作管理，是政治国家与公民社会的一种新的合作关系。[2] 根据世界

1. 关兴：《转型期我国信访制度改革问题研究述评——兼谈对我国信访制度改革的反思》，载《四川行政学院学报》，2008 年第 1 期，第 62—63 页。
2. 治理理论认为：社会治理的主体不仅包括作为公共权力中心的政府，还包括各种公共组织、民间组织、行业协会以及社会个人等。政府不应是全能政府，但它在多元主体中占据优势，其他主体在参与公共事务治理时要接受政府的管理。治理手段既包括政府使公民服从正式制度和规则的强制性手段，也包括公众对符合其利益的各种非正式制度安排的自愿认同；既包括政治的、法律的手段，也包括经济的、市场的以及社会的、文化的手段。

银行的观点，衡量一个政府善治的标准主要包括合法性、透明性、责任性、法治、回应、有效、参与、公正等。沈阳市信访工作新机制在多个方面体现了对善治的追求，比如透明性、责任性、回应性的提高，参与的扩大和有效性的加强，等等。

但是，显然，中国现阶段的政府治理还远未达到善治程度。我们的调研也发现，与善治的标准相比，沈阳市信访工作的新机制也还存在一些不足之处。尤其是作为一种整合资源的强权、集权改革，需要注意加强协调，防止信访部门权力过度扩张。此外，信访工作队伍人员素质建设也需要加强，重点是抓好基层工作。从长远和宏观上看，要解决好我国信访问题，直至无信访，国家应加快完善和健全法律法规的步伐，真正做到事事有法可依；加快信访工作科学化建设。以善治为方向的信访制度改革也要求，在加强信访法制化的同时，还应重视拓展信访对社会管理向治理和善治方面转化的意义，使信访制度与治理的要求更加一致[1]。在信访法制化的过程中，应该扩大公民参与，积极听取公民意见，构建符合公益的法制体系；在信访科学化的过程中，应该坚持以疏为主的信访工作思路，摈弃以堵为主的陈旧思想，积极构建符合新时期新形势的利益诉求表达机制，比如充分利用信息通讯技术（ICTS）构建便民利民惠民的利益诉求通道；完善风险评估机制，有效提高风险防范能力，为和谐社会构筑坚强的防“风”坝；培养专业化的新型信访工作人才，让他们运用包括心理学、社会学、经济学、政治学等多学科知识解决信访人员面临的各种难题，有效化解社会矛盾和社会风险，做好新时期的群众工作。

（原载俞可平主编：《中国地方政府创新案例研究报告（2009—2010）》，北京：北京大学出版社2010年版）

1. 王雅琴：《治理语境下的信访制度》，载《中共中央党校学报》，2009年第1期。

参考文献

1. 江泽民：《全面建设小康社会，开创中国特色社会主义事业新局面》，北京：人民出版社 2002 年版。

2. 《提高构建社会主义和谐社会能力》，北京：中央党校出版社 2005 年版。

3. 《深入学习实践科学发展观活动领导干部学习文件选编》，北京：中央文献出版社、党建读物出版社 2008 年版。

4. 俞可平：《中国公民社会的制度环境》，北京：北京大学出版社 2006 年版。

5. 《中共中央关于加强党的执政能力建设的决定》，北京：人民出版社 2004 年版。

6. 周红云：《社会资本与社会治理：政府与公民社会的伙伴关系》，北京：中国社会出版社 2010 年版。

7. 俞可平主编：《政府创新的理论与实践》，杭州：浙江人民出版社 2005 年版。

8. ［美］约瑟夫·熊彼特：《资本主义、社会主义与民主》，吴良健译，北京：商务印书馆 1999 年版。

9. 张静：《法团主义》，北京：中国社会科学出版社 2005 年版。

10. 国务院研究室课题组：《中国农民工调研报告》，北京：中国言实出版社 2006 年版。

11. 韩福国：《新型产业工人与中国工会——“义乌工会社会化维权模式”研究》，上海：上海人民出版社 2008 年版。

12. 郁建兴等：《让社会运转起来：宁波市海曙区社会建设研究》，北京：

中国人民大学出版社 2012 年版。

13. ［美］理查德·博克斯：《公民治理：引领 21 世纪的美国社区》，孙柏瑛等译，北京：中国人民大学出版社 2005 年版。

14. 费孝通：《乡土中国》，上海：上海人民出版社 2006 年版。

15. 罗沛霖等主编：《当代中国农村的社会生活》，北京：中国社会科学出版社 2005 年版。

16. 孙立平：《断裂：20 世纪 90 年代以来的中国社会》，北京：社会科学文献出版社 2003 年版。

17. 孙立平：《转型与断裂——改革以来中国社会结构的变迁》，北京：清华大学出版社 2004 年版。

18. 邓正来、［英］J. C. 亚历山大主编：《国家与市民社会——一种社会理论的研究路径》，北京：中央编译出版社 2002 年版。

19. 黄宗智主编：《中国乡村研究》（第 2 辑），北京：商务印书馆 2003 年版。

20. 李培林：《村落的终结——羊城村的故事》，北京：商务印书馆 2004 年版。

21. 李强：《农民工与中国社会分层》，北京：社会科学文献出版社 2004 年版。

22. 陆学艺主编：《当代中国社会阶层研究报告》，北京：社会科学文献出版社 2002 年版。

23. 王晓毅：《本村人、本地人与外来人——经济发达村庄的封闭与开放》，载《北京行政学院学报》，2001 年第 1 期。

24. 蔡旭昶、严国萍、任泽涛：《社会组织在流动人口管理服务中的作用——基于浙江省慈溪市和谐促进会的研究》，载《经济社会体制比较》，2011 年第 5 期。

25. 于建嵘：《中国信访制度批判》，载《中国改革》，2005 年第 2 期。

26. 于建嵘：《当前农民维权活动的一个解释框架》，载《社会学研究》，2004 年第 2 期。

27. 郁建兴、任泽涛：《当代中国社会建设中的协同治理——一个分析框架》，载《学术月刊》，2012 年第 8 期。

28. 王绍光：《中国公共政策议程设置的模式》，载《中国社会科学》，2006 年第 5 期。

29. 郑杭生：《改革开放三十年——社会发展理论和社会转型理论》，载《中国社会科学》，2009 年第 2 期。

30. 应星：《新中国信访制度的历史演变》，载《瞭望东方周刊》，2003 年第 4 期。

31. 贺雪峰：《新农村建设与中国道路》，载《读书》，2006 年第 8 期。

32. 李强：《“丁字型”的社会结构与“结构紧张”》，载《社会学研究》，2005 年第 2 期。

33. 沈原：《社会转型与工人阶级的再形成》，载《社会学研究》，2006 年第 2 期。

34. 郁建兴：《公民社会在公共事务管理中——中国公民社会发展路径的反思与批判》，中国治理评估框架学术研讨会论文，北京，2008 年 9 月。

图书在版编目(CIP)数据

社会管理创新／周红云主编. —北京：中央编译出版社，2013. 8
(中国的民主治理：理论与实践／俞可平主编)
ISBN 978 – 7 – 5117 – 1738 – 2
Ⅰ. ①社…
Ⅱ. ①周…
Ⅲ. ①社会管理 – 创新管理 – 研究 – 中国
Ⅳ. ①D63
中国版本图书馆 CIP 数据核字(2013)第 177908 号

社会管理创新

出 版 人	刘明清
出版统筹	薛晓源
学术统筹	陈家刚
责任编辑	盛菊艳
责任印制	尹　珺
出版发行	中央编译出版社
地　　址	北京西城区车公庄大街乙 5 号鸿儒大厦 B 座(100044)
电　　话	(010)52612345(总编室)　(010)52612335(编辑室) (010)66161011(团购部)　(010)52612332(网络销售) (010)66130345(发行部)　(010)66509618(读者服务部)
网　　址	www. cctphome. com
经　　销	全国新华书店
印　　刷	北京印刷一厂
开　　本	787 毫米 × 960 毫米　1/16
字　　数	219 千字
印　　张	19. 5
版　　次	2013 年 8 月第 1 版第 1 次印刷
定　　价	60. 00 元

本社常年法律顾问：北京市吴栾赵阎律师事务所律师　闫军　梁勤
凡有印装质量问题，本社负责调换。电话：(010)66509618